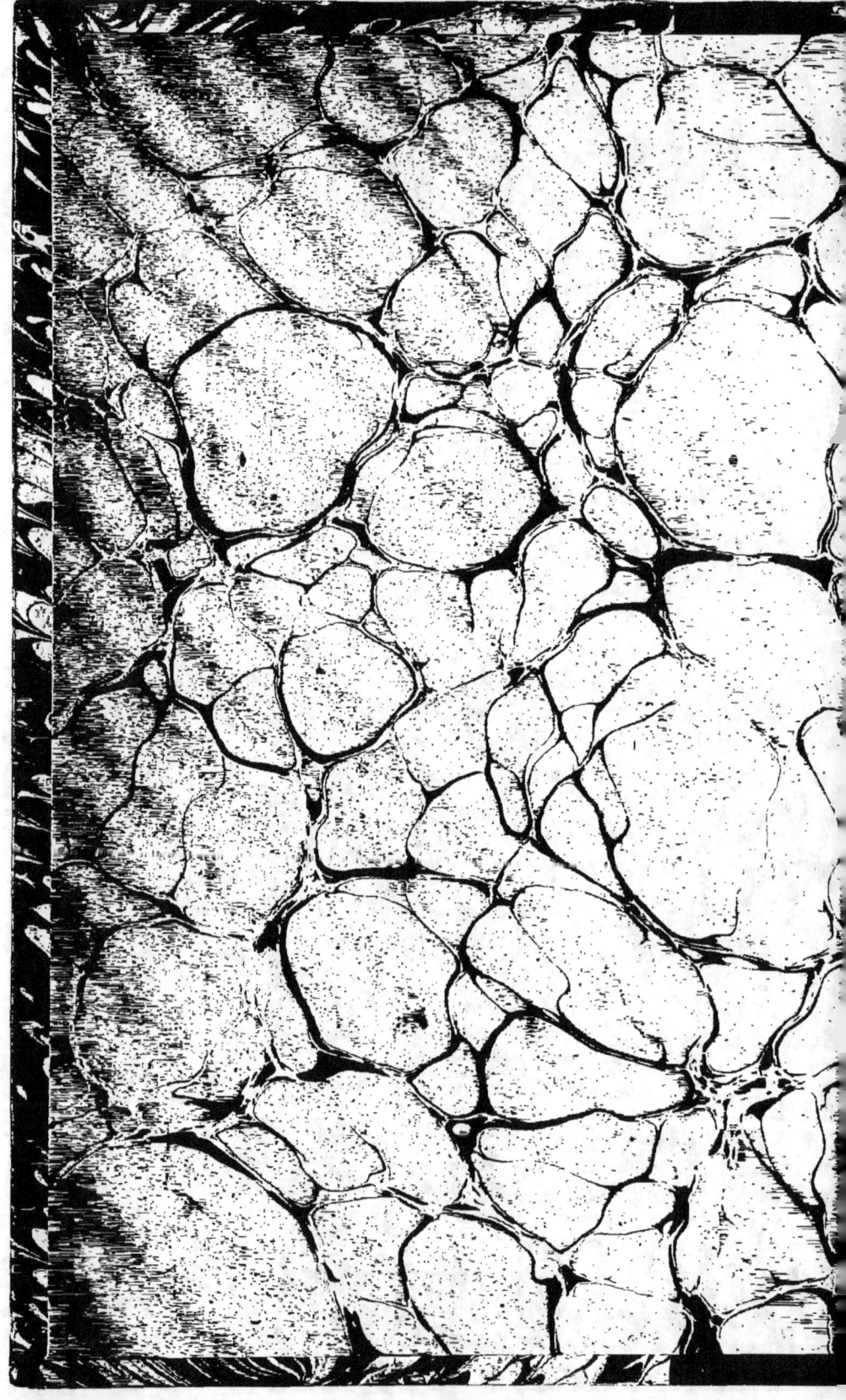

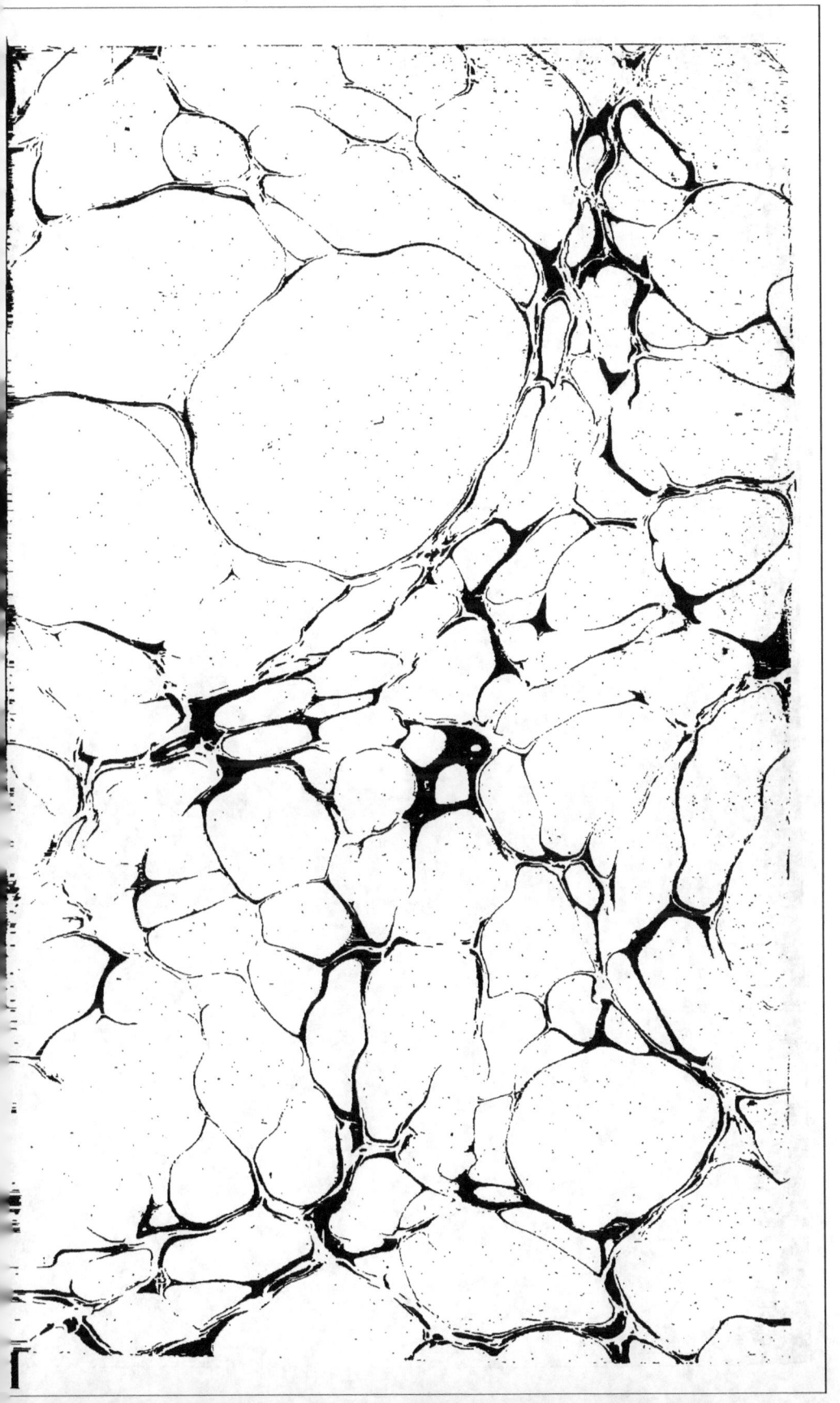

VIE
DE
M. HAMON
CURÉ DE SAINT-SULPICE

Par L. BRANCHEREAU
PRÊTRE DE SAINT-SULPICE,
SUPÉRIEUR DU GRAND SÉMINAIRE D'ORLÉANS

Mementote præpositorum vestrorum qui vobis locuti sunt verbum Dei, quorum intuentes exitum conversationis imitamini fidem. (Héb., XIII, 7.)

PARIS
JULES VIC, LIBRAIRE
23, RUE CASSETTE, 23
—
1877

VIE DE M. HAMON

CURÉ DE SAINT-SULPICE

ORLÉANS, IMPRIMERIE DE G. JACOB, CLOÎTRE SAINT-ÉTIENNE, 4.

VIE

DE

M. HAMON

CURÉ DE SAINT-SULPICE

Par L. BRANCHEREAU

PRÊTRE DE SAINT-SULPICE
SUPÉRIEUR DU GRAND SÉMINAIRE D'ORLÉANS

Mementote præpositorum vestrorum qui vobis locuti sunt verbum Dei, quorum intuentes exitum conversationis imitamini fidem. (Héb., XIII, 7.)

PARIS
JULES VIC, LIBRAIRE
23, RUE CASSETTE, 23

—

1877

LETTRE DE Mgr L'ÉVÊQUE D'ORLÉANS

A L'AUTEUR.

Cher Monsieur le Supérieur,

Vous me demandez quelques mots d'approbation pour l'excellent livre que vous êtes sur le point de publier et dont vous m'avez communiqué les épreuves, la *Vie de M. Hamon, curé de Saint-Sulpice*. C'est plus qu'une simple approbation qui vous est due; ce sont des félicitations, et, je le puis ajouter, des remerciments que je me sens obligé de vous adresser pour ce beau et intéressant travail. Il y a des livres qu'on peut appeler des bonnes œuvres, œuvres d'édification et de zèle : celui-ci est du nombre, et en l'écrivant, Monsieur le Supérieur, vous avez bien mérité de l'Église.

De quel intérêt ne sera pas la lecture de cette belle vie, non seulement pour les nombreux amis, pour les anciens élèves — dont j'étais — de ce pieux et si digne prêtre, et pour les trente mille paroissiens de Saint-Sulpice, qui eurent en lui, durant tant d'années, un si dévoué et si zélé pasteur, mais pour tous ceux, prêtres ou laïques, qui cherchent à donner à leur esprit et à leur cœur la sainte jouissance de ce beau spectacle des vertus chrétiennes et sacerdotales pratiquées dans un haut degré et avec une fidélité constante pendant tout le cours d'une longue vie! Ce sont là de ces livres qui toujours eurent un grand charme d'édification; mais, en des temps surtout de déchéance, tels que sont les nôtres, leur lecture a de plus ce particulier avantage de reposer un peu les regards attristés, hélas! par tout ce que nous sommes condamnés à voir de misères et de médiocrités morales! Pour moi, je l'avoue, rien, dans mes trop rares loisirs, ne me plaît tant que les vies des saints, des grands chrétiens ou des bons prêtres : cela me fortifie, et aussi me console et me repose, en me faisant oublier, quelques instants du moins, tant de choses tristes !

Mais outre le vrai et grand intérêt qui s'attachera à cette lecture, combien votre livre ne sera-t-il pas utile? utile à tous, mais particulièrement au clergé?

MM. les directeurs de séminaires pourront y étudier, dans M. Hamon, supérieur successivement des grands séminaires de Bordeaux et de Clermont, les qualités qui font les bons instituteurs de la jeunesse destinée aux autels, qualités, Monsieur le Supérieur, qui sont le commun apanage, je le sais, de votre vénérable Compagnie, mais qui, chez M. Hamon, excellèrent : piété profonde, science solide, esprit intérieur, vie de foi, sagesse et prudence dans la conduite, avec cet heureux mélange de deux vertus dont l'alliance est bien nécessaire, mais rare à rencontrer dans le même homme : la fermeté pour maintenir inflexiblement les règles, et la bonté, qui gagne les cœurs et fait pardonner la fermeté en la tempérant.

Mais c'est surtout à MM. les curés que la *Vie de M. Hamon*, curé pendant vingt-trois ans de la grande paroisse de Saint-Sulpice, sera particulièrement utile. Ils y verront un bel exemple des vertus qui font les saints prêtres et les pasteurs selon le cœur de Dieu. Mais ce qu'ils y apprendront surtout, c'est qu'une des premières et des plus essentielles conditions pour gagner les âmes, et faire beaucoup de bien dans une paroisse, c'est la charité. Elle fut chez M. Hamon vraiment admirable. Non seulement cette charité de détails, qui s'applique avec une sollicitude vigilante et de chaque jour au soulagement des misères particulières, matérielles et morales; mais aussi, et surtout, celle que j'appellerai volontiers *la charité en grand,* qui consiste dans la création d'établissements durables, lesquels multiplient, généralisent et perpétuent dans la paroisse toutes les charitables assistances. L'exercice constant de cette double charité fut, avec les deux grands ministères de la prédication et du saint tribunal, la principale occupation de la vie pastorale de M. Hamon.

Les gens du monde enfin, Monsieur le Supérieur, qui liront votre livre, pourront y puiser aussi eux-mêmes de grandes et très-encourageantes leçons : ils y apprendront à quels immenses biens peuvent efficacement contribuer ceux auxquels Dieu a départi la fortune, en fondant, ou en aidant leurs évêques et leurs curés à fonder, sur un pied plus large ou plus modeste selon les localités, des établissements du genre de ceux créés par M. Hamon, avec le concours de ses bons et charitables paroissiens de Saint-Sulpice : maisons d'écoles, chapelle des œuvres, maisons pour les Petites-Sœurs des pauvres, etc. C'est bien là, je redis ce mot, faire *la charité en grand,* parce que c'est donner aux œuvres ces deux fécondes conditions des grandes choses : l'*étendue* et la *durée.*

Je m'arrête ici, Monsieur le Supérieur. Que de choses je pourrais dire encore à la louange de votre bel ouvrage et de M. Hamon ! Mais le peu que j'ai dit suffira pour le but que je me suis proposé, à savoir recommander une lecture dont le profit me semble devoir être grand.

Veuillez agréer, Monsieur et cher Supérieur, l'expression de mes bien dévoués sentiments en Notre-Seigneur.

† FÉLIX, *Évêque d'Orléans.*

Orléans, le 8 mai 1877.

AUX PAROISSIENS DE SAINT-SULPICE

Bien-aimés frères en Jésus-Christ,

A qui, mieux qu'à vous, puis-je dédier ce livre ? Le prêtre dont l'histoire y est racontée vous a aimés comme un père aime ses enfants ; il vous a consacré, avec un dévoûment sans bornes, durant les vingt-trois années de son laborieux ministère, tout ce qu'il avait de force, de santé et de vie ; il a renoncé enfin, pour demeurer jusqu'au bout votre pasteur, aux honneurs dont sa science et sa piété l'avaient fait juger digne. La mort même n'a pu rompre les liens qui l'unissaient à vous, car, en quittant la terre, il a promis qu'il n'oublierait point, auprès de Dieu, *sa chère paroisse de Saint-Sulpice.*

Vous aussi, vous l'avez aimé. Les regrets universels que sa mort a excités parmi vous, les larmes versées sur sa tombe, en sont un touchant témoignage.

Il a disparu du milieu de son troupeau, mais il vit encore dans vos cœurs. Vous vous rappellerez longtemps, ou plutôt vous n'oublierez jamais celui que vous nommiez *votre bon curé*: ce pasteur qui vous a offert, en sa personne, un modèle si parfait des vertus sacerdotales ; cet homme simple et bon qui a passé au milieu de vous en faisant le bien ; ce charitable père qui a secouru vos pauvres, procuré une éducation chrétienne à vos enfants, sanctifié vos âmes, et qui se survit si glorieusement dans les œuvres fondées par son zèle.

C'est donc avec confiance que je vous présente ces pages. L'image qu'elles vont placer sous vos yeux sera-t-elle l'expression fidèle et complète du type aimé et béni que vous portez tous gravé dans votre souvenir? Je n'oserais le dire ; et pourtant, je ne crois pas être téméraire en émettant l'espoir que, malgré les lacunes de mes récits et l'imperfection de mes tableaux, vous le reconnaîtrez sans peine.

Dans le pasteur bon et dévoué dont je retracerai les vertus et dont je raconterai les actions, vous retrouverez aisément les traits du vénérable et saint curé que vous avez perdu. Il revivra devant vous ; sa voix, cette voix si onctueuse et si pénétrante parce que l'amour l'inspirait, retentira de nouveau à vos oreilles ; et au spectacle de sa belle vie, vous apprécierez de plus en plus la grâce inestimable que Dieu vous a faite, en vous mettant sous la conduite d'un tel guide.

Sa consolation, lorsqu'il vint au milieu de vous, fut d'avoir à exercer le ministère pastoral dans une paroisse éminente en piété, où la sève de la vie chrétienne avait conservé toute sa force. Un si précieux héritage ne s'est ni dissipé, ni amoindri entre ses mains. Fécondé par la bénédiction divine, le travail auquel il s'est livré a produit ses fruits ; la moisson a été abondante ; et, en mourant, ce bon pasteur a eu la joie de laisser le troupeau confié à sa solliéitude dans un état plus florissant et plus prospère qu'il ne l'avait trouvé.

Or, il m'est doux de penser, bien-aimés frères, que l'humble monument élevé par moi à sa mémoire contribuera à maintenir et à affermir le bien qu'il vous a fait.

Fidèles aux leçons de votre saint curé, que ce livre vous rappellera, vous vous montrerez constamment dignes de lui, dignes de votre passé, dignes de vous-mêmes. Le champ cultivé avec tant d'amour par M. Olier et par M. Hamon ne cessera point d'être une terre fertile et bénie du ciel; et Saint-Sulpice sera toujours la paroisse des bonnes et pieuses traditions, des œuvres charitables, de la fidélité pratique à Dieu, à Jésus-Christ, à l'Eglise ; la grande paroisse chrétienne de cette ville de Paris où, à côté de tristes défaillances, on rencontre tant d'éléments de bien, et où la foi de nos pères, vive et forte encore malgré les efforts tentés pour la détruire, inspire chaque jour de si beaux dévoûments.

Orléans, 1ᵉʳ jour du mois de Marie 1877.

PRÉFACE

Deux ans déjà se sont écoulés depuis que M. Hamon, à la suite de longues souffrances, a été enlevé à l'amour de sa famille, de ses confrères et de ses paroissiens. La tombe de ce pasteur modèle, de cet homme vraiment bon, n'était pas encore fermée que déjà, de toutes parts, on exprimait le vœu de voir une vie si belle et si féconde écrite et donnée au public. Nous nous étions associé à ce vœu, sans avoir aucunement la pensée de prendre nous-même la responsabilité d'une telle tâche. Pour nous y déterminer, il n'a fallu rien de moins que des instances trop respectables et trop puissantes sur nous, pour qu'il nous fût possible d'y opposer un refus.

Nous nous sommes donc mis à l'œuvre, heureux, malgré nos hésitations et nos craintes, d'être appelé à l'honneur d'élever au vénérable défunt un monument destiné à préserver de l'oubli cette pieuse et sainte mémoire. Qu'il nous soit permis d'ajouter qu'il nous a été doux aussi de lui donner, en écrivant sa vie, un témoignage de notre religieux respect et de l'affection filiale que nous lui avions vouée, depuis l'instant où, tout jeune prêtre, nous avons eu le bonheur de le connaître et de travailler sous sa direction.

La biographie qu'on va lire sera simple comme celui dont elle doit retracer le caractère et les actions. C'est la vie calme, uniforme et modeste d'un prêtre livré tout entier aux devoirs de son ministère; et, quel qu'ait été l'éclat des œuvres extérieures qui la remplissent, l'intérêt qu'elle présente réside moins dans les faits, pris en eux-mêmes, que dans la beauté tout intime d'une âme vraiment sacerdotale qui s'y dévoile, et dont ils sont comme le reflet.

Deux tableaux s'y dérouleront successivement à nos regards. Le premier renfermera les détails qui ont pu être recueillis sur la première enfance de M. Hamon, ses études, son entrée dans le sacerdoce, puis nous le montrera directeur et supérieur de séminaire à Paris, à Bordeaux et à Clermont. Nous aurons dans le second le spectacle beaucoup plus étendu et beaucoup plus varié de sa vie pastorale. De là les deux parties qui divisent naturellement notre travail.

Dans la première, nous avons suivi rigoureusement l'ordre chronologique. Mais dans la seconde, l'impossibilité de mêler dans un seul récit l'exposé des œuvres paroissiales réalisées par M. Hamon nous a contraint de nous écarter de cet ordre, que nous avons repris dans les derniers chapitres.

Tout historien qui veut être cru a le devoir d'indiquer les sources où il a puisé ses documents, et de fournir ainsi la preuve de la vérité de ses récits. Nous donnons d'autant plus volontiers cette satisfaction aux légitimes exigences de ceux qui nous liront, qu'en le faisant, nous acquittons une dette de reconnaissance envers les personnes qui ont bien voulu nous prêter leur concours.

M. Dubourg, ancien professeur de rhétorique au lycée d'Angers et cousin germain de M. Hamon, s'est empressé de nous envoyer une note étendue rédigée par lui, dans laquelle se trouve le détail de la vie de son parent, depuis sa naissance jusqu'à son entrée au séminaire. Nous avons largement exploité cette mine, sans laquelle l'enfance et la jeunesse de M. Hamon nous eussent été à peu près inconnues.

La suite nous a été fournie, en grande partie, par la correspondance de famille de M. Hamon dont sa belle-sœur a bien voulu nous donner communication. Elle commence en 1810 et se termine en 1868, comprenant ainsi un espace de près de soixante ans. Les lettres dont elle se compose, et dans lesquelles M. Hamon s'épanche et dévoile son âme avec la naïveté qui lui était naturelle, sont adressées pour la plupart à M. Germain Hamon, son frère. Celui-ci les conservait avec un soin religieux, lorsqu'une parole, échappée dans l'abandon d'un entretien familier, révéla imprudemment ce secret à M. le curé de Saint-Sulpice. Confus et attristé à la pensée que ses lettres ainsi conservées pourraient être un jour livrées à la publicité, M. Hamon écrivit à son frère pour le conjurer de les détruire, et, craignant que sa prière n'eût été sans résultat, il la réitéra avec encore plus d'instance. M. Germain Hamon n'était pas homme à résister au moindre désir de son saint frère; mais d'un autre côté, comment se dépouiller d'un trésor aussi précieux pour lui? Il imagina un expédient, ou, si l'on veut, une pieuse fraude, qu'apparemment les amis de M. le curé de Saint-Sulpice ne condamneront pas trop sévèrement. Ce fut d'extraire des lettres dont il était dépositaire tout ce qu'elles lui parurent renfermer d'intéressant. Cela fait, il brûla les autographes et écrivit à l'auteur que son désir était satisfait.

Une autre source de documents nous a été ouverte par M. Gramidon, prêtre de la communauté de Saint-Sulpice et légataire de M. Hamon. Ce cher confrère a bien voulu nous remettre la volumineuse collection des papiers de M. Hamon renfermant : ses résolutions de retraite, des sermons et un grand nombre d'allocutions, dont plusieurs se rattachent à des circonstances importantes de la vie du saint curé, surtout à ses œuvres. Le même confrère nous a remis un récit détaillé de sa dernière maladie et de sa mort. Ce récit, complété par celui qu'a publié un prêtre de la communauté de Saint-Sulpice, sous le titre : *Les derniers jours de M. Hamon*, renferme tout le fond de notre narration.

Bien des personnes, que nous voudrions pouvoir mentionner ici, nous ont fourni, verbalement ou par écrit, des notes intéressantes. Quelques-unes ont eu l'obligeance de nous confier des correspondances intimes, où elles nous ont permis de puiser. Enfin, parmi les faits racontés par nous, il en est plusieurs dont nous avons été témoin nous-même, d'autres que nous avons recueillis de la bouche de M. Hamon.

C'est en réunissant les éléments puisés à ces diverses sources que nous sommes parvenu à composer la vie du vénérable curé. Nous aimons à croire que rien d'essentiel ne nous a échappé ; nous pouvons du moins nous rendre le témoignage que nous n'avons rien négligé pour ne nous écarter jamais, soit dans nos appréciations, soit dans nos récits, de la plus exacte vérité.

Il ne nous reste qu'à conjurer Notre-Seigneur de daigner accepter l'hommage de ce travail que nous avons entrepris pour son amour, et de le rendre, en le bénissant, propre à atteindre le but que M. Hamon se proposa dans toutes ses œuvres et qui fut le mobile de sa vie : la gloire de Dieu et la sanctification des âmes.

VIE DE M. HAMON

CURÉ DE SAINT-SULPICE

PREMIÈRE PARTIE

DEPUIS LA NAISSANCE DE M. HAMON
JUSQU'A SA NOMINATION A LA CURE DE SAINT-SULPICE

(1795–1851)

CHAPITRE PREMIER

Les familles Hamon et Lehuen-Dubourg.

La famille paternelle et maternelle de M. Hamon était originaire de l'ancienne province du Maine. Elle habitait, depuis un grand nombre d'années, Le Pas, petit bourg situé sur les confins du Bas-Maine et de la Normandie, à quelques lieues seulement de la ville de Mayenne.

Cette localité formait autrefois une des paroisses du diocèse du Mans ; aujourd'hui elle appartient à celui de Laval.

De temps immémorial, la population du Pas se faisait remarquer, dans la contrée, par la vivacité de sa foi et par sa fidélité aux pratiques de la piété chrétienne. Aussi, les vocations sacerdotales y étaient nombreuses, et les meilleures familles de cette religieuse paroisse tenaient à honneur de pouvoir consacrer au service des saints autels quelques-uns de leurs enfants.

Ces précieuses traditions s'étaient spécialement conservées dans les deux familles Hamon et Lehuen-Dubourg, qui venaient de s'allier ensemble par le mariage d'André-Siméon Hamon et d'Anne Lehuen-Dubourg. Elles étaient anciennes dans le pays et y jouissaient d'une considération universelle, que leur avaient acquise une honnête aisance jointe à une parfaite honorabilité. Dans une contrée et à une époque où tout le monde encore était chrétien, elles se faisaient remarquer par leur attachement à la foi, aussi bien que par leur fidélité à en remplir les devoirs.

Au moment où la Révolution éclata, elles avaient l'honneur de posséder trois prêtres, tous les trois oncles de celui dont nous écrivons la vie.

Louis Hamon, son oncle paternel, exerçait les fonctions de vicaire dans une localité voisine du Pas. Le même poste était rempli dans cette dernière paroisse par Jacques Lehuen-Dubourg, frère de sa mère. Un autre de ses oncles maternels, M. Jean Lehuen-Dubourg, entra dans la Congrégation des Eudistes, où il enseigna successivement avec talent, dans divers séminaires, la philosophie et la théologie.

Tandis que ces trois vertueux prêtres remplissaient avec un dévoûment tout sacerdotal leur laborieux ministère, l'Assemblée nationale poursuivait à Versailles les réformes révolutionnaires qui allaient produire en France de si étranges bouleversements. Elle venait de décréter (24 août 1790) la constitution civile du clergé, à laquelle tout ecclésiastique, ayant titre de bénéfices ou de fonctions, fut obligé de prêter serment, sous peine de destitution par le seul fait. Bientôt (29 novembre 1791) le refus de ce serment entraîna la suspension de tout traitement et l'internement dans la ville que l'administration départementale devait assigner. Enfin, le 26 mai 1792, les prêtres non assermentés furent condamnés à la déportation.

On sait de combien de tristes défections ce serment fut l'occasion pour l'Église de France. Le nombre des prêtres assermentés fut considérable. Toutefois, hâtons-nous de le dire, il n'égala pas, à beaucoup près, celui des prêtres fidèles qui, sans considérer les périls auxquels ils s'exposaient, refusèrent généreusement le serment sacrilége qu'on exigeait d'eux.

Nous sommes heureux de compter au nombre de ces derniers M. Louis Hamon et les deux frères Lehuen-Dubourg. Deux d'entre eux furent, en punition de leur attachement au Saint-Siége, déportés en Angleterre ; le troisième, M. Jean Lehuen-Dubourg, à raison de sa faible santé et d'une plaie à la jambe occasionnée par une chute, demeura à Laval, où il eut pour compagnons de captivité un certain nombre de prêtres sexagénaires ou infirmes.

La captivité de ces vénérables confesseurs de la foi avait été d'abord assez rigoureuse. Mais elle ne tarda pas à devenir plus douce, et la surveillance qu'on exerçait sur eux se relâcha au point que M. Lehuen-Dubourg, profitant de la liberté qu'on leur laissait, put s'échapper et se rendre aux pressantes sollicitations d'une respectable famille de Laval qui lui offrait un asile. Ce fut là qu'il passa tout le temps de la Révolution au milieu de dangers sans nombre.

Voici ce qu'il écrivait lui-même à ce sujet à l'auteur des *Mémoires ecclésiastiques concernant Laval et ses environs pendant la Révolution :*

« Il a été fait onze fouilles dans la maison où j'étais caché. On visitait tout, depuis la cave jusqu'au grenier. Cependant, chose remarquable, jamais on ne s'arrêta dans la chambre qui servait de chapelle, et où le saint-sacrement était renfermé. Il s'y trouvait deux grandes armoires dont on ne réclama jamais l'ouverture, tandis que dans tout le reste de la maison on ouvrait tous les meubles, on tâtait le linge, on faisait déplier les hardes, on fouillait les plus petites boîtes, pour voir si elles ne contenaient pas quelques papiers suspects. La cachette dans laquelle je me renfermais dans les moments de crainte ne fut jamais trouvée dans ces fouilles. Il fallait une protection spéciale de la Providence pour la soustraire à toutes ces recherches, d'autant plus qu'un voisin, qui en soupçonnait l'existence, l'avait constatée d'une manière posititive. Cette découverte une fois faite, il alla en faire part à l'accusateur public près la commission révolutionnaire, et réclama la gratification de cent francs promise à ceux qui feraient arrêter un prêtre. Le lendemain, le juge de paix, deux gendarmes et quatre soldats vinrent faire une fouille minutieuse dans toute la maison, et surtout dans le cabinet où, comme il le leur avait dit, la cachette était pratiquée. Malgré les indications qui leur avaient été données, ils ne purent rien découvrir. Cependant le dénonciateur retourna à la charge auprès de l'accusateur public. Il soutint que la fouille avait été mal faite, et demanda qu'on en fît faire une autre par des hommes plus adroits. Nous fûmes prévenus de cet acharnement. Je quittai la maison ; on fit promptement disparaître la cachette, et quand on vint faire une nouvelle visite, il n'y avait plus rien de suspect... »

Au reste, cette retraite de M. Jean Lehuen-Dubourg ne fut pas oisive. Il n'était venu dans la maison hospitalière, où un refuge lui avait été offert, qu'à la condition bien expresse de pouvoir sortir la nuit, pour administrer les malades qui réclameraient son ministère. Sa jeune sœur, Mlle Victoire Lehuen-Dubourg, accourue près de lui, avait reçu la mission de lui donner les indications nécessaires. Et comme le vertueux prêtre craignait que sa tendresse pour son frère ne la portât à en omettre parfois l'accomplissement : « Je mets, lui avait-il dit, sur votre conscience tous les malades qui mourront sans sacrements. »

Quoique constamment fidèle à l'héroïque résolution qu'il avait prise à cet égard, il n'en regretta pas moins, jusqu'à la fin de sa vie, de n'être pas resté en prison avec ses confrères de captivité. A la pensée des cruelles épreuves qu'ils subirent et auxquelles il avait échappé, en considérant surtout la couronne du martyre dont plusieurs avaient été honorés, et qu'il avait perdue, il se sentait pénétré de tristesse. Il était sans doute sous l'impression de ce sentiment, lorsque, plusieurs années après, dressant la liste des prêtres du Pas qu'il avait connus, il joignit à son nom cette parole du psalmiste : *Factus sum tanquam vas perditum* : « Je suis comme un vase de rebut. » (Ps. xxx, 13) (1).

Pendant ce temps, les deux familles Hamon et Lehuen-Dubourg étaient exposées à des périls sans nombre, et avaient à subir toutes sortes de vexations et de poursuites. Leur fidélité à la religion les rendait naturellement suspectes au pouvoir impie qui gouvernait alors la France. L'honneur de compter parmi leurs membres trois prêtres

---

(1) Parmi les prêtres dont M. Lehuen-Dubourg partagea à Laval la captivité, un grand nombre languirent longtemps dans les pontons qui stationnaient sur les côtes de l'Aunis et de la Saintonge, et dans les rades de Rochefort et de l'île d'Aix, affreuses prisons flottantes où plusieurs périrent de misère.

D'autres, à l'approche de l'armée vendéenne, furent dirigés sur Rambouillet, et eurent à souffrir dans le trajet, de la part des populations fanatisées, toutes sortes de traitements indignes. Chose étrange et à peine croyable, au moment où ils arrivaient dans cette ville, les insultes et les coups redoublèrent à tel point, qu'un forçat, qui se trouvait dans la troupe des confesseurs, ne crut pas pouvoir s'y soustraire plus efficacement qu'en criant bien haut qu'il n'avait rien de commun avec ces prêtres, et en se réclamant de ses quinze années de galères.

Enfin, le 21 janvier 1794, sans doute pour fêter le sinistre anniversaire que la République célébrait ce jour-là, quatorze des compagnons de M. Lehuen-Dubourg furent condamnés à mort et exécutés. Amenés à huit heures du matin devant le sanglant tribunal, ils furent de nouveau sommés de prêter serment à la constitution civile du clergé. Condamnés à mort sur leur refus, ils étaient exécutés avant midi. Un d'entre eux, vieillard de soixante-quatorze ans, prononça avant de mourir une parole qui mérite d'être conservée. Se tournant vers la foule accourue pour être spectatrice de la cruelle exécution : « Peuple, s'écria-t-il, nous vous avons appris à vivre ; apprenez maintenant de nous à mourir. »

CH. I. — LES FAMILLES HAMON ET LEHUEN-DUBOURG. 7

insermentés était un titre plus redoutable encore à la persécution.

Il faut bien dire que les soupçons qu'elles inspiraient aux agents de la République n'étaient pas sans fondement.

On sait que dans les contrées de l'Ouest, et spécialement dans le Maine, la Bretagne et la Vendée, beaucoup de prêtres insermentés refusèrent de se soumettre à la loi de la déportation et demeurèrent dans le pays. Ils trouvèrent sans peine à se cacher dans les familles chrétiennes, où on regardait comme une bénédiction de Dieu de pouvoir leur offrir un asile. Ainsi les pieux fidèles ne furent jamais totalement privés des secours de la religion. Mais le saint ministère, exercé dans de telles conditions, exposait à des périls extrêmes. La présence d'un prêtre insermenté sur le sol français était un crime capital que la République ne pardonnait pas, et la peine de mort, châtiment inévitable de son prétendu crime, menaçait également ceux qui l'avaient reçu et abrité sous leur toit.

Or, tant que dura la persécution religieuse, c'est-à-dire depuis le mois d'août 1791 jusqu'à la fin de 1799, il y eut des prêtres cachés dans les nobles et vertueuses demeures des Hamon et des Lehuen-Dubourg. Qu'on juge par là des transes incessantes, des alertes de jour et de nuit, qui durent les troubler pendant ces temps malheureux.

La maison occupée par la veuve Lehuen-Dubourg, grand'mère de M. le curé de Saint-Sulpice, eut en particulier le privilége de posséder constamment un ou plusieurs prêtres fidèles. On avait pratiqué dans le grenier une cachette assez spacieuse, et pourtant si bien dissimulée, qu'il était comme impossible de la découvrir. Elle servait à ces bons prêtres de retraite pendant le jour, et la nuit ils sortaient pour porter aux familles chrétiennes de la contrée les consolations de leur ministère. Toutefois, même dans le cours de la journée, lorsqu'on n'avait pas lieu de soupçonner la visite des agents, on quittait la cachette protectrice, et l'on se mêlait à la famille. Il arriva que, dans un de ces moments de trop grande confiance, des soldats ou, comme on disait dans le pays, des *bleus*, entrèrent dans la maison justement suspecte. Effrayée à cette vue, une des filles de la veuve Lehuen-Dubourg gravit en toute hâte l'escalier qui conduisait à la cachette, pour avertir les prêtres d'y rentrer. Mais, ô malheur! un soldat la suit; sans doute il a compris le motif de sa précipitation, et le mystère va être dévoilé. Heureusement, Mlle Lehuen-Dubourg ne perd pas son sang-froid : « Que voulez-vous? » dit-elle avec assurance au soldat, en se retournant. Mais celui-ci avait de tout autres soucis que de trouver des prêtres. Croyant que la jeune fille courait aux provisions pour les mettre à l'abri du pillage, il la prie poliment de lui donner à manger. Inutile de dire avec quel empressement cette demande fut octroyée.

Des scènes analogues se renouvelaient fréquemment, et la maison de la veuve Lehuen-Dubourg devenait l'objet d'une surveillance de jour en jour plus active. On finit par y établir des garnisaires, qu'il fallait nourrir et payer, et qui devaient faire aux portes une garde sévère.

Malgré toutes ces mesures, l'exercice de pieuse charité qui s'y pratiquait ne fut point interrompu, et Dieu ne permit pas qu'aucun des prêtres qui y avaient reçu l'hospitalité fût découvert.

Ces détails sur la famille de M. Hamon nous ont paru former le préambule naturel de sa propre histoire ; nous croyons qu'on jugera comme nous qu'ils méritaient d'être conservés.

CHAPITRE II

Naissance d'André-Jean-Marie. — Ses premières années.

Ce fut au milieu des douloureuses péripéties que nous avons esquissées dans le chapitre précédent que Dieu bénit le mariage d'André-Siméon Hamon et d'Anne Lehuen-Dubourg par la naissance de leur fils aîné. Elle eut lieu le 18 mai 1795. En d'autres temps et en d'autres circonstances, cet heureux événement aurait été célébré par une fête de famille ; mais alors il n'en pouvait être ainsi. Les trois oncles de l'enfant étaient en prison ou en exil, et ses vertueux parents, en butte aux vexations que leur attirait leur attachement bien connu à la religion, et voyant, pour ainsi dire, la hache révolutionnaire sans cesse suspendue sur leur tête, ne devaient guère avoir que des larmes à répandre sur le berceau du nouveau-né.

Il reçut le baptême de la main de l'un des prêtres fidèles qui vinrent chercher un asile chez ses parents. Il est à regretter que le nom de ce prêtre, qui s'est longtemps conservé dans la famille, ait fini par être oublié.

On ne sait pas non plus d'une manière certaine quels

furent ses parrain et marraine. Cependant, une induction plausible fait présumer que ce furent Jean Hamon, son cousin germain, et Marie Boudonnet, veuve Lehuen-Dubourg, sa grand'mère. Ils sont donnés en effet sur les registres de la mairie du Pas comme témoins de la présentation de l'enfant devant l'officier civil. Il est donc permis de supposer que ce furent eux aussi qui le tinrent sur les fonts du baptême, et qui, au prénom d'André que leur filleul reçut de son père, firent ajouter ceux de Jean et de Marie.

Outre cet enfant, les époux Hamon en eurent encore six. Deux moururent en bas âge. Les quatre autres : deux filles, Adélaïde et Pélagie, et deux garçons Germain et Augustin, se retrouveront plus d'une fois sous notre plume, dans la suite de cette histoire.

Vers l'époque où naquit M. Hamon, un événement inattendu vint aggraver la situation déjà si critique de sa famille. Une nuit, tandis que tout le monde reposait, la veuve Lehuen-Dubourg entend frapper à sa porte. Elle se lève en toute hâte et va, non sans quelque émotion, demander ce que c'est. Un étranger venait lui demander un asile, et quelle n'est pas sa surprise lorsque, sous le déguisement qui le dissimule, elle reconnaît son fils aîné, l'abbé Jacques Lehuen-Dubourg, déporté en Angleterre depuis le commencement de la Révolution.

La nouvelle de la chute de Robespierre et de la révolution du 9 thermidor avait fait croire à beaucoup de prêtres déportés qu'ils touchaient au terme de leurs maux, et qu'enfin il leur serait donné de revoir la France. Jacques Lehuen-Dubourg fut de ce nombre.

CH. II — SA NAISSANCE, SES PREMIÈRES ANNÉES.

Nature active, l'oisiveté de l'exil lui pesait, et il lui tardait de reprendre sur le sol natal l'exercice de son ministère; il se détermina donc à revenir. Trois autres prêtres déportés se joignirent à lui, et munis de passe-ports sous des noms supposés, que leur fit obtenir une recommandation puissante, ils partirent d'Oxford et s'embarquèrent sur un bâtiment qui faisait la correspondance entre Jersey et Saint-Malo. Leur illusion fut de courte durée, et ils comprirent bientôt que l'amélioration survenue dans la politique de la France n'avait point adouci la persécution dont les prêtres catholiques étaient l'objet. L'un d'eux en fit une cruelle expérience. Découvert et arrêté, il fut condamné à mort par une commission militaire siégeant à Tours, et fusillé.

Le bonheur qu'éprouva la famille du pauvre proscrit en l'embrassant, et celui qu'il goûta lui-même en revoyant les siens, fut donc loin d'être sans mélange. Mais les sombres perspectives qui troublèrent la joie du retour n'abattirent point les courages, et M. l'abbé Lehuen-Dubourg n'en fut pas moins accueilli avec le plus affectueux empressement dans cette demeure qui déjà s'était ouverte à tant de prêtres fidèles. Il y resta caché jusqu'à la fin de la tempête. A l'exemple de ses confrères, il s'efforça de se rendre utile en exerçant son ministère à l'égard de tous ceux qui le réclamaient. Bientôt même, il put réunir un petit troupeau de pieux fidèles qui, secrètement avertis, venaient, les dimanches et les fêtes, se confesser à lui, entendre sa messe et recevoir de ses mains la sainte communion.

M. Hamon aimait à raconter jusque dans les derniers temps de sa vie un autre trait dont il fut en partie témoin et auquel se rattachaient les plus anciens souvenirs de sa vie.

Un décret d'arrestation avait été porté par les autorités de Laval contre la veuve Lehuen-Dubourg, sa grand'mère, toujours suspecte du crime de recéler des prêtres. Mais les soldats chargés de l'exécution la trouvèrent gravement malade; et, ne croyant pas qu'il fût possible de lui faire faire le voyage, ils voulurent emmener à sa place sa fille aînée. André-Siméon Hamon, prévoyant les dangers auxquels sa belle-sœur pouvait être exposée, s'opposa à son départ avec tant de force et d'insistance, que les soldats impatientés le firent prisonnier lui-même, et l'emmenèrent à Laval, avec Mlle Lehuen-Dubourg. André-Jean-Marie, qui pouvait avoir alors trois ou quatre ans, était présent à cette scène. La vue de la triste charrette où l'on fit monter son père et sa tante, des soldats pressant le départ le blasphème à la bouche, de la douleur et des larmes de toute sa famille, fit sur son âme une impression qui ne s'effaça jamais.

Il se passa dans le trajet du Pas à Laval un fait digne d'être rapporté. Une croix s'étant rencontrée sur la route que parcourait l'escorte, les soldats sommèrent M. Hamon de l'abattre, le menaçant, s'il refusait, de le fusiller sur place. Plus d'une fois, des faits analogues avaient eu lieu dans le cours des guerres de la Vendée, et toujours les assassinats, commis en pareille rencontre, étaient demeurés impunis. M. Hamon dut donc prendre la menace au sérieux et croire à la possibilité de sa réalisation. Il n'en repoussa pas moins avec indignation et mépris la proposition impie qui lui était faite. On le fit alors descendre de la charrette, et deux soldats le mirent en joue : « Vous pouvez me tuer, leur dit-il avec une fermeté toute chrétienne ; mais vous ne me contraindrez pas à toucher à cette croix. » Soit que les soldats ne voulussent que l'intimider, soit que la générosité de sa réponse les eût désarmés, ils n'insistèrent pas, et une heure après M. Hamon et sa belle-sœur arrivaient à Laval, où ils furent constitués prisonniers.

On les avait arrêtés dans l'espoir de les convaincre du prétendu crime de cacher des prêtres insermentés ; mais tous les efforts qu'on put faire pour cela furent inutiles. Le tribunal devant lequel ils durent plusieurs fois comparaître les trouva inébranlables et ne put leur arracher aucun aveu compromettant.

La captivité qu'ils subirent ne fut cependant ni trop dure, ni trop longue. Instruite de la détention de sa sœur et de son beau-frère, Mlle Victoire Lehuen-Dubourg, qui habitait Laval, trouva moyen de procurer aux prisonniers divers soulagements, et finalement, au bout de sept semaines, obtint à prix d'or qu'ils fussent élargis.

Plus d'une fois, dans cette première période de sa vie, M. Hamon fit paraître une discrétion et une réserve au-dessus de son âge. On sait avec quelle facilité les enfants, légers et inconsidérés pour l'ordinaire, et ne comprenant la portée ni de leurs actes ni de leurs paroles, livrent étourdiment les secrets les plus graves. On n'eut jamais à reprocher à André-Jean-Marie aucune indiscrétion de ce genre. Initié, par la force même des choses, à tout ce qui se passait dans la maison de son père et dans celle de sa grand'mère, témoin des cérémonies religieuses qui s'y accomplissaient, confident nécessaire de la retraite que ses parents ne cessèrent d'y donner généreusement aux prêtres proscrits, il ne lui échappa ni un geste, ni un mot, ni un regard propre à mettre qui que ce fût sur la voie de ce qu'il ne fallait pas révéler (1).

Hâtons-nous d'ajouter que ces habitudes de réserve et de silence auxquelles il dut être formé, pour ainsi dire, dès le berceau, n'eurent point pour résultat, comme on l'aurait pu craindre, de le rendre défiant et dissimulé. Ceux qui ont connu M. Hamon savent que la candeur, la franchise, l'expansion qui se peignaient dans les traits de son visage, et jusque dans l'accent de sa voix, firent toujours le fond de son caractère; rien ne lui fut plus étranger que les artifices et les habiletés de la politique; il allait à son but avec droiture, et il suffisait de l'avoir entretenu un quart d'heure pour lui donner toute sa confiance.

Le premier objet de la sollicitude maternelle de Mme Hamon fut de faire naître et de développer dans le cœur de son enfant les sentiments de la piété chrétienne, précieux héritage de famille qu'elle se hâta de lui transmettre. Les leçons que reçut à cet égard André-Jean-Marie, sur les genoux de sa mère, étaient appuyées et confirmées par tout ce qu'il voyait et entendait dans la demeure de ses parents, où il ne rencontra jamais que des exemples

---

(1) Au reste, l'espèce de phénomène que nous signalons ici se reproduisit souvent pendant la Révolution. Nulle part, que l'on sache, l'étourderie si naturelle aux enfants n'amena l'arrestation d'un proscrit. N'est-il pas juste de voir en cela une preuve visible de la protection divine, tant sur les prêtres fidèles que sur ceux qui s'exposaient à de si grands périls pour les soustraire à la mort?

CH. II. — SA NAISSANCE, SES PREMIÈRES ANNÉES.

d'édification, et où chacun rivalisait de zèle pour accomplir les devoirs que la religion prescrit. De si salutaires enseignements ne furent point perdus. L'âme si admirablement douée du petit André s'ouvrit sans peine aux impressions qu'on s'efforçait de lui inculquer; il fut un enfant sage, modeste et pieux, et déjà un œil attentif aurait pu discerner en lui le germe de cette foi ardente, de cette religion profonde, de cette charité toute chrétienne qui devaient faire de lui plus tard le modèle des prêtres et des pasteurs.

Il avait atteint sa sixième année lorsque, par le concordat de 1801, la paix fut enfin rendue à l'Église de France. Les prêtres catholiques cachés ou déportés purent rentrer dans leurs foyers et reprendre, sans crainte d'être inquiétés, les fonctions de leur ministère.

M. Jacques Lehuen-Dubourg qui, pendant les mauvais jours et au péril de sa vie, avait rempli les fonctions pastorales dans la paroisse du Pas, en devint alors curé. Il travaillait avec zèle à réparer les ruines que la Révolution y avait amoncelées, et déjà, sous sa direction, la piété et la régularité y refleurissaient, lorsque, dans la dernière moitié de l'année 1808, la mort l'enleva inopinément. Il emporta avec lui les regrets unanimes de ses paroissiens.

Ce fut lui qui enseigna à André-Jean-Marie, son neveu, les éléments de la doctrine chrétienne. Il n'eut pas de peine à discerner dans cet enfant les excellentes dispositions d'esprit et de cœur dont il était doué, et il s'appliqua avec amour à les développer. Il le prépara à sa première communion, et eut même avant de mourir la consolation de lui faire accomplir ce grand acte de la vie chrétienne (27 mai 1805).

On conserva longtemps dans la paroisse du Pas le souvenir de l'édification que donna André-Jean-Marie dans cette mémorable circonstance. Tout dernièrement encore, des vieillards, le voyant revenir pendant les vacances passer quelques jours au pays, aimaient à se rappeler, après tant d'années, qu'ils s'étaient assis près de lui sur les bancs du catéchisme, et qu'ils avaient fait avec lui leur première communion : « Pour l'instruction aussi bien que pour la sagesse, disaient-ils, il était notre modèle à tous. » André-Jean-Marie était alors âgé de dix ans.

Il est permis de supposer que déjà la vocation sacerdotale s'était révélée en lui ; et sans doute ce fut le motif qui engagea ses parents à lui faire donner une instruction primaire plus complète que celle qu'il pouvait recevoir dans la maison paternelle. Ils le mirent donc en pension chez un instituteur de la petite ville d'Ambrières, chef-lieu du canton d'où relève Le Pas. Il dut y passer une année, probablement l'année 1806.

Vint alors le moment de commencer les études classiques.

Les trois oncles de l'enfant les avaient faites en grande partie dans le pays même, sous la direction d'un excellent prêtre qui y remplissait les fonctions de vicaire. C'était comme une tradition de famille, dont on crut d'autant moins devoir s'écarter, que la Providence semblait avoir préparé elle-même le maître destiné à donner des leçons à André.

L'abbé Jean Lehuen-Dubourg n'avait pas cru devoir, à l'exemple de son frère aîné, accepter un poste dans le ministère paroissial. Il avait refusé, par délicatesse de conscience, la promesse de fidélité à la constitution de l'an VIII, exigée de tous les prêtres qui accepteraient des fonctions publiques (1). D'ailleurs le ministère paroissial, qu'il avait néanmoins exercé avec un zèle si généreux pendant la tourmente, n'avait jamais eu beaucoup d'attrait pour lui. A la vie active et agitée du presbytère, il préférait le calme, le silence, la régularité de la vie de communauté. Membre de la congrégation des Eudistes avant la Révolution, il espérait que le rétablissement de cet institut, en lui facilitant les moyens de reprendre ses anciennes fonctions, lui permettrait de satisfaire son goût toujours prédominant pour l'étude et l'enseignement. Mais cet espoir ne devait pas se réaliser, et la position provisoire de prêtre habitué, que M. Lehuen-Dubourg crut devoir prendre dans sa paroisse natale, devint pour lui définitive (2). Vivant au milieu des siens, sans occupation fixe et obligée, jouissant d'ailleurs d'une réputation méritée de piété, de talent et de doctrine, il était tout naturellement indiqué pour servir de premier maître à son neveu.

Cet arrangement, qui paraissait si simple, fut pourtant malheureux, et aurait pu avoir pour l'enfant de fâcheuses conséquences.

(1) Cette promesse, bien différente du serment schismatique de 1791, avait été souscrite par l'immense majorité du clergé français, et jamais le Saint-Siége n'a fait entendre à cet égard aucune réclamation. (Voir la *Vie de M. Émery*, t. II, p. 7 et suiv.)
(2) La congrégation des Eudistes a été rétablie à Redon, diocèse de Rennes, en 1826, par M. l'abbé Blanchard, qui en fut le premier supérieur général. M. Lehuen-Dubourg, soit à raison de son âge avancé, soit pour d'autres motifs que nous ignorons, ne s'y agrégea pas.

M. Jean Lehuen-Dubourg, prêtre éminent d'ailleurs et qui s'était autrefois distingué dans l'enseignement de la philosophie et de la théologie, n'avait absolument rien de ce qu'il fallait pour l'éducation d'un enfant. C'était un homme d'un ascétisme austère, porté au scrupule pour lui-même et à la sévérité pour les autres, d'un caractère peu aimable et absolument étranger aux tempéraments, aux nuances, aux délicatesses qu'un instituteur doit apporter dans l'accomplissement de sa difficile mission. Il ne sut ni se mettre à la portée de son élève pour lui inculquer les premiers éléments de la grammaire, ni attendre avec patience le développement toujours si lent de la réflexion et du raisonnement. Si l'enfant ne réussissait pas de prime abord à se mettre dans la mémoire les paradigmes des déclinaisons et des conjugaisons, s'il lui arrivait de broncher dans l'application des règles de la syntaxe, ou de ne pas traduire sans faute et d'une manière correcte quelques textes du bréviaire, il était aussitôt traité par l'inexorable maître d'*âne* ou de *bûche*. D'autres fois, on imputait ses insuccès à la paresse ; on allait même jusqu'à lui reprocher de faire des fautes de gaîté de cœur, pour exercer la patience de son oncle et lui *faire faire du mauvais sang*. De là des tempêtes, des réprimandes sévères, des punitions sans cesse renouvelées et, ce qui allait surtout au cœur du pauvre petit écolier, la menace d'abandonner à son malheureux sort ce *piètre sujet dont on ne pouvait espérer de faire jamais rien de bon*.

Heureusement ce piètre sujet devait être un jour M. Hamon ! Cruel démenti, bien propre à servir de leçon

CH. II. — SA NAISSANCE, SES PREMIÈRES ANNÉES.

aux instituteurs de la jeunesse, et à leur montrer que leur première vertu doit être la patience.

Dans la suite, l'excellent abbé Lehuen-Dubourg ne se souvint plus de ces détails; tout fier des brillants succès de son ancien élève, il se félicitait d'en avoir posé les premiers fondements et d'avoir préparé à l'Église de France, dans la personne de son neveu, un prêtre d'un mérite éminent.

Les débuts d'André-Jean-Marie dans la carrière des études classiques n'eurent donc pour lui qu'amertume et que tristesse, et nous pouvons affirmer que, sous un tel régime, bien d'autres auraient perdu courage et abandonné leur vocation.

La Providence, il est vrai, permit qu'il trouvât dans la tendre affection de sa mère et de l'une de ses tantes quelque dédommagement à ses ennuis. Loin d'approuver les rigueurs du terrible oncle contre son neveu, elles prenaient la défense de celui-ci, le consolaient des duretés dont il était l'objet, et au besoin intercédaient pour lui. Compensation précieuse, mais pourtant bien faible et bien insuffisante : car, si l'on excepte ces deux excellentes femmes, tout le monde semblait s'être ligué contre le malheureux écolier. Son père lui-même le traitait sans miséricorde, et ne lui accordait pas un moment de repos et de distraction. M. Hamon a raconté depuis que, pendant les deux ans qu'il étudia sous la direction de M. Lehuen-Dubourg, il n'avait joui que d'un petit quart d'heure de récréation; encore fut-il pris à la dérobée et acheté au prix de bien des angoisses. Voici le fait.

Un dimanche, après les vêpres, la population du Pas

devait se réunir dans un village voisin, pour assister à un exercice de tir ou, comme on disait dans le pays, pour voir *tirer un pavois*.

On sait combien ces sortes de spectacles ont d'attrait pour les enfants, et naturellement André-Jean-Marie ressentit un vif désir d'en être témoin. Mais une permission du père ou de l'oncle était nécessaire. Comment la demander et surtout comment l'obtenir? L'obstacle parut à l'enfant absolument infranchissable; il fit donc son sacrifice, et tandis que la foule, au milieu de bruyantes explosions de joie, allait voir *tirer le pavois*, il rentra tristement dans sa chambre, et se mit à faire son *devoir* pour le lendemain. L'application en pareil cas est difficile pour un écolier. Aussi André avait-il bien plus l'esprit à la fête qu'à sa version; le bruit des passants retentissait douloureusement au fond de son âme, et bien souvent il quittait son livre et son cahier pour aller à la fenêtre. Tandis qu'il y était en observation, il aperçut son père qui rentrait à l'église, où il savait que son oncle était resté. A cette vue, il n'y tient plus, et quelque périlleuse que fût l'entreprise, il court à toutes jambes au lieu où se donnait la fête. Mais la perspective du danger qu'il courait le poursuivait comme un affreux cauchemar. Si le terrible oncle allait sortir de l'église plus tôt que de coutume, et si, rentrant, il trouvait la chambre vide!... ou s'il apprenait que son neveu a pris de lui-même ce divertissement!... Préoccupé de ces pensées, le pauvre André ne prit part que bien imparfaitement à la joie commune, et après avoir entendu tirer quatre ou cinq coups de fusil, il se mit en route en toute hâte, pour aller s'installer à sa table de travail. Il était heureusement de retour depuis quelques instants, lorsque l'inexorable maître qui, par bonheur, avait ce jour-là prolongé sa visite au très-saint sacrement, rentra à la maison. Il trouva tout dans l'ordre : le devoir était fait, la leçon apprise, et l'écolier put se féliciter intérieurement du succès de sa hasardeuse expédition.

CHAPITRE III

Le Collége et le Petit Séminaire.

André-Jean-Marie avait suivi pendant deux ans, dans la maison paternelle, les leçons de son oncle. Il était parvenu à sa douzième année; et, ce qui prouve qu'il y avait pour le moins beaucoup d'exagération dans les plaintes du bon abbé Lehuen-Dubourg, il fut jugé capable, examen fait, d'entrer en quatrième.

On crut qu'il était temps de l'envoyer au collége.

Jusque-là les étudiants sortis de la paroisse du Pas avaient terminé leurs études au collége de Domfront, maison d'éducation autrefois très-florissante, et qui avait compté près de quatre cents élèves. Mais soit qu'elle fût alors un peu déchue, soit que les communications avec la ville de Domfront fussent devenues plus difficiles et moins fréquentes, M. et Mme Hamon donnèrent la préférence au collége communal de Mayenne. Un frère de Mme Hamon, M. François

Lehuen-Dubourg, tenait une maison de commerce dans cette ville. Ce fut chez lui qu'André-Jean-Marie fut mis en pension, afin de suivre comme externe les classes du collége.

La position pour notre jeune étudiant était donc complètement changée. Tenu jusque-là comme à la chaîne, sous la sévère surveillance de son oncle, et appliqué du matin au soir à un travail qu'aucun relâche ne venait interrompre, il se voyait enfin délivré de toute contrainte et abandonné en quelque sorte à lui-même. On pouvait craindre qu'il n'abusât de cette liberté relativement grande, à laquelle il n'était pas habitué, et que surtout il ne négligeât des études qu'on s'était si peu mis en peine de lui faire aimer. Il n'en fut rien. Écolier appliqué et sérieux, il se livra au travail, sous ses nouveaux maîtres, avec une ardeur qui ne se démentit jamais. Son oncle, qui lui portait le plus tendre intérêt, n'eut besoin ni de le surveiller, ni de l'exciter à cet égard. On en jugera par le trait suivant.

Un soir que M. Lehuen-Dubourg avait à sa table un étranger, homme d'esprit apparemment et de bonne compagnie, le repas se prolongea plus que de coutume, et les convives continuèrent à s'entretenir ensemble jusqu'à une heure assez avancée. Captivé par le charme d'une conversation qui l'intéressait au plus haut point, André resta jusqu'au bout, sans s'apercevoir que le temps s'écoulait. Mais quel ne fut pas son chagrin, lorsque, rentrant dans sa chambre, il s'aperçut que son devoir pour le lendemain n'était point fait! Quand on se présenta, selon l'habitude, pour lui retirer la lumière, on le trouva fondant en larmes, et on ne put le calmer et le décider à dormir qu'en lui promettant de le réveiller le lendemain assez à temps pour qu'il pût réparer son oubli de la veille.

Ce travail assidu et consciencieux, joint à une mémoire heureuse, à un bon jugement et à une rare pénétration, ne tarda pas à assurer au jeune Hamon une place distinguée parmi ses condisciples. On avait de lui au collége l'idée la plus avantageuse ; et comme l'oncle chez lequel il logeait demandait un jour à un professeur ce qu'il pensait de son neveu : « C'est, lui fut-il répondu, un jeune homme qui a beaucoup de facilité, et qui travaille comme s'il n'en avait pas. »

Ecolier studieux, il fut surtout un écolier pieux. Dès cette époque, non content de l'essentiel des devoirs de la vie chrétienne, il y joignait des pratiques de surérogation qui témoignent de son désir de tendre à la perfection. C'est en particulier à cette période de sa vie que se rapportent les premières manifestations de la tendre dévotion envers la très-sainte Vierge, dont il fit toujours profession. Le 2 février 1809, il se faisait agréger à la confrérie de Notre-Dame-Auxiliatrice, et, le 25 mars suivant, il entrait dans celle du Saint-Rosaire. Et, ce qui montre bien l'importance qu'il attachait à cette double agrégation, il en mentionne la date dans une note où se trouvent relatées les époques les plus mémorables de sa vie, et qui formait pour lui une sorte de calendrier de dévotion. Elle a pour titre : *Quinze époques de ma vie qui me rappellent ou des grâces spéciales de Dieu ou de grands devoirs.*

André-Jean-Marie était entré au collége de Mayenne à la rentrée de 1807-1808. Il y resta deux ans, durant lesquels il suivit les cours de quatrième et de troisième.

Aux vacances de 1809, ses parents se décidèrent à le retirer de cette maison pour le placer au petit séminaire de La Ferté-Macé, petite ville du diocèse de Séez. Quels furent les motifs de cette détermination? Il serait difficile de le dire. Peut-être ne trouvait-on pas que les études fussent assez fortes au collége de Mayenne. Ou bien, voyant que la vocation de leur enfant pour le sacerdoce se caractérisait de plus en plus, M. et Mme Hamon crurent-ils qu'un petit séminaire serait pour lui un milieu plus convenable que le collége. Toujours est-il que le départ fut décidé, et, à la rentrée, André était admis à La Ferté-Macé comme élève de seconde. Il y était externe, ainsi qu'à Mayenne, et prenait sa pension dans une famille très-chrétienne, où son souvenir se conserve encore. C'est ce que nous atteste un article que la *Semaine religieuse* de Séez du 24 décembre 1874 publia sur lui, cinq jours après sa mort. « S'il ne nous appartenait point par la naissance, y est-il dit, nous pouvons le revendiquer pour une partie de ses études qu'il fit à La Ferté-Macé, où était alors notre petit séminaire diocésain. Il prenait sa pension en ville, dans une famille très-chrétienne. Deux membres de cette famille, la mère et la fille, vivent encore... Elles parlent de lui avec le plus grand respect, et se rappellent très-bien sa piété, sa modestie.... »

Le petit séminaire de La Ferté-Macé, dirigé par M. l'abbé Huet, était, à cette époque, une des maisons d'éducation les plus renommées de la contrée, soit pour la force des études, soit pour la bonne tenue des élèves. Dès son entrée dans cet établissement, André Hamon fit pressentir qu'il en serait une des gloires. Il y fut reçu comme élève de seconde, et, ce cours terminé, on le jugea capable, quoique très-jeune encore, d'entrer en rhétorique. Voici le témoignage que lui rend, à ce sujet, un professeur de La Ferté, M. l'abbé Vanloup, depuis curé de Couterne :

« J'ai été à même de connaître parfaitement le digne et pieux M. Hamon. J'étais professeur au petit séminaire de La Ferté-Macé lorsqu'il y arriva pour faire sa seconde. C'est moi qui eus l'honneur de l'examiner, pour juger s'il devait être admis en rhétorique. Je l'avoue, j'interrogeais plus savant que moi. Il fit cette classe avec distinction, et y obtint des succès très-remarquables. Un discours qu'il composa sur la divinité de la Religion nous parut tellement supérieur, que nous crûmes devoir le faire lire publiquement à la distribution des prix ; plusieurs savants qui étaient présents en exprimèrent leur admiration...

« Notre jeune élève se faisait remarquer, non seulement par ses succès en classe, mais encore par une sagesse et une piété des plus rares. Il communiait toutes les dimanches et tous les jours de fête, ce que ne faisaient pas aussi fréquemment nos autres élèves. Il prouvait par sa conduite exemplaire que la religion est l'inspiratrice des bonnes études. Tous, professeurs et élèves, nous l'aimions et l'admirions comme un jeune homme hors ligne. »

La piété et l'amour pour l'étude dont André Hamon donnait l'exemple à ses condisciples ne l'empêchaient pas d'être un écolier aimable et enjoué. Il prenait part avec tout l'entrain et toute l'ardeur de son âge à leurs divertissements ; le plus studieux en classe, il était le plus gai dans les récréations. On était au temps des grandes guerres de l'Empire ; je ne sais quel esprit militaire envahissait la

France; dans les maisons d'éducation, et jusque dans les petits séminaires, on jouait au soldat. André, à l'exemple de ses condisciples, se livrait joyeusement à ces exercices, et quelques rares survivants se rappellent encore de l'avoir vu prendre part à des manœuvres guerrières. Ceux qui ont connu M. Hamon auront peine à croire qu'il s'y soit jamais rendu très-habile; mais aussi ce n'était pas vers les camps que l'attrait intérieur de la grâce le dirigeait. Sa vocation sacerdotale, dont le premier germe s'était révélé dès sa plus tendre enfance, devenait de jour en jour plus manifeste. Il ne s'en cachait pas, et la conviction unanime de ses maîtres et de ses condisciples était qu'il serait prêtre.

Les succès de notre jeune élève au petit séminaire de La Ferté remplissaient de joie sa famille. Son père néanmoins, toujours préoccupé des prédictions sinistres du premier maître d'André, l'austère M. Lehuen-Dubourg, n'était pas encore sans quelque sollicitude. Un jour que, sous l'impresssion de ces pensées, il demandait au supérieur ce qu'il pourrait faire d'André, lorsque celui-ci aurait terminé ses études : « Ce que vous en ferez ! lui fut-il répondu. Je ne serais pas étonné qu'un jour il devînt évêque. » Nous verrons plus tard qu'il n'a tenu qu'à M. Hamon que cette prophétie ne se soit pas réalisée.

L'impression produite par André-Jean-Marie au petit séminaire de La Ferté, pendant les deux ans qu'il y passa, fut donc excellente. Celle que le jeune humaniste en remporta ne fut pas moins bonne. Il n'oublia jamais son séjour dans cette maison, et jusqu'à la fin de sa vie, il se plaisait à rendre hommage au zèle, au dévoûment, à la piété et à la science des maîtres qu'il y rencontra. Rien n'égale surtout le fidèle souvenir qu'il garda du pieux et savant professeur dont il reçut les leçons, M. Pierre Desauney. C'était un jeune ecclésiastique d'un rare mérite, que ses talents firent juger digne d'occuper, avant même qu'il fût engagé dans les Ordres, la chaire de seconde au petit séminaire de La Ferté, puis, l'année suivante, celle de rhétorique.

Voici en quels termes M. Hamon, dans une lettre du 8 janvier 1873, rendait hommage aux talents et aux vertus de son ancien maître :

« J'ai étudié à La Ferté en 1809-1810. M. Desauney m'y enseigna la seconde et la rhétorique. Pendant ce temps, il reçut le sous-diaconat.... M. Desauney faisait l'admiration de tous ; nous le vénérions comme un homme de Dieu. Quand il priait, on croyait voir en lui un ange descendu du ciel. Quand il parlait, c'était toujours avec bonté, aménité et grâce. Il portait sur son visage une candeur céleste, et, dans toutes ses manières, une modestie et une retenue qui édifiaient.... Que vous dirai-je ? Le souvenir de ce saint homme fait encore, après cinquante ans, du bien à mon âme. »

Lorsqu'en 1837 la vie du cardinal de Cheverus vint ouvrir la série des ouvrages qui devaient illustrer la plume de M. Hamon, le disciple reconnaissant eut la délicate pensée d'en faire hommage au maître vénéré dont les leçons l'avaient initié à l'art d'écrire. Dans la lettre d'envoi, l'ancien professeur de rhétorique était prié de signaler les défauts du livre, avec autant de liberté que si l'auteur eût encore été son élève.

Pendant le séjour d'André à La Ferté, un accident,

mentionné par la correspondance de famille, faillit lui coûter la vie. Un balcon de fenêtre sur lequel il était appuyé, s'étant tout à coup détaché, l'enfant tomba d'une assez grande hauteur. On le crut mort, et on courut à lui pour le relever. Mais, grâce sans doute à la protection de son bon ange, il en fut quitte pour quelques contusions.

Aux vacances de 1811, se terminait le cours de ses études classiques. Il avait alors quinze ans. Sa vocation était définitivement arrêtée, et le pieux écolier était décidé à entrer au grand séminaire, pour y recevoir l'enseignement de la philosophie et de la théologie. Mais il était bien jeune encore pour se livrer à ces graves études, après lesquelles d'ailleurs il lui eût fallu attendre plusieurs années encore l'âge requis pour participer aux Ordres. On crut donc qu'il valait mieux différer, et une circonstance toute providentielle lui ménagea le moyen d'utiliser ce délai.

CHAPITRE IV

La pension Liautard.

Au moment où André-Jean-Marie achevait sa rhétorique au petit séminaire de La Ferté-Macé, florissait à Paris une maison d'éducation qui, bien que récemment fondée, avait cependant atteint déjà une importance considérable parmi

CHAP. IV. — LA PENSION LIAUTARD.

les établissements de la capitale. Nous voulons parler de la pension Liautard, connue aujourd'hui sous le nom de *collége Stanislas*. Quelques détails sur l'origine de cette célèbre et utile institution trouvent ici naturellement leur place.

C'est à M. Duclaux, le collaborateur et plus tard le successeur de M. Émery, dans la direction du séminaire de Saint-Sulpice, que revient l'honneur d'en avoir formé le premier dessein (1). Préoccupé, comme tant d'autres, du déplorable état où se trouvait alors en France la religion, à peine relevée de ses ruines, ce vertueux prêtre comprit qu'un des moyens les plus efficaces de lui rendre son éclat était de procurer à la jeunesse une éducation chrétienne. Les ressources pour atteindre ce but manquaient alors presque complètement, spécialement à Paris, qui ne possédait guère d'autres maisons d'éducation que les lycées. M. Duclaux entreprit de combler cette lacune. Il voulut offrir aux familles un asile où leurs enfants pourraient recevoir à la fois les enseignements de la science et ceux de la piété; où surtout, par la culture attentive des vocations sacerdotales, on préparerait des sujets pour le séminaire. Il espérait même que les profits réalisés par l'établissement permettraient de donner l'enseignement gratuit à un certain nombre de jeunes gens bien appelés, mais dépourvus de ressources.

Ce fut dans le cours de l'année 1803-1804 que M. Duclaux forma et mûrit ce dessein, si digne de son zèle et de sa piété. Pour le mettre à exécution, il jeta les yeux sur

---

(1) *Notice sur M. Émery*, par M. Garnier (ms.), p. 191.

trois ecclésiastiques du séminaire de Saint-Sulpice, dont le mérite lui était connu : MM. Liautard, Augé et Froment. Le premier, qui n'était encore que diacre, fut nommé supérieur.

Il fallait un local et de l'argent ; M. Duclaux sut trouver l'un et l'autre, et au mois d'octobre 1804 le nouvel établissement s'ouvrait rue Notre-Dame-des-Champs, dans une maison récemment abandonnée par le séminaire de Saint-Sulpice, à laquelle on adjoignit l'hôtel Fleury, qui y était contigu.

Grâce au mérite connu des fondateurs et à l'approbation qu'y donna Mgr l'archevêque, il acquit presque en naissant une grande réputation, non seulement à Paris, mais dans la France entière.

En 1811, la pension Liautard, en y comprenant une succursale établie à Gentilly pour les plus jeunes enfants, ne devait pas renfermer moins de six cents élèves, parmi lesquels figuraient les noms des plus illustres familles de France. Les directeurs, pour maintenir la réputation de leur collége, et aussi pour en faire, conformément à la pensée de M. Duclaux, une pépinière de vocations sacerdotales, s'appliquaient à y attirer, par de sérieux avantages, les jeunes gens qui leur étaient signalés comme joignant à une vocation solide une vraie capacité. Ils y étaient reçus gratuitement ou à peu près, et lorsqu'ils s'y étaient perfectionnés dans l'étude des sciences et des lettres, ils devaient, pendant un temps plus ou moins long, remplir dans la maison les fonctions de maître ou de surveillant.

Quelques amis de la famille Hamon, entre autres M. l'abbé Duperrier, alors vicaire général du Mans, crurent

CHAP. IV. — LA PENSION LIAUTARD.

avec raison que le jeune rhétoricien de La Ferté-Macé méritait à tous égards cette faveur. Il fut proposé, et le 2 septembre 1811, M. l'abbé Dubignon, prêtre du Mans, par l'entremise duquel il avait été recommandé à M. Liautard, écrivait à sa famille qu'une place était offerte à André-Jean-Marie dans l'établissement de la rue Notre-Dame-des-Champs.

Une offre si honorable et si avantageuse ne pouvait être refusée; aussi la famille Hamon s'empressa-t-elle de l'accepter. Le départ fut résolu, et, quelques semaines plus tard, André, après avoir pris congé de son père et de sa mère, de ses deux frères, de ses deux sœurs et des nombreux parents qu'il laissait au village du Pas, prenait la diligence qui devait le conduire à Paris.

Un voyage à Paris est aujourd'hui chose commune et ordinaire : c'était alors un événement. Celui que fit André Hamon pour aller se ranger au nombre des élèves de M. l'abbé Liautard dut avoir aux yeux de l'écolier, à peine jusque-là sorti de son village, une importance toute particulière. Il allait perfectionner ses connaissances littéraires, puiser la science aux sources les plus abondantes, surtout se préparer, plus efficacement qu'il ne l'eût pu faire ailleurs, aux desseins de Dieu qui l'appelait au sacerdoce, passer de la vie d'enfant à la vie d'homme, puis à celle de prêtre. Il semble qu'il ait dès lors compris lui-même qu'une phase nouvelle s'ouvrait pour lui, car parmi les dates mémorables de sa vie qu'il a consignées dans ses notes, nous trouvons soigneusement mentionnée celle de son arrivée à Paris : 22 octobre 1811.

Qu'on nous permette de signaler en passant une coïncidence qui pourra ne pas sembler absolument fortuite. La rue Notre-Dame-des-Champs, où se trouvait la pension Liautard, faisait alors partie de la paroisse Saint-Sulpice. Quarante ans plus tard, le petit écolier du Maine qui venait s'y installer était devenu le pasteur vénéré de cette grande et belle paroisse, et à quelques pas seulement de l'asile qui s'était ouvert pour le recevoir à son arrivée à Paris, il bâtissait la maison des écoles et celle des Petites-Sœurs-des-Pauvres, les deux merveilles de sa charité pastorale. Ainsi, par un conseil secret de la Providence, la vie sacerdotale de M. Hamon allait recevoir son premier épanouissement sur le théâtre même où elle devait un jour se manifester avec tant d'éclat, offrir aux prêtres un modèle accompli de sainteté, et consoler l'Église par des prodiges de dévoûment, d'abnégation et de zèle.

Avant d'être admis chez M. Liautard, M. Hamon, nous l'avons dit déjà, avait complètement terminé ses cours, et, grâce à son application et à sa capacité, il y avait obtenu d'honorables succès. Mais il était fort jeune encore ; on supposa, non sans quelque fondement, qu'une éducation littéraire reçue dans un petit collège de province, à une époque où les études ne faisaient que de renaître, devait laisser beaucoup à désirer. Il fut donc décidé qu'il redoublerait les deux dernières classes, et on le fit entrer en seconde. Loin de regretter cette mesure, M. Hamon s'en est toujours vivement félicité.

Les règlements universitaires imposaient alors aux chefs d'institution l'obligation de faire suivre à leurs élèves les cours des lycées impériaux ; la pension Liautard fut soumise comme les autres à cette prescription gênante. Les élèves de cette maison fréquentèrent d'abord le lycée Louis-le-Grand ; mais l'antagonisme que créait entre eux et les lycéens la différence profonde d'esprit et de sentiments, ne tarda pas à se révéler par des rixes violentes, que la moindre occasion faisait naître. Dans une circonstance même, ce fut un véritable combat ; et les choses allèrent si loin, qu'enfin M. Liautard se détermina à quitter le lycée Louis-le-Grand pour le lycée Napoléon, aujourd'hui lycée Henri IV.

M. Hamon y trouva des condisciples distingués dont il fut l'émule. Mais il eut surtout l'inappréciable avantage de recevoir les leçons de maîtres d'un vrai mérite, dont deux, MM. Naudet et Laya, qui furent ses professeurs de rhétorique, se sont acquis un nom dans les lettres. Sous leur direction, il se fit dans son intelligence, au point de vue littéraire, une véritable transformation. On peut dire qu'alors le sens du goût s'éveilla en lui pour la première fois. Les maîtres sous lesquels il avait successivement passé, en l'initiant à la connaissance des grands classiques de l'antiquité et des temps modernes, lui avaient bien dit que ce sont là des types inimitables de perfection et nos modèles dans l'art d'écrire. Il l'avait cru sur leur parole et répété après eux ; mais il ne l'avait ni compris, ni senti. Cette révélation, pour avoir été plus tardive, n'en fut que plus vive et plus lumineuse.

Le sentiment du beau littéraire se développa en lui à un haut degré ; et, comme il le disait plus tard, il se convainquit par lui-même qu'Homère, Sophocle, Virgile, Corneille et Racine, Bossuet et Fénelon étaient vraiment des écrivains de génie.

Ce ne fut pas seulement pour lui une source de jouissances jusque-là inconnues. En possession du secret si merveilleusement exploité par les maîtres, il sut lui-même le mettre en pratique, et devenir à son tour un maître habile dans la science de bien dire. Dans le jeune humaniste s'exaltant à la lecture de nos grands poètes et de nos grands prosateurs, on pouvait pressentir déjà l'historien du cardinal de Cheverus et de saint François de Sales.

Nul ne contribua plus efficacement à cet heureux progrès que M. Laya, le professeur de rhétorique, pour la partie française. L'enseignement qu'il donnait n'avait pourtant rien de brillant. Peu soucieux du renom et de la popularité, il ne s'attachait pas à surcharger la mémoire de ses élèves d'un amas indigeste et confus d'objets de toute sorte, et de faire de leur intelligence des espèces de dictionnaires ou d'encyclopédies, où tout se trouve entassé pêle-mêle. Homme d'un goût exquis et d'un jugement littéraire parfaitement sûr, il mettait tous ses soins à leur communiquer cette précieuse qualité. La marche qu'il suivait pour atteindre ce but était simple, mais infaillible. Elle avait un double objet : l'étude des bons auteurs et la correction des copies.

Lisait-il ou expliquait-il en classe quelque texte, non content d'en indiquer le sens grammatical, il appelait l'attention de ses jeunes auditeurs sur l'art merveilleux que l'auteur avait su y déployer. Il faisait ressortir avec habileté la beauté et l'élévation des pensées ; la noblesse et l'exquise délicatesse des sentiments ; l'exacte observation des convenances, l'heureux choix des expressions et des images ; surtout cette sage sobriété qui ne dit que ce qu'il faut dire, n'exagère et ne force rien, évite l'enflure et la diffusion, embellit la nature sans l'altérer, qualité rare dont seuls les bons auteurs ont su trouver le secret. Quelquefois, pour mieux faire sentir à ses élèves la perfection littéraire des textes qu'il voulait leur lire, le professeur énonçait une pensée dans le style ordinaire de la conversation. Puis, ouvrant Bossuet ou Corneille, il en extrayait un passage où la même pensée était exprimée dans le langage élevé de l'éloquence ou de la poésie. Le contraste, rendu plus sensible encore par les observations du maître, avait quelque chose de saisissant et faisait, pour ainsi dire, toucher au doigt le secret du beau langage.

La correction des copies formait comme la contre-partie ou mieux le complément de ce précieux exercice. Le professeur s'y appliquait avec un soin consciencieux. Prenant chaque phrase l'une après l'autre, il faisait voir ce qu'il y avait en chacune de bon, de mauvais, de commun, soit dans la pensée, soit dans l'expression : montrant comment tel mot substitué à tel autre serait plus propre, donnerait à la pensée plus de vivacité, présenterait un tour plus noble, aurait plus d'élégance et de grâce, etc.

C'est ainsi que ce véritable professeur faisait de ses élèves des hommes d'un goût délicat et des amateurs de la bonne littérature. M. Hamon se loua toute sa vie d'avoir été formé par un si habile maître ; il se reconnaissait redevable à son enseignement de ce qu'il pouvait avoir de valeur comme écrivain, et parlant plus tard à des professeurs de rhétorique, il aimait à leur conseiller une méthode qui lui avait été si utile. « Le goût, disait-il, se développe et se perfectionne par la réflexion sur les beautés qu'on rencontre dans les bons auteurs ; et l'art d'écrire n'est que le goût reproduisant ces beautés dont il est le juge. »

Tout en exaltant le talent du professeur qui l'initiait si parfaitement à l'art de bien dire, tout en reconnaissant les immenses services qu'il en avait reçus, M. Hamon n'en constatait pas moins en lui des lacunes regrettables. C'était un homme pour lequel la forme était tout. Indifférent sur la doctrine, il n'attachait d'importance qu'à une diction pure et élégante. Il se montrait grand admirateur de la Bible ; mais il n'y voyait qu'une chose : le style. Dans les appréciations qu'il donnait des travaux de ses élèves, il répétait souvent : « Bon de style. » C'était pour lui l'éloge suprême ; pourvu qu'on le méritât, tout le reste trouvait grâce devant le professeur.

Cette préférence trop exclusive de la forme, aux dépens même du fond, était un défaut grave qui pouvait avoir, en certaines matières, de fâcheuses conséquences. Elle donna lieu parfois à des scènes qui ne manquaient pas de piquant.

Un des plus brillants élèves de la classe dont M. Hamon faisait partie décrivit un jour, dans une narration, le combat d'un ours et d'un loup. Emporté par sa verve, le jeune rhétoricien fit de cette lutte un tableau saisissant, dans lequel il lui échappa de représenter l'ours en fureur se frappant les flancs de sa queue. M. Laya, émerveillé du talent littéraire déployé par son disciple, le félicitait de son œuvre, lorsqu'un des auditeurs, un rival probablement, se permit de faire observer que les ours n'ont qu'une queue rudimentaire qui mérite à peine ce nom, et avec laquelle il leur est absolument impossible de se battre les

flancs : « Oui, dit le professeur un peu déconcerté, mais....
bon de style ! »

Lorsqu'il rappelait ces souvenirs de jeunesse, M. Hamon ne parlait jamais de ses succès ; mais les palmarès de la pension Liautard comblent heureusement cette lacune. Ils nous apprennent qu'en seconde il obtint, outre un premier accessit, un premier prix et deux seconds prix. Durant son année de rhétorique, il n'y eut pas de distribution de prix proprement dite, à raison des troubles politiques. Il se fit seulement deux distributions de récompenses pour les examens : la première au mois de janvier, la seconde au mois d'avril. M. Hamon remporta les deux seuls prix qui y aient été donnés.

CHAPITRE V

M. Hamon se consacre à Dieu dans l'état ecclésiastique.

La vocation sacerdotale de M. Hamon était déjà à peu près décidée lorsqu'il vint à Paris ; dans le cours des deux années d'étude qu'il y avait passées, les attraits intérieurs qui le portaient à se consacrer au service de l'Église s'étaient fortifiés, bien loin de s'affaiblir. Cependant, son humilité et la haute idée qu'il avait du sacerdoce le faisaient hésiter encore. Ces luttes de son âme nous sont révélées par une lettre qu'il écrivait le 25 août 1812 à M. l'abbé Lehuen-Dubourg, son oncle :

« Lorsque j'envisage l'éminente sainteté que demande le sacerdoce, et que je rentre en moi-même, je n'ose croire que Dieu appelle une créature si vile et si coupable à un état si éminent. Mais sa bonté indulgente n'oublierait-elle pas mon indignité et mes iniquités, pour m'élever à cet honneur, dont les anges mêmes ne sont pas dignes ?

« Voilà ce qui fait l'objet de mes réflexions.

« Connaître la volonté de Dieu, que je veux prendre comme seul arbitre sur ce point, c'est là mon unique désir, c'est ce que je vous prie de demander pour moi à Notre-Seigneur.... »

Après deux ans passés dans cette attente, la volonté divine parut enfin assez claire au pieux jeune homme pour qu'il se déterminât à avancer. Le 18 septembre 1813, il revêtait le saint habit des clercs qu'il ne devait plus quitter, et il recevait la tonsure des mains de Mgr Charrier de la Roche, évêque de Versailles.

« J'ai reçu la tonsure samedi dernier des mains de Mgr l'évêque de Versailles, écrivait-il le lendemain ; j'étais si pressé en vous écrivant ma dernière lettre, que je n'eus pas le temps d'implorer le secours de vos prières pour obtenir la grâce de la recevoir dignement. Aujourd'hui, je vous dirai donc : priez pour moi, afin que je vive en bon clerc, et que je parvienne à la perfection où Dieu appelle les ecclésiastiques.... »

La pension Liautard avait, ainsi qu'il a été dit plus haut, une succursale au village de Gentilly. A la rentrée de 1813, peu de jours par conséquent après son ordination,

CHAP. V. — M. HAMON SE CONSACRE A DIEU.

M. Hamon y fut envoyé, et ce fut alors que commença pour lui le cours de philosophie. Le professeur qui le dirigea dans l'étude de cette science fut M. l'abbé Desmares, un des prêtres attachés à la pension Liautard. Il paraît que les leçons étaient entièrement dictées, car on possède encore, parmi les papiers de M. Hamon, son cahier de philosophie écrit d'un bout à l'autre de sa main. Pendant qu'il se livrait à cette étude, de graves événements politiques s'accomplissaient. Les armées des puissances étrangères, coalisées contre l'empereur Napoléon, envahirent la France et se rendirent maîtresses de Paris. Les deux maisons de Notre-Dame-des-Champs et de Gentilly ressentirent, comme tous les autres établissements de la capitale, le contre-coup de ces révolutions; il y eut même un moment où l'agitation des esprits fut telle, qu'on crut devoir, par mesure de prudence, congédier temporairement professeurs et écoliers. M. Hamon avait été chargé de reconduire dans sa famille, à Laval, un élève de la pension, fils d'une riche et pieuse veuve qui habitait cette ville. Cette dame le pria de vouloir bien, tant que durerait la tourmente, demeurer chez elle, pour servir de précepteur à son fils, et lui faire achever la classe commencée. Il accepta l'offre, et passa à Laval les quelques mois qui s'écoulèrent jusqu'à son retour à Paris (1).

---

(1) Cette veuve s'appelait Mme Dutertre. Après la mort de son fils, arrivée peu de temps après les événements dont nous parlons, elle se consacra à Dieu dans la vie religieuse. Désirant, en quittant le monde, donner à M. Hamon un témoignage de son estime et de sa reconnaissance, elle lui fit présent de la montre de son ancien disciple.

Il n'y revint pas seul ; son frère Germain l'y accompagna pour commencer ses études à Gentilly, et bientôt après deux jeunes gens de Mayenne, dont l'un était son cousin, s'y rendirent aussi.

A l'ouverture de l'année scolaire 1814-1815, il fut chargé de faire dans la succursale de Gentilly la classe de sixième. Il sut, dans cette position nouvelle, se faire aimer de ses jeunes élèves, et par la clarté, l'intérêt, le charme même de son enseignement, il trouva le secret de leur faire aimer des études si peu propres, par elles-mêmes, à captiver l'attention des enfants.

Il demeura chargé de ce cours l'espace de deux ans, après lesquels ses supérieurs pensèrent que le moment était venu de lui faire commencer les études immédiatement préparatoires à la réception des saints ordres.

La compagnie de Saint-Sulpice, dispersée en 1811, par ordre de Napoléon, avait repris, au retour des Bourbons, la direction du séminaire qui porte son nom. M. Duclaux, qui la gouvernait alors, avait été, comme nous l'avons dit, le véritable fondateur de la pension Liautard, et il continuait de porter à cette maison le plus vif intérêt. Il consentit, sur la demande qui lui en fut faite, à admettre une combinaison en vertu de laquelle M. Hamon, tout en demeurant professeur, suivrait, comme externe, les classes du séminaire. En conséquence, on le rappela de Gentilly à Paris, et, à l'enseignement régulier dont il était chargé, on substitua des cours de grec et d'histoire qui, se faisant le soir, lui laissaient libre le milieu du jour. Quelle que fût la sagesse de ces arrangements, la double qualité de disciple et de maître que dut alors cumuler M. Hamon n'en constitua pas moins pour lui une lourde charge ; mais grâce au sage réglement qu'il se traça, à l'emploi sévère de tous les instants, et surtout à l'étonnante activité intellectuelle qui fut toujours un des côtés les plus remarquables de cette riche nature, il trouva le moyen de suffire à tout.

Au séminaire de Saint-Sulpice la perspicacité de ses réponses, la correction et l'exactitude de ses rédactions, pouvaient faire croire à ses maîtres que l'étude approfondie des matières expliquées en classe absorbait tout son temps.

A la pension, son enseignement, loin de porter la trace d'une préparation hâtive et précipitée, avait la même solidité, présentait aux élèves le même charme et le même intérêt que si le professeur n'eût eu autre chose à faire qu'à s'y préparer. Le cours de littérature grecque qu'il faisait aux élèves des classes supérieures mérite surtout d'être mentionné. Plein d'admiration pour les chefs-d'œuvre qu'elle a produits dans tous les genres, et dont il savait avec tant d'intelligence et de goût discerner les beautés, il réussit à faire partager aux jeunes gens qui l'écoutaient ces nobles et pures émotions. Il paraît que son auteur de prédilection était Sophocle. Il expliquait et développait les drames de ce poète incomparable avec un si merveilleux talent, qu'il excitait dans son auditoire un véritable enthousiasme. Et cependant, lorsque, quelques années auparavant, il franchissait pour la première fois le seuil de la pension Liautard, à peine eût-il été en état de lire une seule ligne de ces textes que maintenant il savait si bien goûter lui-même et faire goûter aux autres.

Au milieu de tous ces travaux, M. Hamon n'avait garde de négliger la sanctification de son âme. Irrévocablement fixé sur sa vocation au sacerdoce, il travaillait à s'en rendre de plus en plus digne par une piété vive et sincère. Il avait été à La Ferté un écolier fervent; il fut, sous ce rapport, à la pension Liautard, un modèle digne d'être proposé à tous ses condisciples, et plus tard à ses confrères.

Il s'était formé à Gentilly, sous le nom de Société apostolique, une réunion de douze jeunes gens dont le but était d'imiter les apôtres dans leur sainteté, dans leur amour pour Jésus-Christ, dans leur zèle à procurer par tous les moyens le salut du prochain. C'était, sous le rapport de la ferveur, l'élite de la maison. M. Hamon était naturellement indiqué pour en faire partie. Il y fut en effet agrégé le 27 décembre 1813, jour de la fête de saint Jean l'Évangéliste, et il inaugura son admission dans cette pieuse famille par un discours plein d'onction et de chaleur sur l'amour de Jésus-Christ, qu'il adressa aux membres qui la composaient.

Plus tard, revenu à Paris, il fut nommé président de la congrégation de la Sainte-Vierge. Nous trouvons parmi ses papiers six discours prononcés devant les congréganistes, dans les années 1816, 1817 et 1818. Ils montrent avec quel zèle M. Hamon s'acquittait de sa charge, et combien il avait à cœur la sanctification des jeunes gens qui faisaient partie de cette pieuse association.

A la fin de l'année 1817, il fit une maladie dont nous ne connaissons pas le détail. Il paraît que, durant ce temps, la ferveur de la congrégation s'était notablement affaiblie : plusieurs congréganistes s'étaient retirés ; d'autres don-

CHAP. V. — M. HAMON SE CONSACRE A DIEU.

naient dans la maison le spectacle d'un déplorable relâchement ; un petit nombre seulement était demeuré fidèle. A peine rétabli, M. Hamon en exprima sa peine dans une allocution véhémente et où respire la tristesse. Nous avons lieu de croire que ses reproches furent efficaces : car dans la dernière allocution qu'il adressa aux congréganistes quelques mois plus tard, au moment de se séparer d'eux pour toujours, sa voix prend un accent tout différent. Si la plainte s'y fait encore entendre à l'égard de quelques congrénanistes un peu négligents, les éloges que méritent les fervents y occupent une bien plus large place. Le pieux président y témoigne le regret qu'il éprouve de quitter ses chers congréganistes; il loue leur piété, leur régularité, leur zèle ; il affirme que l'assistance à leurs réunions a été sa plus douce jouissance; il les exhorte à la persévérance, à la participation fréquente des sacrements, et termine en faisant des vœux pour que, sous son successeur, la congrégation reprenne une vie nouvelle, grandisse et se développe.

Ces essais oratoires de la jeunesse de M. Hamon n'ont pas, sans doute, la perfection et le fini des œuvres qu'il produisit dans la maturité de l'âge. Néanmoins, les qualités éminentes qui le distinguent s'y révèlent déjà. On y trouve ce ton de piété, cette véhémence, cet accent convaincu, cette onction douce et pénétrante qui devaient donner plus tard à sa parole une si grande puissance. Ce sont les premiers épanouissements, les premiers élans de zèle d'une âme vraiment sacerdotale qui s'y épanche.

Non moins que ses discours, les lettres qu'il écrivit à cette époque sont empreintes des sentiments pieux qui l'animaient. Elles nous montrent une âme tout occupée de Dieu et des vérités chrétiennes, détachée du monde et d'elle-même, et accoutumée à envisager toutes choses au point de vue du salut et de l'éternité.

Le 30 décembre 1816, après avoir offert à son père et à sa mère ses souhaits de bonne année, il ajoute : « Puissiez-vous donc être toujours heureux et contents ! Je ne dis pas sur la terre, car, hélas ! il n'y a point de bonheur parfait et durable, mais dans l'éternité, où nous serons récompensés d'un bonheur sans fin, si nous nous en rendons dignes. »

Il exprime avec plus de développement la même pensée, le 21 février 1817, dans une lettre à ses deux sœurs, alors en pension chez les religieuses Ursulines de Vitré : « Je vous remercie, mes chères sœurs, leur dit-il, des vœux que vous avez formés pour moi au commencement de cette année. Je prie le Seigneur chaque jour qu'il vous rende saintes et vertueuses... C'est là ce que se sont proposé nos chers parents en vous mettant dans une maison religieuse, où vous avez sans cesse sous les yeux des exemples de piété et de vertu. Faites tous vos efforts pour bien entrer dans leurs vues, en aspirant à la sainteté. N'oubliez pas non plus l'obligation où vous êtes de prier pour eux, et demandez au bon Dieu que nous nous trouvions un jour tous ensemble dans son paradis... O mes chères sœurs, c'est là que je vous attends ; c'est dans ce beau ciel que j'espère être réuni à vous pour toujours. Ici-bas, il faut se quitter, se séparer, vivre de peines et de privations ; mais dans le ciel, si nous sommes assez heureux pour y parvenir, jamais nous ne nous quitterons ; nous vivrons toujours en famille, absorbés dans l'amour de Dieu. »

C'est ainsi que l'âme du pieux jeune homme s'épanchait dans le cœur des siens. Dans toutes les lettres qu'il écrivit à sa famille, et nous en possédons un grand nombre, on retrouve toujours, à côté des témoignages les plus affectueux de tendresse filiale et fraternelle, les accents du zèle sacerdotal.

Rien de plus touchant par exemple et de plus affectueusement fraternel que les avis qu'il donne à son frère Germain, contraint par la maladie à quitter la pension Liautard, pour aller respirer l'air natal : « Que ton départ, mon cher frère, lui écrivit-il le 7 avril 1818, m'a causé d'inquiétude! J'appréhendais que tu ne pusses faire le voyage. Dieu merci, te voilà arrivé à bon port ; j'en bénis mille fois le ciel. Profite de ton loisir pour te promener, te donner de l'exercice, t'égayer, te distraire autant que tu le pourras. Mais surtout aie soin de sanctifier ces longues récréations, en les offrant à Dieu, les prenant pour faire sa volonté, y conservant le souvenir de sa présence, te rappelant qu'il te voit et te considère à chaque instant. Car, mon cher ami, cette oisiveté qu'exige le rétablissement de ta santé te serait bien funeste, et mettrait ta vertu en grand danger, si tu n'avais pas le soin de prendre ces précautions.

« C'est pour cela aussi que je te recommande la visite au saint-sacrement, la lecture spirituelle après la prière du matin, et surtout, ô mon bon ami, la fréquentation des sacrements. N'aie point de respect humain ; songe à édifier tout le monde ; enfin, sois au Pas un petit missionnaire par tes exemples, par tes prières, et quelquefois même par tes paroles. »

Dans une autre lettre écrite à son frère durant le temps consacré par l'Église à honorer la passion de Jésus-Christ, il l'exhorte à puiser dans le souvenir des souffrances de ce divin maître la résignation et le courage dont il avait besoin : « …. C'est en considérant tout ce que Jésus-Christ a souffert pour toi que tu apprendras à souffrir pour lui… Sainte Thérèse eut pendant vingt-cinq ans un violent mal de tête, et elle s'en réjouissait, afin d'honorer par là la douleur qu'avait causée à Jésus-Christ la couronne d'épines. Fais de même, mon cher Germain : prends dans ces saints jours une provision de courage pour toute l'année… »

Il paraît que le pauvre Germain n'avait pas eu au collége d'aussi brillants succès que son frère aîné, et celui-ci avait reçu la confidence des tristesses et des découragements que le bon jeune homme avait ressentis à cette occasion. Voici comment ce frère véritablement chrétien s'efforça de le consoler : « Garde-toi de te faire de la peine, si tu ne réussis pas en classe comme tu le voudrais. Le bon Dieu, au jugement dernier, ne te demandera pas si tu as été un savant, mais si tu as été un saint. La science est une vanité, comme tous les autres biens d'ici-bas ; s'il ne t'est pas donné de la posséder, ne t'en inquiète pas. Fais ton possible, et abandonne le reste à la Providence, qui a ses vues sur toi. Peut-être une facilité plus grande serait cause de ta perte, et te ferait tomber en des péchés d'orgueil, au lieu que des talents ordinaires te tiendront dans l'humilité, la patience, la résignation, qui sont les plus sûrs moyens d'aller au ciel. Quand tu seras dans le paradis, mon cher enfant, tu en sauras plus que tous les savants du monde. Courage donc, joie, résignation, patience dans tes peines. C'est ce que je demande à Dieu bien vivement pour toi. »

Germain Hamon, à qui s'adressaient ces exhortations, était capable de les comprendre et de les goûter. S'il n'eut pas une existence aussi brillante que celle de son saint frère, il se montra toujours digne de lui appartenir, et ne cessa de mener dans le monde la vie d'un parfait honnête homme et d'un fervent chrétien. La vertu, bien plus encore que la sympathie d'humeur et de caractère, avait uni de bonne heure les deux frères d'une étroite amitié. Plus tard, lorsque tous les membres de la famille eurent successivement disparu, l'isolement leur fit éprouver le besoin d'un rapprochement plus intime encore. Germain devint le confident de toutes les pensées de son frère, le dépositaire de toutes ses peines. Depuis l'époque où nous sommes parvenus jusqu'à ses dernières années, M. Hamon, nonobstant les innombrables occupations dont il fut surchargé, trouva le moyen d'entretenir avec lui une correspondance suivie, écho fidèle de sa vie, en même temps qu'expression touchante de sa tendre affection pour les siens. Nulle part l'âme si sympathique et si naïve de M. Hamon ne se révèle aussi délicieusement que dans ces pages, écrites avec tout l'abandon et le laisser-aller d'une conversation de famille. On l'y voit tour à tour se réjouir et s'attrister avec ceux qu'il aime, s'intéresser à tout ce qui les touche, les exhorter, les consoler, les encourager. Ses impressions de toute nature, ses craintes et ses espérances, ses appréciations et ses jugements sont là librement et simplement exprimés. C'est un tableau vivant où, sans le vouloir et sans le savoir, M. Hamon trace de lui-même le portrait le plus ressemblant.

CHAPITRE VI

Le Séminaire de Saint-Sulpice

Sept ans s'étaient écoulés depuis que M. Hamon était entré dans la pension Liautard, et depuis deux ans il suivait comme externe les cours de théologie du séminaire de Saint-Sulpice. Mais, pour qu'il pût être appelé à participer aux saints ordres, il fallait que, renonçant à l'enseignement des lettres, il suivît complètement les exercices du séminaire destinés à y préparer. Il quitta donc, au mois d'octobre 1818, le collége de la rue Notre-Dame-des-Champs, et entra en qualité d'interne au séminaire de Saint-Sulpice (1). Il avait alors vingt-trois ans accomplis.

Ainsi qu'il a été dit plus haut, le séminaire avait alors

---

(1) Il ne sera pas sans intérêt de faire connaître la suite de l'histoire de la pension Liautard après que M. Hamon en fut sorti. Nous avons dit déjà qu'à l'origine, conformément au réglement universitaire alors en vigueur, les élèves qu'on y admettait devaient suivre les cours d'un des lycées impériaux de la capitale. Cet état de choses dura jusqu'en 1821, où, par un décret du conseil royal de l'instruction publique, la pension Liautard, érigée en institution de plein exercice, changea son nom en celui de *collége de Notre-Dame-des-Champs*. Vers le même temps, le roi Louis XVIII, qui favorisait cette maison, voulut qu'elle portât l'un de ses prénoms, d'où la désignation de *collége Stanislas*, qu'elle a conservée jusqu'à nos jours.

M. Liautard dirigea pendant vingt années, avec un succès toujours pour supérieur M. Duclaux, homme vénérable, prêtre d'une éminente piété que ses confrères avaient élu pour occuper le poste laissé vacant par la mort de M. Émery. Il avait fait choix, pour l'aider dans l'accomplissement de sa charge, de M. Garnier, qui, avec la qualité de directeur, gouvernait sous lui le séminaire, et enseignait en outre l'hébreu et l'Écriture sainte.

M. Caron, qui, sous une rudesse apparente, cachait un cœur d'une bonté exquise, et sous un extérieur simple et presque timide, des connaissances très-variées et très-étendues, remplissait, dès cette époque, les fonctions de maître des cérémonies, pour lesquelles il avait un goût prononcé et une aptitude remarquable.

La chaire de morale avait été occupée jusque-là par M. Boyer, qui a laissé un nom vénéré dans l'Église de France, moins encore par l'enseignement qu'il a donné au séminaire que par les retraites sacerdotales qu'il a prêchées avec tant de succès. Il eut pour successeur, l'année même où M. Hamon vint à Saint-Sulpice, M. Mollevaut, qui venait de terminer sa Solitude.

---

croissant, l'établissement qu'il avait fondé. Mais, en 1824, quelques difficultés financières amenèrent une modification importante dans la propriété et le gouvernement de l'institution. La ville de Paris fut autorisée, par une ordonnance royale signée le 15 juin 1825, à en faire l'acquisition. M. Liautard cessa en même temps d'en être le directeur. Il fut stipulé toutefois qu'elle continuerait d'être dirigée par des ecclésiastiques, et M. l'abbé Augé, l'un des premiers collaborateurs du fondateur, quitta les Missions de France pour prendre sa place. En 1855, la direction du collège Stanislas fut confiée aux RR. PP. Marianites, qui, aujourd'hui encore, poursuivent en la développant de la manière la plus heureuse l'œuvre de M. Liautard.

M. Carrière, jeune professeur, dont les brillants débuts dans l'enseignement de la théologie faisaient pressentir déjà le savant auteur des traités du *Mariage*, de la *Justice* et des *Contrats*, était appelé en même temps d'Issy à Paris, pour faire le cours de dogme.

Tels étaient les éléments principaux qui formaient le personnel des directeurs du séminaire, lorsque M. Hamon y entra. La plupart de ces hommes vénérables lui étaient connus, et possédaient déjà son estime et sa confiance. Ils le connaissaient aussi. Depuis deux ans qu'il suivait comme externe les cours du séminaire, ses condisciples et ses maîtres avaient été à même de l'apprécier, et quand il devint complètement séminariste, il jouissait dans la communauté d'une réputation méritée.

Aussi ne fut-il pas considéré comme un nouveau venu, et, dès son entrée, on lui confia un poste de confiance, en le chargeant du soin des malades.

Il n'était encore que tonsuré. On crut que le moment était venu de le faire monter plus haut dans la hiérarchie sacrée. Le 15 juin 1819, il recevait les ordres mineurs, et le 18 septembre suivant, il était promu au sous-diaconat.

Depuis le jour où, en recevant la tonsure et en revêtant le saint habit des clercs, M. Hamon s'était engagé au service des autels, il n'avait pas cessé un seul instant de vivre en fervent séminariste. Toutes les pratiques du séminaire lui étaient familières. Il s'y livra avec une ardeur toute nouvelle, et fut dans la maison ce qu'il avait été partout, un modèle de piété, de régularité, de bon esprit.

Nous n'avons pas de renseignements détaillés sur la manière dont il s'acquitta dans le cours de cette année de ses devoirs de séminariste ; mais cette lacune est en partie comblée par une note rédigée le jour même où il fut ordonné sous-diacre. Elle renferme une expression touchante des excellentes dispositions où il se trouvait alors. C'est le premier compte-rendu de vie intérieure que nous offrent les manuscrits de M. Hamon ; on n'en lira pas sans édification les extraits suivants :

« Le sous-diaconat, y est-il dit, est une consécration solennelle et irrévocable de tout moi-même à la divine majesté ; la vertu propre de cet ordre doit donc être l'abnégation ou la mort à soi-même, pour ne plus vivre qu'à Dieu. Le sous-diacre, qui se recherche encore, est un sacrilège qui, par son amour-propre, reprend une partie de la victime consacrée, un parjure qui, au moins par sa conduite, rétracte la promesse qu'il a faite d'être tout à Dieu. »

Après s'être demandé où il en est de la vertu d'abnégation, et avoir recherché à combien de titres l'ordination qu'il vient de recevoir lui en impose l'obligation, le pieux sous-diacre ajoute :

« Trois moyens me sont donnés pour l'acquérir : l'oraison, la direction fidèle d'intention avant chacune de mes actions, la pratique fréquente de l'examen de conscience.

« 1º Dans toutes mes prières, je demanderai avec ferveur à Dieu cette précieuse vertu, la considérant comme la plus grande grâce qui puisse m'être accordée. En récitant le bréviaire, j'appliquerai au démon de l'amour-propre tout ce que le Roi-Prophète dit des ennemis qui le persécutent, et des maux dont il sollicite la délivrance. La pratique de l'abnégation sera le but principal de mes confessions, de mes communions, de mes visites au saint-sacrement, de mes élévations de cœur à Dieu. Enfin je méditerai souvent sur la nécessité de m'y exercer.

« 2º Avant l'étude, les récréations, les repas, les classes et les autres exercices où cette vertu est en danger, je dirigerai mon intention vers Dieu seul, sans regard sur les créatures ou sur moi-même. Je désavouerai toute pensée et toute affection d'amour-propre, et je protesterai à Dieu que je ne veux et ne cherche que lui.

« 3º Sachant que le démon de la vanité veille sans cesse pour me perdre, je veillerai de mon côté. J'examinerai et je sonderai mon cœur : 1º à l'examen du matin et du soir ; 2º après chaque action ; 3º pendant l'action même, quand j'y penserai ; et j'élèverai alors mon cœur à Dieu, pour renoncer à toute intention qui ne serait pas dirigée vers lui. »

Nous devions d'autant moins omettre de relater ici ces résolutions du sous-diaconat de M. Hamon, qu'elles ne furent pas, comme il arrive trop souvent, l'effet d'une ferveur passagère. L'abnégation, en effet, ne fut-elle pas la règle constante de sa vie ? Qui se montra jamais plus humble, plus détaché de lui-même, plus disposé à renoncer à sa volonté propre ? En se consacrant à Dieu dans le saint ordre des sous-diacres, il s'était considéré comme une victime vouée désormais à l'immolation ; il fut fidèle jusqu'à la fin aux obligations que ce titre auguste lui imposait.

Avant de contracter en face de Dieu et de l'Église l'engagement irrévocable du sous-diaconat, M. Hamon avait pris, de concert avec le vénérable M. Boyer, son directeur, une autre détermination qui devait avoir pour lui et pour l'Église une grande importance. Fixé depuis longtemps dans la pensée d'être prêtre, il s'était demandé quelle direction il devait donner à sa vie sacerdotale, et, de bonne heure, un attrait intérieur l'avait porté à entrer dans une communauté. Il paraît que d'abord il pensa à la Compagnie de Jésus. Plus tard, la vue des succès qu'obtenaient par leurs prédications les Missionnaires de France, récemment fondés par M. Rauzan, le fit incliner vers cette congrégation. Dès le 23 juillet 1817, il écrivait à son père :

« Seriez-vous bien fâché de me voir prendre le parti des Missions de France? Cette société, à laquelle je désirerais me joindre, s'occupe de faire des missions dans les principales villes de France. Je vous prie d'en parler entre vous. Quoique, pour une si grande chose, la volonté de Dieu doive être consultée plutôt que celle des parents, je serais bien aise pourtant d'avoir votre approbation, et de savoir que cela ne vous fait pas trop de peine.

« Du reste, il n'y a encore rien de bien décidé. Mais j'éprouve un grand désir de voler au secours de tant d'âmes qui se perdent, et de venger la gloire de Dieu, que je vois partout si oublié, si mal servi, si indignement outragé. »

Nous ne pouvons douter que M. Hamon n'ait été puissamment encouragé à suivre le dessein qu'il avait alors, par M. l'abbé Augé, qui, d'associé de M. Liautard, devint lui-même missionnaire de France. Jusqu'à son entrée au séminaire, il n'eut pas en vue d'autre vocation. Mais durant l'année qu'il passa dans cette maison, ses idées changèrent et prirent une direction inattendue.

M. Boyer, qu'il prit pour guide de sa conscience, venait de quitter l'enseignement pour se livrer à un ministère d'un genre tout différent. Les retraites ecclésiastiques, complément de la formation sacerdotale reçue au séminaire, avaient été interrompues en France depuis la Révolution. Il se crut appelé à en être le restaurateur et, assuré de la volonté de Dieu, il s'appliqua, avec l'activité et le zèle ardent qui le caractérisaient, à cette importante fonction, qu devint, à partir de ce moment, l'œuvre de sa vie entière.

Les qualités éminentes qu'il ne tarda pas à découvrir dans son jeune dirigé, le talent exceptionnel pour la parole qui le distinguait, sa piété tendre et affective, le sentiment élevé et délicat de la perfection sacerdotale qu'il faisait paraître firent naître au directeur, tout préoccupé de son grand dessein, la pensée que M. Hamon pourrait utilement le seconder, et peut-être lui succéder un jour, dans la prédication des retraites ecclésiastiques. Une fois entrée dans son esprit, cette pensée, mûrie par la réflexion, passa bientôt à l'état de conviction arrêtée.

Il paraît que, de son côté, M. Duclaux, frappé de tout le bien qu'un sujet aussi complet pourrait faire dans la direction des séminaires, le crut appelé à Saint-Sulpice, et fit en ce sens au directeur de M. Hamon quelques ouvertures, qui durent le confirmer encore dans son jugement.

Nature vive, franche et spontanée, M. Boyer ne savait pas dissimuler sa pensée, ni l'exprimer à moitié. Un jour donc qu'il s'entretenait avec son dirigé, il lui donna nettement le conseil d'entrer à Saint-Sulpice. Il développa ensuite les vues qu'il avait sur lui au sujet des retraites, pour lesquelles il lui reconnaissait une aptitude marquée, promettant de le former à ce ministère, qu'il serait appelé à exercer après lui. Cette brusque ouverture, à laquelle il était loin de s'attendre, surprit M. Hamon. Il n'avait jusque-là nullement pensé à la vocation qui lui était proposée. Elle lui sembla même au premier abord peu en harmonie avec ses goûts et ses aptitudes. Doué en effet d'une grande activité naturelle, il paraissait beaucoup plus fait pour le mouvement et les œuvres variées du ministère extérieur que pour le calme et l'uniformité de la vie sulpicienne.

Toutefois, la déclaration si nette de M. Boyer le fit réfléchir. Il voyait, dans la perspective qui lui était présentée, un moyen de satisfaire à la fois et son goût pour la chaire et le mouvement intérieur qui, depuis plusieurs années déjà, le portait à s'attacher à une communauté. Il se demanda donc si, dans tout cet ensemble de circonstances, il ne devait pas reconnaître une indication providentielle qui lui traçait sa voie. Il crut toutefois, dans une affaire si grave, ne pouvoir s'entourer de trop de conseils. M. Augé, son ancien directeur, continuait à avoir toute sa confiance ; ce fut à lui qu'il remit, de concert avec M. Boyer, la décision de sa vocation. Ce vénérable prêtre était alors missionnaire de France ; il devait naturellement désirer de voir un sujet aussi distingué s'attacher à sa congrégation, et il n'ignorait pas les pensées antérieures de son ancien pénitent à cet égard. Mais quand il eut entendu l'exposé de la situation, frappé, lui aussi, des indications qu'il crut apercevoir, il ne pensa plus pour M. Hamon aux Missions de France, et il l'exhorta à s'adjoindre aux enfants de M. Olier.

Cette décision fit cesser toutes les hésitations. M. Hamon

demanda et obtint sans peine son admission dans la compagnie, et il fut réglé que, dès l'année suivante, il entrerait à la Solitude.

La suite de la vie du saint prêtre ne permet guère de douter que telle en effet n'ait été sa véritable voie. Il faut convenir néanmoins que ce qui nous paraît aujourd'hui providentiel, dans la décision qui lui fut donnée, dut lui sembler plus d'une fois rempli d'obscurités et de mystères. En engageant son pénitent à entrer à Saint-Sulpice, M. Boyer avait surtout en vue la prédication des retraites pastorales. Or, ce genre de ministère, malgré les remarquables succès qu'il y obtint, ne fut jamais pour M. Hamon qu'une occupation accessoire. Sa vocation sulpicienne devait avoir un résultat bien différent et qu'assurément personne ne pouvait pressentir. Elle l'éloignait, en apparence, à tout jamais, du ministère paroissial, absolument étranger, alors surtout, aux occupations de la compagnie ; et pourtant tel est le terme auquel finalement elle le fit aboutir. Ce fut en effet comme membre de la compagnie de Saint-Sulpice, qu'après les trente années qu'il passa dans la solitude des séminaires, appliqué aux exercices de la piété, aux études fortes et sérieuses et à la formation des prêtres, il se vit tout à coup appelé aux fonctions de la charge pastorale, et que, placé à la tête d'une paroisse populeuse, il y déploya pendant vingt années, les plus fécondes et les plus brillantes de sa vie, tout ce qu'il y avait dans son âme de zèle, d'activité et d'ardeur.

CHAPITRE VII

La Solitude

A la fin des vacances de l'année 1819, et quelques semaines seulement après les engagements sacrés du sous-diaconat, M. Hamon fut admis à suivre les exercices de la Solitude.

Une modification importante venait de se produire dans le gouvernement de cette maison. M. Chanut, vénérable confesseur de la foi, avait succédé en 1818 à M. Montaigne, qui la dirigeait depuis son rétablissement. Mais au bout d'un an, épuisé par l'âge et les infirmités, il demanda et obtint d'être déchargé d'un emploi dont il ne pouvait plus remplir les obligations. Dieu avait pris soin de lui préparer, dans la personne de M. Mollevaut, un successeur qui devait transformer la Solitude, en y faisant revivre, dans toute sa plénitude, l'esprit des anciens jours.

Quoique récemment entré dans la compagnie de Saint-Sulpice, et presque novice encore, M. Mollevaut s'était fait remarquer, entre tous ses confrères, par son éminente piété, la trempe énergique de son caractère, son zèle tout de feu, sa parole éloquente, son expérience dans le gouvernement des hommes. Toutes ces qualités, qu'il avait pu apprécier mieux que personne, déterminèrent M. Duclaux à lui confier le poste demeuré vacant par la retraite de M. Chanut.

Cette première année du gouvernement de M. Mollevaut

à la Solitude fut remarquable entre toutes les autres (1). La divine Providence avait réuni dans cette maison un choix de jeunes gens à la fois pieux et capables ; le nouveau supérieur sut leur imprimer un élan extraordinaire. Sa parole forte et puissante, soutenue par l'éminente sainteté qu'on voyait éclater en lui, s'imposait à eux avec une telle autorité, qu'elle les eût rendus capables des plus pénibles sacrifices. Entraînée et comme électrisée par cet homme de Dieu, la communauté des solitaires offrait l'image du noviciat le plus régulier ; tous s'y exerçaient avec ardeur aux pratiques de la vie intérieure ; la règle y était observée avec une ponctualité exemplaire, et les maximes les plus pures de la perfection sacerdotale étaient pour cette pieuse jeunesse une inviolable loi.

Mais, parmi les fervents novices que dirigeait M. Mollevaut, il y en avait deux qui se distinguaient de leurs frères par une piété tout exceptionnelle et qui, selon l'expression d'un témoin oculaire (2), « ne semblaient pas tenir à la terre ; » c'étaient MM. Hamon et Richard, natures d'élite, que M. Mollevaut sut dès le début discerner et apprécier, et qui, sous la conduite d'un tel maître, firent dans la pratique de la perfection les plus consolants progrès. Toutefois, les vues de la Providence sur l'un et sur l'autre étaient bien différentes.

Pour M. Hamon, le noviciat de la Solitude devait être la préparation d'une vie sacerdotale pleine de jours et de mérites. Il fut pour M. Richard le couronnement d'une

---

(1) *Vie de M. Mollevaut*, ch. xiv.
(2) M. Féret, mort supérieur du séminaire de Nantes.

CHAP. VII. — LA SOLITUDE. 59

vie toute angélique et déjà mûre pour le ciel. En effet, il venait, sa Solitude terminée, de recevoir sa mission pour le séminaire de Nantes, lorsqu'il fut prématurément enlevé à l'affection de son supérieur et de ses confrères, et mourait en prédestiné (1).

La Solitude, telle surtout que l'avait instituée M. Mollevaut, ne fut jamais et ne pouvait être le théâtre de grands événements.

A l'exemple de leur vénéré supérieur, les solitaires, absolument étrangers aux choses extérieures, n'étaient occupés, du matin jusqu'au soir, qu'à se perfectionner dans la pratique des vertus chrétiennes et sacerdotales. C'était véritablement une vie cachée en Dieu avec Jésus-Christ : *Vita abscondita cum Christo in Deo*. Nous n'aurons donc pas ici de faits à raconter ; notre rôle d'historien devra se borner à retracer, autant qu'il nous sera possible de le faire, les principaux traits de la vie intérieure de M. Hamon, le travail de transformation qui s'opéra en lui pendant sa Solitude, sous la forte direction de M. Mollevaut, les saintes et fécondes résolutions que l'esprit de Dieu lui inspira alors, et dont sa vie de directeur et de curé fut la réalisation et le fruit.

Nous possédons heureusement tous les éléments de ce

---

(1) *Vie de M. Mollevaut*, ch. xiv. — Bien des années après la mort de M. Richard, son frère, Mgr François Richard, venait recueillir au séminaire de Saint-Sulpice l'héritage de sa sainteté et de ses exemples. Ce digne prélat, longtemps vicaire général du vénérable Mgr Jaquemet, évêque de Nantes, puis nommé au siège épiscopal de Belley, est aujourd'hui coadjuteur de Son Éminence le cardinal Guibert, archevêque de Paris.

tableau dans des notes écrites de la main de M. Hamon, en plusieurs cahiers, et qui sont comme l'histoire intime de sa vie de solitaire.

Le premier cahier renferme le résumé de la retraite de rentrée, et porte pour épigraphe le mot que saint Bernard aimait à se dire à lui-même dans sa solitude : *Ad quid venisti?* A quelques considérations générales sur les fins dernières, dans lesquelles il n'est pas malaisé de reconnaître comme un écho de la grande voix de M. Mollevaut, succèdent des résolutions détaillées, dont voici le sommaire.

« 1º Dans toute ma conduite, je tâcherai de me rappeler deux choses : quel est le témoin et quel est le modèle de chacune de mes actions. Le *témoin*, c'est Dieu, dont la présence : 1º me commande partout un religieux respect, un maintien grave et décent, un ton de voix modéré, des yeux retenus, une intention bien pure, un recueillement constant ; 2º me défend l'empressement, la précipitation, l'irréflexion, la dissipation. Le *modèle* que je dois copier, c'est Jésus-Christ. Je me demanderai donc, avant chaque action, comment Jésus-Christ l'aurait faite, et je m'appliquerai à agir, à converser, à marcher, à prier, à tout faire, en un mot, comme Jésus-Christ.

« 2º Je regarderai cette maison comme une école d'abnégation. C'est l'abnégation que j'y viens apprendre ; je saisirai toutes les occasions de la pratiquer qui s'offriront à moi, à la chapelle, dans ma chambre, à la salle des exercices, dans les récréations, au réfectoire, partout. Tous mes efforts, cette année, doivent tendre à acquérir cette vertu. J'en aurai continuellement la pensée dans l'esprit ;

CHAP. VII. — LA SOLITUDE.

je m'imaginerai en voir le précepte écrit sur tous les murs de la Solitude ; elle sera le but de tous mes exercices. »

Suivent quelques pensées dans lesquelles on trouve reproduites et développées les résolutions analogues prises à l'occasion du sous-diaconat. Elles sont couronnées par le règlement particulier que se traça le pieux solitaire, et qui n'est que la mise en pratique de cette abnégation universelle qui semble avoir été l'attrait dominant de M. Hamon, et comme la loi de sa vie entière.

Ce document, en nous initiant de plus en plus aux dispositions et aux sentiments du saint prêtre dont nous écrivons la vie, nous fait connaître l'ordre d'une journée de Solitude sous M. Mollevaut. Nous croyons qu'à ce double titre on le lira avec quelque intérêt.

« 1° Je me lèverai au premier coup de cloche, remerciant Dieu de ce qu'il me fait commencer la journée par un acte d'abnégation, et lui demandant la grâce de continuer tout le jour à pratiquer cette vertu. Réciter le psaume *Deus, Deus meus*, ainsi que mes autres petites prières. Repasser dans mon esprit le sujet sur lequel je devrai méditer, et me rendre à la salle des exercices avec un grand désir de bien faire oraison, convaincu que la journée tout entière en dépend.

« 2° Pendant l'oraison, me tenir en garde contre l'oisiveté ; et lorsque je me sentirai stérile et impuissant, me complaire dans la justice et la bonté de Dieu, qui veut me faire pratiquer le renoncement et l'humilité, deux choses dont j'ai un si grand besoin. Prendre toujours quelque résolution pratique, avec un *bouquet* spirituel.

« 3° Depuis l'oraison jusqu'à la messe, je demeurerai dans ma chambre ; je m'y tiendrai avec respect comme dans un temple où Dieu habite... J'étudierai alors l'Écriture sainte, ou bien je mettrai par écrit les bonnes pensées, les sentiments, les résolutions que Dieu m'aura inspirés dans l'oraison.

« 4° A sept heures et demie, en me rendant à la chapelle pour entendre la messe, j'exciterai dans mon cœur un profond sentiment d'humiliation et d'anéantissement devant la majesté de Dieu, ainsi que de confiance et d'amour pour sa bonté. Je communierai autant de fois que mon directeur le jugera à propos, et alors je me préparerai à cette grande action, dès la veille, pendant la nuit, et le matin, à mon lever, par des actes de désir et d'amour. Je passerai la journée en action de grâces, par la pratique continuelle de l'abnégation.

« 5° Après la messe, action de grâces d'un quart d'heure. — Dégarnir l'autel. — Déjeûner. — Dire mes Petites-Heures. Après quoi étude de la théologie jusqu'à dix heures et demie.

« 6° A dix heures et demie, visite d'un quart d'heure au saint-sacrement, pendant laquelle retour sur moi-même et examen par rapport à l'abnégation, avec résolution pour le reste de la journée.

« 7° A dix heures trois quarts, étude de l'Écriture sainte, si elle n'a pu être faite plus tôt, puis lecture ou composition jusqu'à onze heures trois quarts.

« 8° Après la récitation des vêpres, visite d'un quart d'heure au très-saint sacrement. — Étude du grec jusqu'à trois heures. — Théologie jusqu'à quatre heures. — Lecture spirituelle jusqu'à quatre heures et demie. — Lecture ou composition jusqu'au chapelet.

« 9° Après la prière du soir, prendre garde aux distractions et aux pensées étrangères. — M'occuper beaucoup de mon sujet d'oraison. — Former en moi de saints désirs de la communion, si je dois avoir le bonheur de la faire le lendemain. »

On aura remarqué dans ce réglement la place assignée chaque jour par M. Hamon à l'étude de la langue grecque. Initié, durant son séjour à la pension Liautard, à la connaissance de cette langue, et admirateur passionné de ses chefs-d'œuvre littéraires, M. Hamon ne crut pas devoir, même à la Solitude, en interrompre la lecture, et sans doute il y fut encouragé par M. Mollevaut. Helléniste distingué et littérateur éminent, ce digne supérieur, tout en exigeant que les solitaires fissent de la piété leur capitale affaire, n'avait garde de leur interdire les études propres à développer leur intelligence et à perfectionner leur goût. Il n'ignorait pas que la variété des connaissances et un certain degré de culture littéraire sont, pour un directeur de séminaire, une ressource précieuse.

Une autre particularité que nous pouvons induire du réglement de M. Hamon, c'est qu'il avait été jugé digne de remplir les fonctions de sacristain, la plus honorable de toutes les charges de la Solitude. Il dut avoir, en cette qualité, une part considérable dans l'ornementation et l'entretien de cette charmante chapelle, la perle de la Solitude, le seul lieu où le luxe fût permis, chef-d'œuvre d'élégance et de bon goût, que M. Mollevaut créa pour ainsi dire de rien, et dont les directeurs, formés par lui, ont conservé un si pieux souvenir.

Quelques mois après la rentrée, M. Hamon était appelé à participer de nouveau à l'ordination : le 18 décembre 1819, il recevait l'ordre du diaconat. Rien de plus édifiant et de plus élevé que les sentiments exprimés à ce sujet dans ses notes par le pieux ordinand.

Pour lui, le diaconat est toute autre chose qu'une sorte de trait d'union entre le sous-diaconat et le sacerdoce. S'inspirant des sublimes pensées du pontifical, il y voit une dignité éminente, qui va lui conférer des pouvoirs tout divins, et qui en conséquence exige de lui un haut degré de vertu. Il doit donc apporter à la réception de cet ordre : une humilité profonde, en se voyant élevé, malgré son indignité, au rang des Étienne, des Laurent, des Vincent ; une vive reconnaissance pour la faveur insigne que Dieu daigne lui faire ; enfin un désir ardent de la plus haute perfection.

Il comprend surtout que, pour correspondre comme il faut à la grâce de cette ordination, il doit entreprendre une réforme générale de sa vie intérieure et extérieure. « La vie d'un diacre doit être beaucoup plus parfaite que celle d'un sous-diacre. Il lui faut un bien plus haut degré de foi, d'amour, de pureté d'intention, de perfection en toutes choses. »

Suit un exposé minutieux de tout ce qui, dans la pensée du fervent diacre, doit constituer cette réforme. C'est un code complet de perfection appliqué à tous les détails de la vie ; on y voit jusqu'à quel point, après quelques mois seulement de Solitude, M. Hamon s'était pénétré des saintes maximes qui font loi dans cette maison.

Fidèle au grand principe dont il a fait jusqu'à présent l'âme de ses résolutions, le pieux disciple de M. Mollevaut place en tête de tout le renoncement chrétien pratiqué avec plus de générosité que par le passé, comme il convient à un diacre revêtu de la force de Dieu et rempli de l'esprit du martyre.

« Je pratiquerai, dit-il, le renoncement : 1º en accomplissant toute ma règle, dans une disposition de sacrifice de ma volonté propre, et d'un saint abandon de tout moi-même au bon plaisir de Dieu. — 2º En renonçant souvent à mon propre esprit, pour me donner à l'esprit de Notre-Seigneur, écouter dans le calme ses saintes impulsions, et suivre fidèlement sa voix et ses mouvements. — 3º En demandant à Dieu et m'efforçant d'exciter en mon cœur cette haine de soi-même, cet amour de la croix, cette recherche des souffrances et des contradictions dont tous les saints ont été pénétrés, supportant avec joie, dans cette disposition, toutes les peines qui se rencontreront. Et s'il me faut alors de la consolation, je la puiserai dans un redoublement d'union à Dieu, d'esprit intérieur et de foi. — 4º En combattant les langueurs, les sécheresses et les dégoûts par l'humilité. Me voilà, dois-je me dire alors, dans mon élément naturel ; voilà ce que je suis sans la grâce. O Dieu ! que je suis méprisable ! Je suis tout mal, et vous êtes tout bien.... — 5º En aimant la vie cachée, méprisée, oubliée, remerciant souvent le bon Dieu de m'avoir appelé à la pratiquer, craignant et évitant tout ce qui pourrait me distinguer, même parmi mes confrères, tâchant de me confondre dans la foule, faisant en sorte qu'on ne s'aperçoive pas même de ma présence. »

4.

Ces résolutions furent pour le fervent solitaire une règle de vie pratique à laquelle il travailla constamment à se conformer en toute chose. Les détails dans lesquels il entre sur chaque action, chaque exercice, chaque devoir à remplir, sur les intentions qu'il doit avoir, sur les défauts qu'il se reproche, et dont il veut entreprendre la réforme, montrent assez qu'à ses yeux la perfection était une œuvre sérieuse, à laquelle, devenu diacre, il allait s'appliquer avec un nouveau zèle.

L'année entière de la Solitude fut consacrée par M. Hamon à la poursuite incessante et journalière de ce grand but. Pour y travailler plus efficacement, il s'imposa la loi d'une retraite rigoureuse, et n'eut avec le dehors que les relations absolument indispensables. Non seulement il se priva de toute sortie (les sorties étaient inconnues dans la Solitude de M. Mollevaut); il semble même qu'il ait renoncé à la satisfaction, si légitime pourtant, de sa correspondance de famille, qui subit une interruption durant cet intervalle de temps.

Une circonstance néanmoins, survenue vers le milieu de l'année, le fit déroger à cette règle : son plus jeune frère, Augustin, allait faire sa première communion; il lui écrivit, à cette occasion, les lignes suivantes :

« O mon cher Augustin, le jour de ta première communion est un jour d'où dépend tout le reste de ta vie et ton éternité. Sois donc fidèle à t'y bien préparer. Pour moi, je ne manquerai pas un seul jour de prier Dieu, pour que tu aies le bonheur d'apporter à cette action des dispositions saintes. Songe souvent que ce grand Dieu, qui a fait le ciel et la terre, et qui est plus puissant que tous les rois du monde, veut bien se donner à un enfant comme toi, venir reposer sur tes lèvres et entrer dans ton cœur. Oh! quel amour de sa part! Qu'il mérite bien que tu l'aimes de toute ton âme et que tu te prépares à le recevoir dignement! »

En même temps qu'il puisait dans son cœur de si bonnes paroles, pour exhorter son jeune frère à bien faire sa première communion, M. Hamon se préparait, de son côté, à la faveur plus précieuse encore du sacerdoce. Il fut admis à y participer le samedi des Quatre-Temps de la Pentecôte, 27 mai 1820, et le lendemain, il avait le bonheur de monter au saint autel et de célébrer sa première messe.

Dieu seul et ses anges pourraient nous dire de quels sentiments l'âme si pieuse et si aimante du nouveau prêtre fut alors remplie, quel religieux saisissement, quels transports de joie et de reconnaissance il éprouva, en recevant cette grâce, objet depuis si longtemps de ses aspirations et de ses vœux les plus ardents. Les pensées qu'il mit par écrit, pendant sa retraite préparatoire, nous révèlent du moins à quelle hauteur de vues le fervent ordinand sut s'élever, pour envisager les obligations qu'il allait contracter.

« J'ai pris dans mes retraites précédentes bien des résolutions. Chaque mois je les relirai, afin de m'humilier devant Dieu de ce que j'exécute si mal, étant prêtre, les résolutions prises dans les degrés inférieurs de la sainte hiérarchie. Celles de mon sacerdoce se résument dans la belle parole que l'Église adresse aux nouveaux prêtres: *Imitamini quod tractatis.* Ce sera l'imitation de Jésus-

Christ au saint-sacrement, par une triple disposition de *sacrifice*, d'*abandon* et d'*union*.

« 1° *De sacrifice*. — Jésus-Christ se fait ma victime ; je dois aussi être la sienne. Je ferai donc tout dans un esprit d'immolation à ce divin maître, saisissant avec joie toutes les occasions de lui sacrifier un désir, une volonté propre, une inclination, une pensée étrangère à l'objet qui doit m'occuper. Souvent je le prierai de faire de moi tout ce qu'il voudra, sans avoir égard à mes goûts pour telle ou telle fonction... Devenu, par mon sacerdoce, la victime de Jésus-Christ, je ne suis plus à moi.

« 2° *D'abandon à la divine volonté*. — Jésus-Christ descend du ciel quand je l'appelle ; il se laisse placer, mouvoir comme je le veux... Moi aussi, je m'efforcerai de m'établir et de me tenir continuellement dans un abandon total à son bon plaisir. Indifférence absolue par rapport aux lieux, aux emplois, aux occupations ; renoncement à mon propre esprit, à ma propre volonté ; obéissance et soumission à la volonté d'autrui dans les repas, les récréations, les études, les classes, partout. M'offrir souvent à Dieu dans cet esprit d'abandon : *Domine, quid me vis facere ; non quod ego volo, sed quod tu ; fiat mihi secundum verbum tuum. Ne rien demander, ne rien refuser.*

« 3° *D'union à Dieu*. — Jésus-Christ s'unit tellement à moi au saint autel, que je ne fais plus avec lui qu'un seul prêtre ; dans la sainte communion, il rend plus intime encore cette divine union. Et moi aussi je veux m'unir à lui dans toutes mes actions, mes intentions, mes désirs, mes prières. Je le conjurerai d'agir en moi, de prier en moi, de faire tout en moi, en sorte que l'union qui a lieu à l'autel entre Jésus-Christ et son prêtre continue tout le jour, et que je ne sois, pour ainsi dire, plus qu'un avec lui. Enfin, par une sérieuse réforme de ma vie intérieure et extérieure, je m'appliquerai à le représenter dignement dans toute ma conduite, comme je le représente à l'autel. »

L'ordination sacerdotale et la célébration quotidienne du saint sacrifice, qui en fut la conséquence, durent amener quelques modifications dans le réglement particulier de M. Hamon. Il les signale avec soin dans ses notes. Nous remarquons entre autres la fixation du lever à quatre heures qui, à partir de ce moment, devient pour lui une règle inviolable, dont jusqu'à la fin de sa vie il se montra exact observateur.

Le pieux ordinand n'avait pas eu la consolation de recevoir la consécration sacerdotale en présence de sa famille, trop éloignée pour avoir pu se rendre à Paris. Depuis quelque temps d'ailleurs, Mme Hamon avait été atteinte d'une cruelle maladie qui lui rendait tout déplacement impossible, et devait faire de ses dernières années un douloureux martyre. Ce fut, comme il était juste, à cette bonne mère que, devenu prêtre, il écrivit une de ses premières lettres, pour lui faire part de sa joie, et lui communiquer les prémices de la grâce sacerdotale, qui surabondait dans son âme. Elle est du 11 juin 1820.

« Il faut, ma chère mère, que vous receviez une lettre de la main d'un prêtre, votre fils. Je vous souhaite d'avance une bonne fête pour le 28 juillet ; mais ce sera surtout à l'autel que je vous la souhaiterai, en disant ce jour-là la messe pour vous.

« Je la dirai aussi le 2 juillet, jour de la Visitation, pour demander au bon Dieu ou votre guérison, si c'est sa volonté, ou du moins si, pour votre plus grand bien, il veut vous laisser vos douleurs, un grand amour de la croix et une grande joie dans la souffrance. Car, ma chère mère, c'est un si grand bonheur de souffrir pour Dieu, que nous devrions le remercier, toutes les fois qu'il nous envoie quelque peine. Pour une petite douleur passagère, nous jouirons dans le ciel d'une félicité dont il est impossible ici-bas de se faire une idée. Oh ! quelle joie et quelle consolation j'éprouverai quand je vous verrai dans le ciel si bien récompensée !...

« J'engage bien mes deux sœurs à vous donner tous les soins que demande votre état, et à vous consoler par leur tendresse, leur obéissance et leur piété. C'est ce qu'elles font déjà, j'en ai la confiance.

« La lettre de mon père m'a grandement consolé, et les bons sentiments dont elle est remplie m'ont tiré plus d'une fois des larmes des yeux. Je l'engage, et vous aussi, à remercier tous les jours le bon Dieu des grandes grâces qu'il a versées sur vos enfants ; jamais nous ne pourrons lui en témoigner assez de reconnaissance. C'est ce qui doit vous engager à redoubler de ferveur dans son service. La chose vous est bien facile à tous les deux..... Aussi, j'espère qu'un jour nous nous trouverons tous ensemble réunis dans le paradis. Puissé-je y arriver le premier pour vous attendre ! Quel beau jour, ô mon cher père et ma chère mère, que celui où tous les deux, à la tête des cinq enfants que vous avez sur la terre, et de ceux qui sont morts avant d'avoir perdu l'innocence du baptême, vous serez réunis dans le sein de Dieu pour y être toujours heureux, oui, toujours, toujours !.... »

L'année de Solitude allait se terminer. Elle avait été pour M. Hamon et pour tous ses confrères une année bénie de Dieu, et chacun voyait avec douleur s'approcher le moment de quitter cette retraite, où Notre-Seigneur répandait, avec tant d'abondance, ses lumières, ses grâces et ses consolations. Avant de se séparer de ses enfants, le digne supérieur, comme pour mettre à son œuvre le dernier couronnement, voulut que la clôture des exercices fût sanctifiée par une retraite de trois jours. Elle commença le 30 juillet. M. Mollevaut s'y surpassa lui-même par le zèle vraiment extraordinaire qu'il y déploya, présidant tous les exercices, donnant les entretiens et les sujets d'oraison, consacrant tout le reste du temps à entendre les solitaires en confession ou en direction, et tout cela avec un entrain, une ardeur, une activité que rien n'égale [1].

Tant d'efforts ne furent pas vains, et cette retraite laissa dans ceux qui y participaient les plus précieux souvenirs.

M. Hamon en profita pour se tracer les règles qu'il se proposait de suivre dans le séminaire où bientôt il allait être envoyé. Ceux qui ont eu le bonheur de le connaître peuvent dire avec quelle fidélité il les a gardées.

« Au séminaire, je puis me considérer ou retiré dans ma chambre, ou sous les yeux des séminaristes dans les exercices communs, ou parlant en public.

« § Ier. — Retiré dans ma chambre, je devrai y vivre

---

[1] *Vie de M. Mollevaut*, ch. XIV.

dans un esprit continuel de prière, dans la pensée de Dieu présent, et dans le sentiment des grandes vues que la foi m'apprend à avoir en toutes choses. Je trouverai dans cette pratique un moyen efficace de sanctification, et aussi je me mettrai par là en état de répondre, selon Dieu et dans l'esprit de Dieu, aux séminaristes qui peuvent à chaque instant venir me demander des conseils et me proposer des difficultés : deux raisons bien propres à me faire suivre le conseil de l'auteur de l'Imitation : *Claude super te ostium et voca ad te Jesum ; mane cum eo in cella.*

« Pour m'y rendre fidèle :

« 1° Je ne lirai aucun journal ; je ne m'occuperai point d'affaires étrangères à ma charge ; je ne sortirai que le plus rarement possible.

« 2° Je regarderai ma chambre comme un temple où la présence de Dieu n'est pas moins réelle que celle du corps de Jésus-Christ dans les saints tabernacles. C'est pourquoi j'aurai pour elle un religieux respect. En y entrant, je prendrai de l'eau bénite comme à l'église, et j'y ferai ma prière avec le même recueillement que devant le saint-sacrement. Surtout, je ne m'y permettrai rien d'immodeste, soit dans la posture, soit dans le geste, soit dans les paroles ou le rire. Cette retenue sera ma principale pénitence, pénitence bien méritoire, si j'ai le courage d'y être toujours fidèle, même dans le particulier.

« 3° Je dirai le *Veni sancte* avec religion et calme, sans me presser, quelque travail que j'aie sur les bras, mais au contraire priant avec plus de ferveur, de repos et d'humilité, à proportion que j'aurai plus à faire, afin d'attirer l'Esprit-Saint, duquel seul je dois tout attendre.

« 4° Après cette prière, je purifierai mon intention, formant dans mon cœur le désir de plaire à Dieu seul, et de procurer sa plus grande gloire; et pour éloigner les vues intéressées, qui pourraient se mêler à ce désir, dans le cours du travail, je me demanderai comment je voudrais m'y comporter, si je savais que je dusse mourir et être jugé à la fin de mon étude.

« 5° En composant, j'éviterai avec soin tout ce qui ne serait que bel esprit, toute parole qui pourrait faire penser à moi. La charité pour le prochain et le pur amour de Dieu seront mes seuls mobiles. Que je voudrais, ô mon Dieu, dirai-je intérieurement, pour votre plus grande gloire, inspirer telle vertu dans tout le séminaire, corriger tel défaut, embraser les cœurs de votre amour!

« 6° Quand j'étudierai la théologie, j'invoquerai souvent les saints qui se sont appliqués à ce genre de travail; je regarderai de temps en temps le crucifix, et je prierai Notre-Seigneur de donner à la fois la science à mon esprit et la charité à mon cœur.

« 7° Si parfois, au milieu de mes travaux, l'ennui ou le dégoût se font sentir, accepter cette croix avec joie. J'en mérite bien d'autres pour mes péchés. Et puis, quelle compensation n'offre pas à mes peines la fin que je m'y propose : contribuer à donner de saints prêtres à Dieu et à l'Église !..... Dans ces moments pénibles, méditer les avantages de ma vie cachée, plus conforme que toute autre à celle de Jésus-Christ, plus utile à l'Église, plus sûre et plus sanctifiante pour moi. De tels avantages méritent bien d'être achetés au prix de quelques peines.

« 8° Chaque fois qu'on frappera à ma porte, je me

renouvellerai dans le double sentiment de la présence de Dieu et de l'union à Notre-Seigneur. J'accueillerai toujours avec bonté, quelles que soient mes occupations, et j'appellerai intérieurement le secours de Dieu, pour ne parler que dans sa lumière et dans sa charité. Quand le séminariste sera sorti, m'humilier d'avoir été un si mauvais organe de l'Esprit-Saint, craignant d'avoir gâté son œuvre par le mélange de mon propre esprit, qui peut-être aura, malgré cela, l'étrange folie de se flatter d'avoir bien dit.

« 9° A la fin de mon travail, je dirai le *Sub tuum* pour me renouveler dans la dévotion envers Marie, et me mettre sous sa protection pour tout le temps que je passerai hors de ma chambre. J'y éviterai la précipitation, et je ne me permettrai sous aucun prétexte, en le récitant, une attitude peu religieuse.

« § II. — Hors de ma chambre et sous les yeux des séminaristes, j'aurai sans cesse présente à l'esprit la pensée que leurs regards sont tournés vers moi, et que je dois être pour eux le modèle de toutes les vertus sacerdotales. Il faut donc que je vive de telle manière que je sois en droit de leur pouvoir dire comme saint Paul : *Imitatores mei estote sicut et ego Christi* (1)..... Rien, dans mon extérieur, ne doit me sembler indifférent : pas un geste, pas une démarche, pas une parole, pas un regard. Ainsi : 1° je serai un des premiers à tous les exercices, et j'observerai la règle avec plus de fidélité que le dernier des séminaristes. — 2° A la chapelle et dans toutes les prières publiques, je m'efforcerai d'exprimer

---

(1) Soyez mes imitateurs, comme je le suis moi-même de Jésus-Christ.

dans ma personne extérieure ce sentiment d'adoration et de religieuse frayeur dont sont saisis les anges, sur la terre, autour du divin tabernacle, et, dans le ciel, en présence du trône de Dieu. — 3° Dans les escaliers, les corridors, etc., silence, retenue, modestie, gravité. — 4° En récréation, je donnerai aux séminaristes l'exemple d'une gaîté modeste. Je me tiendrai en garde contre la joie excessive, les rires immodérés et peu décents, des gestes trop libres. Pour cela, je me recommanderai à saint François de Sales, et je le prierai de m'obtenir de Dieu la grâce d'imiter sa douceur et son amabilité dans les conversations. — 5° Au réfectoire, je dois à la communauté l'exemple d'une grande religion, en récitant les prières qui précèdent et qui suivent le repas, d'une retenue modeste dans les regards, et d'une sobriété sévère dans le manger.

« § III. — *Parole publique.* — J'aurai à adresser la parole en public aux séminaristes en deux circonstances : 1° dans les entretiens de retraite et les sujets d'oraison ; 2° dans les classes.

« Dans le premier cas : 1° avant de parler, recommander le succès de mes paroles à l'Esprit-Saint, à la sainte Vierge, à tous les saints, puis m'exciter à l'humilité et à la pureté d'intention. — 2° Traiter mon sujet, le cœur tout rempli de zèle et de charité, attentif à Dieu seul, à qui je veux plaire uniquement, sans aucune préoccupation du jugement que porteront ceux qui m'écoutent, quels qu'ils soient. — 3° Après avoir parlé, m'humilier encore davantage, en considérant que je viens d'enseigner des choses que je pratique si mal, et d'exhorter des âmes qui valent cent fois plus que moi. Me défier beaucoup du retour de l'amour-propre, et ne pas laisser revenir mon esprit sur ce que j'ai dit, pour juger si c'est bon ou mauvais.

« En ce qui concerne la classe : 1° je dirai très-dévotement le *Veni, sancte spiritus*, priant l'esprit de Dieu de me la faire faire saintement, comme aussi d'éclairer mon intelligence et de faire comprendre mon enseignement à mes élèves. — 2° Je me tiendrai le plus parfaitement qu'il me sera possible en présence de Dieu, honorant et imitant les saints anges gardiens qui, tout en veillant, dans la salle où je parle, sur chacun des séminaristes, ne cessent pas pour cela de louer Dieu dans le ciel. — 3° J'éviterai soigneusement de me laisser aller à la vivacité dans les controverses et les disputes, et je m'interdirai tout reproche public, toute parole contraire à la douceur. Pour y être fidèle, j'aurai toujours beaucoup de respect et d'estime pour les séminaristes, voyant en eux des âmes choisies, que Dieu destine aux plus grandes choses. — 4° Je me conformerai à la méthode d'enseignement qui me sera tracée par le supérieur. Je viserai surtout à être simple et intéressant : *simple*, écartant tout détail plus propre à faire valoir le professeur qu'à procurer l'instruction des auditeurs ; *intéressant*, par la manière méthodique, claire, précise, dont je présenterai mes explications. — 5° En disant le *Sub tuum* qui termine la classe, et en retournant à ma chambre, je tâcherai de rentrer dans la liberté de l'esprit, dans la paix et le calme du cœur, si les discussions m'en avaient fait tant soit peu sortir. »

Toutes ces résolutions se terminent par deux avis de M. Mollevaut, religieusement recueillis par son disciple, et

CHAP. VII. — LA SOLITUDE.

qui sont comme le résumé de tout l'enseignement de la Solitude :

« 1° Appliquez-vous, avant toute chose, à votre propre sanctification par le recueillement, la modestie, l'attention à la présence de Dieu, l'humilité, la paix du cœur.

« 2° Dans vos rapports avec les séminaristes, sang-froid, patience à toute épreuve, douceur inaltérable, bonté, simplicité, honnêteté et sage retenue. »

Tel fut le programme que M. Hamon se traça avant de quitter la Solitude, et tel il se montra dans toute sa vie de directeur de séminaire. C'est ce qui lui concilia à un si haut degré, dans toutes les maisons où il fut successivement employé, l'affection et l'estime de tous ceux qui le connurent, et lui fit conquérir dans la compagnie de Saint-Sulpice et dans le clergé de France la position élevée qu'il y occupa constamment, et le rendit digne du bel éloge que fit de lui, après sa mort, un illustre prélat en l'appelant *un prêtre vraiment accompli* (1).

---

(1) *Lettre de Son Em. le cardinal-archevêque de Paris.*

CHAPITRE VIII

M. Hamon professeur à Paris

Toutes les espérances que M. Hamon avait fait concevoir dans le cours de ses études s'étaient pleinement réalisées. Au collége, il avait été un écolier brillant. Au séminaire, où la renommée de ses succès littéraires et de son rare talent pour la parole l'avait précédé, il s'était révélé par une aptitude remarquable pour les sciences théologiques. Les plus belles qualités du cœur rehaussaient en lui ces dons de l'intelligence. Nature aimante, expansive, sympathique ; d'un commerce agréable et d'une exquise politesse ; portant jusque sur les traits de son visage et dans l'accent de sa voix l'expression d'une bonté franche et cordiale, il avait tout ce qu'il fallait pour exercer autour de lui une douce et salutaire influence. Mais, ce qui vaut mieux encore, il possédait au plus haut degré la piété qui fait les saints prêtres. Ce sentiment se révélait dans tous les détails de sa vie ; il était impossible en particulier de le voir au saint autel sans être édifié de l'air dévot et recueilli avec lequel il célébrait.

« Ce fut en septembre 1822, nous écrit un vénérable prêtre, son compatriote, que j'eus le bonheur de rencontrer pour la première fois M. Hamon... Je le vis à l'autel et pendant son action de grâces. Saint Louis de Gonzague aurait fait ainsi s'il eût été prêtre. Le visage de M. Hamon portait dix-huit ans à peine ; mais il y avait dans son air tant de modestie et de gravité, qu'il en imposait à tous (1). »

Frappés d'un ensemble aussi complet de qualités éminentes, les supérieurs n'hésitèrent pas à lui donner une marque de confiance tout exceptionnelle en le nommant, au sortir même de la Solitude, professeur de dogme au séminaire de Saint-Sulpice. L'événement prouva qu'ils ne s'étaient point trompés dans leur choix.

En 1820 et dans les années qui suivirent, le séminaire de Saint-Sulpice comptait, parmi ses nombreux élèves, des sujets non moins distingués par leur capacité que par leur piété. De leurs rangs devaient plus tard sortir, en grand nombre, des cardinaux, d'illustres évêques, des prêtres qui, dans les postes élevés où ils furent placés, honorèrent le clergé de France par leurs vertus et leurs lumières. A aucune époque peut-être, depuis son rétablissement, le séminaire de Saint-Sulpice n'offrit une réunion aussi remarquable de sujets d'élite. Ce fut en présence de cet auditoire intelligent et délicat que M. Hamon dut faire son début dans l'enseignement de la théologie. La tâche était difficile et périlleuse ; il ne s'y montra pas inférieur.

Fidèle aux résolutions qu'il avait prises à la Solitude, il s'appliqua par dessus tout à être dans ses leçons clair, précis, méthodique, exact. D'autres peut-être l'auraient surpassé par la profondeur des vues et la sublimité des aperçus ; nul ne sut mieux que lui se mettre à la portée de

(1) Lettre de M. l'abbé Boissière, curé de Saint-Denis de Gastines.

ses élèves, se faire comprendre d'eux et les initier aux éléments de la science sacrée. Son jugement si droit, son grand bon sens, la parfaite limpidité de son esprit, qui se reflétait dans une parole toujours intelligible, le servirent merveilleusement pour intéresser et captiver. Le succès fut aussi complet qu'on pouvait le souhaiter. Constamment apprécié et goûté, son enseignement lui concilia à un haut degré l'estime des séminaristes, et accrut encore celle que déjà il s'était acquise dans l'esprit de ses confrères.

M. Hamon fut donc à Paris un professeur d'un vrai mérite; mais il se distingua surtout dans les délicates fonctions de directeur, pour lesquelles sa piété, sa sagesse, sa douceur et surtout la bonté de son cœur lui donnaient une aptitude remarquable. Rien n'égale le dévoûment et le zèle qu'il fit paraître dans la conduite des séminaristes placés sous sa direction. Il leur prodiguait largement son temps, ses soins, sa sollicitude. Grâce à une parole toujours vive et ardente, parce qu'elle était toujours inspirée par une affection tendre et le zèle sacerdotal le plus pur, il savait prendre sur eux un ascendant dont il se servait pour les porter plus efficacement à Dieu. Son action, forte autant que douce, était irrésistible. « Il avait reçu de Dieu, a dit un des hommes qui l'ont le mieux connu, le don de faire passer dans les autres le zèle qui le dévorait, et, pour ainsi dire, une partie de son âme. C'est à ce point qu'il était facile de discerner les séminaristes qu'il dirigeait. Ils avaient une empreinte particulière qu'on ne remarquait guère qu'en eux. Cœur aimant et dévoué, il était aimé, obéi, imité. Aucun de ceux qui avaient avec lui des rapports de conscience n'a pu l'oublier. C'est avec bonheur qu'on se plaît à se rappeler l'époque où on lui disait : Mon père (1). »

Entre les séminaristes qui eurent l'avantage de recevoir la direction de ce saint prêtre, nous sommes heureux de pouvoir signaler un ancien élève de la pension Liautard, M. l'abbé Dupuch, jeune ecclésiastique d'une piété exemplaire, d'ume âme ardente, d'un cœur tout consumé du feu de la charité. M. Hamon comprit dès le début toutes les ressources que présentait une âme si bien douée, et il sut admirablement les exploiter. Dirigé par une main aussi habile et aussi dévouée, le fervent séminariste fit de rapides progrès dans la piété, et fut constamment pour ses condisciples un modèle accompli de piété et de vertu. Ordonné prêtre en 1825, il exerça à Bordeaux pendant quinze ans un ministère tout apostolique. Il s'y livrait, avec un dévoûment sans bornes, aux œuvres charitables, lorsqu'en 1840, à la création du diocèse d'Alger, il fut choisi, comme nous le dirons plus tard, pour en être le premier évêque. L'union étroite qu'il avait contractée au séminaire avec son pieux directeur ne se démentit jamais. Il eut toujours pour lui l'affection d'un fils pour son père, et M. Hamon, de son côté, l'aima toujours avec une tendresse que justifiait l'éminente sainteté de ce digne prélat.

L'influence de M. Hamon, comme directeur, ne tarda pas à franchir les limites du séminaire. Dès la première année de son sacerdoce, quoiqu'il ne fût encore âgé que de vingt-six ans, plusieurs prêtres de Paris, frappés sans

(1) M. Caval, supérieur général de Saint-Sulpice. *Circulaire* du 6 janvier 1875.

doute de la modestie tout angélique qu'il faisait paraître, plus frappés encore de l'autorité qu'il s'était acquise dans le séminaire par sa science et sa piété, lui donnèrent leur confiance. D'année en année, cet exemple fut suivi, et bientôt le jeune professeur de théologie compta dans le clergé un nombre considérable de pénitents.

Ce ministère extérieur ajouté à celui du dedans ne lui laissait que peu de loisir. Ce sera désormais la loi de sa vie. A mesure que nous avancerons dans cette histoire, nous le verrons de plus en plus accablé par des occupations multipliées et incessantes. Mais le travail convenait à son activité; le repos était pour lui un insupportable fardeau, et jusque dans les plaintes que lui arrache parfois l'accablement des affaires, on sent que cet accablement même a pour lui son charme.

Voici en quels termes, dans une lettre écrite à M. l'abbé Lehuen-Dubourg (6 janvier 1821), il rend compte de sa situation dans son nouveau poste :

« Je recommande à vos prières le succès de mon ministère; car, plus que jamais, je sens le besoin des lumières du ciel. Chaque jour sans doute mon inexpérience me fait faire bien des fautes que je ne soupçonne pas même, surtout à l'égard des prêtres du dehors que la Providence m'a adressés.

« Du reste, je me plais ici, autant qu'on peut se plaire sur la terre. La ferveur et l'amabilité des séminaristes, la bonté et la charité de tous les vénérables directeurs auxquels je suis associé, contribuent également à me rendre agréable et délicieux mon séjour dans cette maison. Seulement, les occupations me pressent et ne me laissent pas d'instants libres, depuis quatre heures du matin jusqu'à neuf heures du soir. Mais, à bien réfléchir, nous ne sommes sur la terre que pour travailler à la gloire de Dieu. Priez pour que je cesse de gâter son œuvre. »

Un peu plus tard, il lui écrivait encore :

« .... Il est strictement vrai que je n'ai pas un instant pour respirer. Quelquefois, cette suite si continue d'occupations m'expose à des tentations d'ennui et de dégoût. Mais tous les matins, à la sainte messe, Notre-Seigneur me paie ma journée au prix de son corps et de son sang. Il est juste que je l'emploie tout entière pour lui; c'est peu de chose en comparaison du prix. »

Sa famille voulut aussi profiter de ses lumières. Elle le consultait dans toutes les affaires délicates qui lui survenaient, et recourait avec une pleine confiance à ses conseils. M. Hamon se faisait un devoir de répondre à tout avec une inépuisable charité.

Une de ses tantes lui avait demandé sa pensée sur le projet qu'elle avait conçu de se faire Trappistine. Voici la réponse pleine de sagesse qu'elle reçut de lui, le 1er mars 1822 :

« Si l'avis de votre confesseur est que vous n'alliez pas à la communauté des Trappistines de Laval, il faut vous y conformer; car, dans les voies de Dieu, l'obéissance est le seul guide assuré, et rien n'est si dangereux que d'y suivre ses propres pensées et son propre jugement.

« La communauté de Laval, telle que vous me la dépeignez, peut convenir à certaines âmes tout embrasées de l'amour de Notre-Seigneur et avides de contradictions, d'humiliations et de souffrances. Mais il en est bien peu, et vous avez pu, dans votre position, éprouver si vous êtes de ce nombre. Si le confesseur ne décide rien et vous laisse à vous-même, je crois que vous ferez prudemment de ne pas y aller, car 1° il est très-douteux que vous ayez la force de supporter les austérités de la Trappe... — 2° Vous ne devez pas croire que votre salut dépende de votre entrée en religion ; vous pouvez penser à l'éternité et vous préparer à la mort, sans vous faire religieuse. — 3° Si vous voulez absolument entrer en religion, il me semble qu'un régime plus doux, tel que celui de la Visitation, conviendrait mieux à votre esprit et à votre tempérament.

« Voilà, ma chère tante, puisque vous voulez que je vous dise ce que je pense, mes petites idées. Mais regardez tout cela comme nul, si votre confesseur pense autrement, car l'amour immense de Notre-Seigneur pour les âmes donne aux confesseurs des lumières toutes particulières, pour conduire leurs pénitents.

« Du reste, ma chère tante, que la charité de Notre-Seigneur croisse chaque jour en votre âme, que le feu de son cœur consume le vôtre, et que nous ne vivions plus tous que d'amour, car ce sera là la vie de l'éternité... »

La correspondance de M. Hamon à cette époque nous laisse entrevoir des relations d'un genre bien différent, mais qui montrent jusqu'à quel point le jeune directeur de Saint-Sulpice était déjà apprécié, même en dehors du séminaire. Le digne et vénérable abbé Trébuquet, alors attaché au ministère des affaires ecclésiastiques en qualité de secrétaire de M. Frayssinous et mêlé, à ce titre, aux affaires les plus délicates de l'Église de France, était avec lui en commerce épistolaire. Il écrivait le 3 avril 1825 :

« Je ne vois pas souvent le bon abbé Trébuquet, mais il m'écrit beaucoup. Il est dans de grandes affaires qui sont fort accablantes et ne lui laissent pas un moment pour respirer. J'envoie quelquefois le saint abbé Dupuch pour le visiter et lui porter les réponses à ses lettres. Il se console en si bonne compagnie de la dure servitude à laquelle il est condamné. Le pire de sa position, c'est que tout le monde crie contre lui. On dit que M. Frayssinous ne consulte que l'abbé Trébuquet, que c'est lui qui fait tout, nomme les évêques, etc. Tout cela est pour ce pauvre abbé la cause d'un grand ennui. »

Nonobstant ces ennuis, le secrétaire et le conseiller intime de Mgr Frayssinous resta fidèlement attaché à ce prélat. Lorsque, en 1828, l'évêque d'Hermopolis quitta les affaires, l'abbé Trébuquet le suivit dans sa retraite. Plus tard, il l'accompagna sur la terre étrangère, où Charles X avait appelé son ancien ministre pour lui confier l'éducation du duc de Bordeaux, son petit-fils. L'abbé Trébuquet, dans ce nouveau poste, sut se concilier la confiance et l'estime de tous. Il devint l'ami, le confident et le confesseur du prince, et termina dans l'exil, entre les bras de son royal élève, une vie pleine de mérites devant Dieu et devant les hommes.

M. Hamon poursuivait au séminaire de Saint-Sulpice sa modeste tâche, et sa vie s'y écoulait dans le calme et la tranquillité, lorsque des malheurs de famille vinrent répandre l'amertume dans son âme.

La maladie de sa mère, au lieu de se guérir, allait s'aggravant de jour en jour, et cette douloureuse situation causait au sein du foyer domestique une tristesse qui avait son écho dans l'âme si sensible de M. Hamon.

Vers le même temps, au mois de décembre 1823, une de ses sœurs, Mlle Pélagie Hamon, était enlevée par la mort à l'affection des siens. Plus que personne le vertueux prêtre ressentit cette perte qui, en le privant d'une sœur bien-aimée, ajoutait encore aux chagrins de sa famille. Mais il voulut, dissimulant sa peine, être dans cette circonstance le consolateur de tous. Dépositaire et confident de la désolation de son autre sœur, Adélaïde, il lui écrivit (4 janvier 1824) la lettre suivante :

« Daigne Notre-Seigneur, ma chère Adélaïde, t'accorder une bonne provision de courage et de patience ! Tu en as grand besoin, n'est-ce pas ? Oh ! je t'assure que je sens bien vivement combien ta position est pénible, ta douleur juste, ton affliction profonde. C'est toi qui es la plus affligée. Mais rappelle-toi que les croix sont un témoignage de l'amour de Dieu pour nous, et de plus une source de grâces et de mérites. Sois fidèle à en profiter pour détacher ton cœur de tout ce qui est créé et ne plus aimer que Dieu qui, seul, ne nous quitte et ne nous abandonne jamais. En quelque pays que tu ailles et quoi que tu deviennes, tu trouveras avec toi le bon Dieu toujours prêt à te consoler, à te soutenir, à t'assister. Qu'il fait donc bon s'attacher à Dieu, qu'il fait bon l'aimer et l'aimer lui seul ! L'amour de Dieu, ma chère Adélaïde, console de toutes les peines, soulage toutes les douleurs et rend les croix mêmes douces et aimables...

« Sois fidèle aussi à redoubler de zèle, de bonté, d'attention, de prévenances pour la pauvre mère. »

Pour consoler cette mère si douloureusement éprouvée, il lui envoya les *Souffrances de Jésus-Christ,* par le

P. Thomas de Jésus. De pieuses et affectueuses paroles, puisées dans son cœur de fils et de prêtre, accompagnaient cet envoi.

Mais bientôt un nouveau deuil vint mettre le comble aux tristesses précédentes : ce fut la mort d'Augustin, cet enfant que M. Hamon, dans le cours de sa Solitude, avait exhorté, avec des accents si fraternels, à se préparer à faire pieusement sa première communion.

Il poursuivait ses études au collège de Gentilly et donnait par sa piété, son application et ses autres qualités, les plus belles espérances, lorsque la mort vint inopinément le frapper. Laissons M. Hamon raconter lui-même à son cousin, M. Adolphe Dubourg, parrain du défunt, ce douloureux événement, dans sa lettre du 28 juillet 1824 :

« Mon cher Adolphe, je t'écris l'âme navrée de douleur. Tu n'as plus de filleul. Le pauvre Augustin n'est plus. Hier, à trois heures du soir, il a succombé à une maladie violente, et aujourd'hui le cimetière de Gentilly reçoit son corps. Pauvres parents ! que vont-ils devenir à cette nouvelle ? O mon père, ô ma mère, ô Germain et Adélaïde ! Mon Dieu, quelle désolation ! Quels cris ! ils retentissent déjà au fond de mon cœur et le font saigner de douleur. Je ne sais comment leur écrire ; je n'ose m'y décider. J'aime mieux aller me jeter à leur cou et leur dire par mes larmes ce que ma bouche et ma plume ne sauraient leur exprimer. Ce sera pour moi un voyage bien pénible, mais peut-être ma présence allégera leur douleur...

« Ma grande consolation, c'est que le pauvre enfant a fait la mort la plus édifiante et la plus sainte qu'il soit possible d'imaginer. Dans le cours de l'année, il fréquentait les sacrements, et dès qu'il s'est vu malade, il les a demandés encore. Pendant sa maladie, il me recommandait de ne pas demander au bon Dieu qu'il le guérît, mais bien que sa divine volonté s'accomplît sur lui. *J'aime mieux cela*, ajoutait le pauvre enfant. *Oh ! que je serai heureux*, s'écriait-il souvent, *d'être dans le ciel avec le bon Dieu, avec la sainte Vierge, saint Augustin et ma pauvre sœur ! Ah ! Pélagie, je te reverrai donc ! que je serai content !* Il souriait en disant ces paroles, et tandis que tout le monde était triste autour de lui, il paraissait dans la joie. Quelque temps avant sa mort, il a appelé nos parents pour leur dire adieu, comme s'ils eussent été présents. Puis il s'est fait dire les prières des agonisants, auxquelles il a répondu lui-même avec une piété ravissante, joignant les mains, levant les yeux au ciel, baisant son crucifix, et il a expiré le vendredi, à trois heures, avec une pleine connaissance, quittant la terre avec joie pour aller dans une patrie meilleure..... »

Nous n'avons pas cru devoir rien retrancher de cette lettre d'une si touchante et si naïve simplicité, et dans laquelle se dépeint si bien la tendresse du cœur de M. Hamon. Le triste accident qu'il y décrit avec tant de sensibilité et d'intérêt fut pour toute la famille, comme il l'avait pressenti, un coup terrible que l'éloignement rendit plus poignant encore. Ici, comme toujours, M. Hamon, refoulant sa propre douleur, prodigua à tous les consolations dont il avait tant besoin lui-même, montrant ainsi quel inappréciable trésor c'est, pour une famille, de compter parmi ses membres un prêtre qui soit pour elle, dans les tristesses de la vie, l'ange de la consolation et de la force, et qui, en partageant ses joies et ses peines, sache, dans les unes et dans les autres, élever les cœurs et les esprits au ciel.

CHAPITRE IX

Première mission à Bordeaux

Depuis six ans, M. Hamon occupait à Paris, à la satisfaction générale, le poste auquel l'avait appelé la confiance de ses supérieurs. Chargé successivement du cours de dogme et du cours de morale, il fut toujours à la hauteur de ce double enseignement, qu'il sut rendre à la fois intéressant et profitable à ses élèves. La considération dont il jouissait au dedans et au dehors du séminaire était universelle, et la société de Saint-Sulpice le comptait déjà au nombre de ses membres les plus distingués. Aussi crut-on pouvoir dès lors lui confier, malgré sa jeunesse, la direction d'un grand séminaire. Voici à quelle occasion :

Un nouveau supérieur général venait de succéder à M. Duclaux, dans le gouvernement du séminaire et de la compagnie de Saint-Sulpice. C'était M. Antoine Garnier, l'ami et le confident de M. Emery qui, déjà, remplissait au séminaire les fonctions de premier directeur. Philologue et orientaliste distingué, il joignait à une science éminente, à une remarquable finesse d'esprit, à un tact exquis dans le maniement des affaires, une piété douce et une bonhomie charmante; homme excellent, dont le souvenir sera toujours cher à ceux qui l'ont connu, et auquel nous sommes heureux d'offrir cet hommage de notre piété filiale.

Le premier acte de son administration fut d'appeler auprès de lui deux prêtres dont le nom est encore en bénédiction au séminaire de Saint-Sulpice, M. Houssard en qualité d'économe, et M. Carbon en qualité de premier directeur (1). Ce dernier était alors supérieur du grand séminaire de Bordeaux. Nul ne parut plus propre à remplir la place laissée vacante que M. Hamon, et M. Garnier n'hésita pas à lui confier cette importante mission.

A peu près dans le même temps, un changement considérable s'accomplissait dans le gouvernement du diocèse de Bordeaux. L'archevêque, Mgr d'Aviau du Bois de Sanzai, était mort le 11 juillet 1826, et, le 30 du même mois, le roi signait l'ordonnance qui lui donnait pour successeur l'évêque de Montauban, Mgr Lefebvre de Cheverus. Ce prélat, qui devait trouver plus tard en M. Hamon un si éloquent biographe, appartenait comme lui, par sa naissance, au diocèse du Mans. Déjà, il est permis de le croire, ils se connaissaient et avaient l'un pour l'autre une mutuelle estime; et, si l'archevêque fut heureux de voir son grand séminaire entre les mains d'un homme tel que M. Hamon, ce ne fut pas pour celui-ci une moindre consolation d'être

---

(1) M. Garnier disait quelquefois que ces deux nominations étaient les meilleures choses qu'il eût faites dans son gouvernement.

appelé à faire l'œuvre de Dieu sous la direction d'un prélat si vertueux et si sage. Aussi, l'une des premières démarches du nouveau supérieur fut d'écrire à l'archevêque pour lui annoncer son arrivée à Bordeaux, et lui offrir l'expression la plus sympathique de sa soumission sans bornes et de son respectueux dévoûment.

Cette lettre fut le début de la touchante intimité qui s'établit entre ces deux hommes, si bien faits pour se comprendre, s'estimer et s'aimer. Séparés par l'inégalité des rangs et des âges, la vertu, la piété, la noblesse et l'élévation du caractère les rapprochèrent, et les unirent dans une douce et sainte amitié, que jamais aucun nuage ne vint altérer, et dont la mort seule put rompre les liens. C'est avec un sentiment de religieuse vénération qu'en dépouillant la correspondance de l'archevêque et du supérieur, nous en avons trouvé l'expression dans ces relations tout à la fois dignes et cordiales où se révèlent, d'une part, tout ce que l'affection paternelle a de plus dévoué et de plus délicat, de l'autre, tout ce que la piété filiale peut inspirer de respectueuse tendresse.

Le séminaire de Bordeaux, dont M. Hamon allait prendre la conduite, avait été fondé dans la première moitié du XVIIe siècle. Il fut d'abord dirigé par des prêtres du diocèse ; puis en 1682, l'archevêque, Mgr de Bourlemont, le confia aux MM. de Saint-Lazare, qui en demeurèrent chargés jusqu'à la Révolution.

En 1802, Mgr d'Aviau, archevêque de Bordeaux, essaya de le rétablir dans un ancien couvent de Capucins, avec le concours de quelques ecclésiastiques du pays ; mais voyant le peu de succès de son entreprise, il demanda en 1814, à

M. Duclaux, des prêtres de Saint-Sulpice. Le vénérable supérieur n'avait alors que bien peu de sujets à sa disposition. Il ne crut pas toutefois pouvoir se refuser au désir de Mgr d'Aviau, et il lui envoya pour la rentrée deux prêtres : M. Cartal, qui avait été grand vicaire du prélat, tandis qu'il était archevêque de Vienne, et M. Timothée Lacombe, ecclésiastique de Bordeaux, récemment agrégé à la compagnie. Un ancien directeur du séminaire de Périgueux, M. Bourry, s'offrit pour leur venir en aide dans les commencements. L'année suivante, deux nouveaux directeurs, M. Roux et M. Gassendi de Tartonne, furent envoyés pour professer, l'un la morale, l'autre l'Écriture sainte. Toutefois, pendant trois ans, tout alla assez péniblement. Les directeurs étaient peu valides, les élèves en petit nombre, les ressources pécuniaires insuffisantes. Mais en 1817, M. Carbon ayant remplacé comme supérieur M. Cartal, tout changea de face sous son gouvernement. Alors aussi se formèrent à Bordeaux des maisons d'éducation qui alimentèrent le grand séminaire. Il est juste de signaler entre les autres le petit séminaire, dans lequel, sous l'excellente direction de M. Lacombe, frère du sulpicien, se formèrent un grand nombre de bons sujets. Grâce à ces précieuses ressources, le séminaire de Bordeaux, lorsque M. Hamon en prit le gouvernement, se composait de cent soixante-dix jeunes gens, tant théologiens que philosophes.

Le nouveau supérieur partit de Paris le 2 octobre 1826 pour aller prendre possession du poste qui lui était assigné. Sa première apparition, dans le séminaire dont il venait prendre la direction, fut signalée par une petite scène, qui égaya ceux qui en furent témoins. Il avait alors trente et un ans, mais les traits de son visage lui en donnaient beaucoup moins. A son air de jeunesse, un des directeurs du séminaire, M. de Tartonne, bon vieillard dont les facultés commençaient à faiblir, le prit pour un jeune philosophe qui venait demander une cellule ; il l'accueillit en conséquence, et lui donna les encouragements et les conseils que l'on donne ordinairement à un nouveau venu. Qu'on juge de son désappointement lorsque, averti de sa méprise, il reconnut que celui qu'il avait traité comme un séminariste n'était autre que le supérieur de la maison.

La direction d'un séminaire tel que celui de Bordeaux était déjà pour M. Hamon une lourde charge. Une circonstance inattendue vint encore l'aggraver. Le directeur, désigné pour faire le cours de dogme, tomba malade et ne put se rendre à son poste. M. Garnier, malgré toute la bonne volonté qu'il y mit, ne put le remplacer. Force fut donc à M. Hamon de prendre sa classe, et de cumuler ainsi les fonctions de supérieur et celles de professeur. Heureusement, Dieu lui avait donné en la personne de M. Caval, son ami, appelé plus tard au gouvernement de la compagnie de Saint-Sulpice, un collaborateur intelligent et zélé. Doué, malgré une santé dès lors faible et chancelante, d'une indomptable énergie, M. Caval, en qualité de directeur du séminaire, ne négligea rien pour amener les séminaristes à une observation parfaite de la règle. Il n'y parvint pas sans lutte et sans opposition. Les anciens directeurs, presque tous âgés et infirmes, n'avaient pas toujours déployé cette fermeté qui prévient les abus et réprime les relâchements. Il paraît même — les meilleures âmes ne sont pas toujours à l'abri de telles défaillances — qu'en voyant deux confrères, fort jeunes encore, venir prendre le gouvernement de la maison, et tenter d'y établir la réforme, ils ne surent pas étouffer ni dissimuler un léger sentiment de peine. De là pour M. Hamon, dépourvu dans l'accomplissement de son œuvre des appuis sur lesquels il devait compter, une situation pénible et délicate. Un peu découragé peut-être, il crut devoir courber la tête et céder pour un temps à l'orage. Mais le directeur, avec une abnégation parfaite, brava l'odieux qu'il pouvait s'attirer, et prit vigoureusement en main la cause de l'autorité, qui prévalut enfin. Bientôt, en effet, les oppositions cessèrent complètement, tous les cœurs furent gagnés, et M. Hamon, mieux connu, ne tarda pas à conquérir au séminaire de Bordeaux cette position tout exceptionnelle d'estime, d'affection et de confiance, que bien rarement peut-être il fut donné à un supérieur de séminaire d'obtenir au même degré.

Ce n'est pas que, dans ces premiers temps, tout fût également parfait dans le gouvernement du nouveau supérieur. La vivacité de sa nature ardente et spontanée l'entraînait quelquefois au-delà des justes limites. Trop peu en garde contre les premières impressions, il n'était pas rare que, sur de faibles indices, il se laissât prévenir dans un sens ou dans un autre ; et comme jamais il ne sut dissimuler un sentiment, ses préférences et ses oppositions se révélaient de temps en temps d'une manière fâcheuse, et produisaient quelques mécontentements. Mais il y avait chez lui tant de piété et de dévoûment ; sa droiture, sa franchise, sa simplicité étaient si bien connues ; la parfaite bonté de son cœur, rehaussée par le prestige du talent, lui donnait un tel ascendant sur les esprits, que tout s'arrangeait, les petits nuages se dissipaient, et en définitive le jeune supérieur n'eut bientôt dans le séminaire que des admirateurs et des amis.

Il profita de ces heureuses dispositions pour faire accepter plusieurs modifications importantes dans le régime de la maison.

Les études fixèrent tout d'abord son attention. Il trouva qu'elles laissaient à désirer, et il ne négligea rien pour donner à cette portion capitale de l'éducation ecclésiastique une forte impulsion. Il régla qu'outre les examens semestriels, qu'il s'efforça de rendre plus sérieux, il y aurait deux fois la semaine des répétitions publiques. Il jugea ces exercices nécessaires, pour stimuler l'application des jeunes gens, et leur fournir de plus fréquentes occasions d'énoncer leurs pensées. Il prenait note des réponses qui y étaient faites, et l'on savait que ce n'était pas en vain. Les conférences du soir, présidées, comme cela se pratique d'ordinaire, par des séminaristes, lui parurent languir un peu, et ne pas produire tout le fruit qu'on pouvait en attendre. Afin de les rendre plus utiles, et de tenir constamment en haleine les maîtres de conférence et leurs auditeurs, il s'imposa la loi d'en visiter chaque jour quelques-unes. Grâce à ces moyens, grâce aussi aux exhortations fréquentes qu'il adressait aux élèves dans les lectures spirituelles, les études prirent une nouvelle face au séminaire de Bordeaux. « J'ai tâché, disait-il en 1827, dans une lettre à M. Carrière, naguère son collègue au séminaire de Saint-Sulpice, de réaliser ce que je voulais par rapport aux études, et il me semble qu'elles s'animent. »

Ce fut lui qui, en 1827-1828, établit à Bordeaux un cours de physique pour les philosophes.

Lorsqu'il vint à Bordeaux, ceux-ci ne formaient qu'une seule communauté avec les théologiens. Il en avait été forcément ainsi dans la plupart des séminaires qui se fondèrent après la Révolution ; mais l'imperfection de cet état de choses se révélait de jour en jour, et peu à peu la séparation s'effectua partout où elle fut possible. A la rentrée de 1829, M. Hamon, après avoir longuement mûri cette réforme, l'exécuta enfin, et, à partir de ce moment, les philosophes formèrent une communauté distincte. M. Caval, l'homme de confiance de M. Hamon, était naturellement indiqué pour en prendre la direction. Il en fut en effet chargé. Malheureusement, sa santé déjà altérée ne put supporter le travail que lui imposaient ses nouvelles fonctions, et, après quelques mois, il était contraint, au grand regret du supérieur, de se retirer dans sa famille, pour y prendre un repos prolongé.

Le bien spirituel du séminaire n'était pas le seul objet des préoccupations et des soins de M. Hamon ; l'édifice matériel, insuffisant et d'un aspect disgracieux, fixa aussi son attention. Le Séminaire de Bordeaux occupe un ancien couvent de Capucins qui, comme toutes les maisons de cet Ordre, n'avait primitivement qu'un étage ; il présentait en outre une inégalité choquante dans la longueur des ailes. Un second étage avait déjà été élevé sur une partie du bâtiment. M. Hamon obtint du gouvernement que ce travail fût complété et que l'aile trop courte fût prolongée. Ces constructions se firent en 1828. L'année suivante, quelques fonds légués au séminaire par Mgr d'Aviau permirent à M. Hamon d'entreprendre de nouveaux travaux. Ils eurent pour objet l'embellissement de la chapelle, qui était alors fort laide. Sur le chœur et la nef s'étendait un mauvais lambris en planche, et le sanctuaire, voûté comme une cave, et plus bas que le chœur, se terminait par un mur droit. Cet état de choses attristait le zélé supérieur, convaincu avec raison que, dans un séminaire surtout, la chapelle, qui est comme le foyer où s'alimente chaque jour la piété des séminaristes, doit non seulement être propre, mais, autant que possible, belle et riche. Il s'empressa donc d'utiliser les fonds qu'il avait à sa disposition, pour rendre la maison de Dieu plus digne de sa destination. Non content de donner les indications générales, il voulut surveiller et diriger lui-même les ouvriers, et il employa à l'accomplissement de cette tâche les vacances de 1829, se privant pour cela d'un voyage dans sa famille, que celle-ci pourtant désirait ardemment. Malheureusement, les ressources trop restreintes ne permirent pas de faire alors tout ce qu'on aurait voulu ; il fallut se borner à donner au sanctuaire une forme absidale, et à construire une voûte en briques sur toute la longueur de la chapelle. Plus tard, en 1838, nous verrons M. Hamon, de retour à Bordeaux après plusieurs années d'absence, reprendre avec amour les travaux de sa chapelle et les poursuivre jusqu'à leur entier achèvement.

Il y avait trois ans que le digne supérieur dirigeait le séminaire de Bordeaux, et ce court espace de temps avait suffi pour le faire connaître et apprécier du clergé bordelais; il en avait conquis l'estime, et il en était devenu l'oracle. Tout le premier, Mgr de Cheverus, dont l'installation n'avait suivi que de quelques mois l'arrivée de M. Hamon, s'était empressé de manifester hautement la confiance sans bornes qu'il lui inspirait. Il se hâta de lui donner des lettres de grand vicaire, l'appela dans son conseil et le fit entrer pour une large part dans son administration. Cette position éminente, jointe à la science théologique, à la parfaite droiture d'esprit et au bon sens pratique qu'on reconnut en M. Hamon, dut naturellement lui attirer de tous les points du diocèse des consultations sans nombre. Son humilité en fut effrayée. Écrivant à M. Carrière, pour le consulter sur un cas de droit canonique : « O mon cher M. Carrière, lui dit-il, que j'aurais souvent besoin de vos lumières ! Je gémis de compassion de me voir, malgré moi, le casuiste d'un grand diocèse. Tout ce qui est cas de conscience est renvoyé de droit au supérieur du séminaire. Je croyais que cela changerait après l'arrivée de Monseigneur, et c'est encore pis. Il veut que je décide comme je croirai devoir le faire, et il prend sur lui la responsabilité. Hélas ! où est le temps où je n'avais que ma classe à faire et quelques bons enfants à conduire ! »

Une circonstance vint encore accroître la considération dont il jouissait. Au mois de juillet 1830, il fut prié par Mgr l'archevêque de donner au clergé du diocèse les exercices de la retraite ecclésiastique. Il s'y prêta volontiers, et le succès qu'il obtint fut complet. Nous en trouvons le témoignage dans une lettre écrite de Bordeaux à M. Carrière, le 29 décembre suivant : « Je ne crois pas vous avoir rien dit encore de la manière admirable et ravissante dont M. Hamon prêcha notre retraite pastorale, en juillet dernier. Tout le monde le goûta singulièrement. Oh! quel excellent prédicateur de retraite ecclésiastique! »

Plus que personne, le bon archevêque fut heureux du nouveau succès de celui qu'il aimait à appeler son ami. Il faisait partout son éloge, et se félicitait d'avoir trouvé en lui un si précieux auxiliaire. M. Hamon, en effet, était comme le bras droit de M$^\text{gr}$ de Cheverus, et son conseil pour toutes les affaires ; rien dans le diocèse de Bordeaux ne se faisait sans sa participation. Tout honorable qu'elle était pour M. Hamon, cette confiance illimitée de l'archevêque n'en constituait pas moins une situation délicate et difficile. Mais les qualités éminentes que chacun reconnaissait en lui justifiaient d'une manière éclatante la faveur dont il était l'objet, et personne ne songeait à s'en plaindre. D'ailleurs, l'exquise bonté de son cœur, sa modestie et sa simplicité, l'absence complète en lui de toute morgue et de toute prétention, suffisaient pour étouffer les moindres récriminations de l'envie. Dans l'entourage de l'archevêque, aussi bien que dans le reste du diocèse, M. Hamon ne comptait que des amis, empressés à faire son éloge.

Parmi les ecclésiastiques attachés à l'archevêché de Bordeaux, qui témoignèrent dès lors le plus d'affection à M. Hamon, nous devons signaler M. l'abbé George, neveu de M$^\text{gr}$ de Cheverus, que son mérite fit élever plus tard sur le siége épiscopal de Périgueux. Partageant les sentiments de son saint oncle, il voua au vénérable supérieur une affection vraiment filiale, et, en toute circonstance, il lui en donna des marques également honorables pour l'un et pour l'autre.

CHAPITRE X

Longue maladie de M. Hamon

Les débuts du ministère de M. Hamon au séminaire de Bordeaux furent donc excellents. Il avait su, par sa prudence, aplanir les difficultés du commencement, réaliser des réformes importantes, et préparer les éléments d'un bien plus sérieux encore. L'avenir se présentait à lui dans les conditions les plus favorables. Il avait jeté la semence, et il ne lui restait plus, ce semble, qu'à recueillir les fruits, lorsqu'une longue et douloureuse épreuve, que Dieu lui ménagea, vint détruire ou du moins ajourner toutes ces espérances.

On sait déjà qu'il possédait à un haut degré le talent de la prédication : ce ministère lui était cher par dessus tous les autres ; il sentait qu'après la grâce de Dieu, la puissance de sa parole serait pour lui le principal moyen d'action sur les séminaristes. Il ne se trompait pas ; mais, comptant trop sur la force de son organe, il eut le tort de ne pas le ménager assez. Il parlait souvent, et toujours avec véhémence; plus d'une fois même, il se chargea de donner à lui seul des retraites entières. Bientôt une affection au larynx, dont peut-être on apprécia trop tard la gravité, se déclara. Les premières atteintes du mal se firent sentir dans le cours de l'année 1831. M. Hamon n'y attacha pas d'abord une grande importance, et il crut qu'il suffirait, d'après le conseil du médecin, de s'épargner davantage et de parler plus rarement. En effet, au bout de quelques mois, un mieux notable se produisit, et le malade, ayant retrouvé sa voix, put prêcher à la Trinité de 1832 la retraite d'ordination. Mais ce ne fut qu'un mieux passager; le mal ne tarda pas à reprendre avec une nouvelle force, et l'on comprit qu'il fallait pour le combattre employer les grands moyens. « J'ai, écrivait-il à son père le 5 novembre 1832, la mine la plus florissante; et avec cela, on m'ordonne le silence le plus absolu. Point de bréviaire; lait d'ânesse matin et soir; plusieurs fois le jour aspirer des eaux sulfureuses; fumer des herbes et de la semence d'anis; courir à cheval deux heures par jour. Voilà ma vie... Je ne souffre point; néanmoins, je sens que je ne puis parler. Je reçois mes visites en silence, et ne réponds que par écrit à tout ce qu'on me dit.

« On fait des prières dans la ville; on a même écrit au prince de Hohenlohe pour me faire recouvrer la parole (1). Il en sera comme le bon Dieu voudra. »

---

(1) Alexandre de Hohenlohe-Waldembourg-Schillingsfurt naquit en 1794, et mourut en 1845. Il montra de bonne heure une tendre piété, embrassa l'état ecclésiastique, fut d'abord chanoine de Gross-Wardein (Hongrie), puis évêque de Sardique. Il jeta un grand éclat par la sainteté de sa vie et par les nombreux miracles que Dieu

M. Hamon put croire un instant que ces prières avaient été exaucées et que son mal avait disparu.

« Dieu soit béni, écrivait-il de nouveau à son père, le 13 janvier 1833, je puis vous annoncer une bonne nouvelle : c'est qu'à la suite de la neuvaine du prince de Hohenlohe, qui a fini jeudi, je me trouve entièrement guéri. Plus aucun mal de gorge, ni aucune douleur. Je ne reprends pas encore mes travaux, pour ne pas m'exposer imprudemment ; je sais trop ce qu'il m'en a coûté pour avoir prêché et chanté au Pas. Mais le mal est passé, et j'espère que dans peu de temps je pourrai faire de ma voix l'usage accoutumé... »

C'était encore une illusion. Il ne sentait plus de souffrance, mais la voix ne revenait pas ; et, convaincu par de nouveaux essais qui lui réussirent mal, le malade vit bien qu'il n'avait pas d'autre parti à prendre que celui de garder le silence. Pour être plus fidèle à cette rigoureuse consigne, il se retira, au printemps de 1833, à la maison de campagne du séminaire.

Cependant, la persistance de la maladie de M. Hamon affligeait vivement ses amis. Plus que personne, Mgr de Cheverus s'en montrait douloureusement affecté. « Le bon archevêque, écrivait M. Hamon, prend tant de part à mon infirmité, que, prêchant un jour devant une grande réunion,

opéra par son intercession. Le bruit s'en répandit dans toute l'Europe. De toutes parts on se recommandait à ses prières ; on implorait son assistance pour obtenir de Dieu la guérison de maladies désespérées. Il promettait de prier, en exigeant qu'on s'unît à lui. Le plus souvent, ce ne fut pas en vain qu'on eut recours à son intercession.

CHAP. X. — LONGUE MALADIE DE M. HAMON.

il en parla longuement en versant des larmes, et en adressant des prières et des vœux à Dieu pour ma guérison. Il a voulu me prendre avec lui dans son archevêché, pour éloigner de moi toute occasion de fatigue. Il m'a témoigné dans cette circonstance l'attachement le plus tendre et les bontés les plus touchantes... »

Il ne reçut pas de moindres marques de sympathie de la part du clergé du diocèse. Un grand nombre de curés, apprenant le besoin qu'il avait de repos et de silence, s'empressèrent de lui offrir l'hospitalité de leur presbytère, l'assurant tous du bonheur qu'ils auraient à le recevoir et à lui donner des soins.

Jusque-là aucun traitement proprement dit n'avait été employé. Le médecin du séminaire, satisfait de la santé générale de M. Hamon, persistait à croire qu'il n'y avait rien à faire, et que la guérison viendrait toute seule, moyennant le repos. Mais l'archevêque, quelque confiance qu'il eût dans la science du docteur, voulut s'entourer de plus de lumières. Il provoqua une consultation des principaux médecins de Bordeaux, qui rédigèrent de concert un mémoire sur le traitement à suivre. Un médecin distingué de Lesparre, consulté aussi, en avait envoyé un autre qui se trouva à peu près conforme au premier. Ces deux pièces, expédiées à Paris, furent soumises aux médecins de la Faculté, réunis pour en conférer. Ceux-ci, après mûre délibération, les approuvèrent pleinement, se bornant à y faire quelques légères modifications. Il fut donc décidé que M. Hamon suivrait les prescriptions indiquées, et que même il irait se faire traiter par le docteur de Lesparre, jugé plus propre que tout autre à appliquer l'ordonnance.

Écoutons M. Hamon rendant compte à son père de l'empressement plein de sollicitude et d'affection dont il fut alors l'objet.

« Un bon curé qui demeure à un quart de lieue de la ville (M. le curé de Gaillau) est venu me demander d'aller chez lui, pour m'y faire soigner. J'y suis venu, et il est impossible de vous dire tout le soin qu'on a de moi dans ce presbytère. Le curé s'est fait mon infirmier, m'administre lui-même tous les remèdes, me fait promener dans la campagne. Il n'épargne ni soins ni dépenses; j'en suis tout confondu. Il n'y a pas jusqu'au sous-préfet qui, dès qu'il apprit mon arrivée à Lesparre, m'envoya sa voiture pour me conduire chez le bon curé. »

Il écrivait quelques jours après : « Je me trouve bien des remèdes de ce nouveau médecin, et l'inflammation intérieure de la gorge est notablement diminuée. Je suis toujours entouré de toutes sortes de soins et d'attentions. Le bon curé se met en quatre pour moi, et les curés voisins viennent me voir de plusieurs lieues et me prient d'aller me promener chez eux... Le médecin m'assure que je serai guéri au mois d'octobre... »

Hélas! l'excellent docteur avait trop compté sur l'efficacité de son ordonnance. Malgré la fidélité de M. Hamon à suivre ses prescriptions, malgré une saison aux Eaux-Bonnes qui suivit immédiatement le traitement de Lesparre, le mal ne céda qu'imparfaitement, et il fallut continuer de recourir au remède du silence. Les médecins déclarèrent même qu'un repos prolongé était le seul moyen d'arriver à un complet rétablissement.

Instruit de cette décision, M. Garnier fut d'avis que

CHAP. X. — LONGUE MALADIE DE M. HAMON.

M. Hamon quittât Bordeaux, pour venir au séminaire de Saint-Sulpice passer l'année scolaire qui allait commencer. Mais l'archevêque, vivement affecté déjà de l'éloignement momentané du séminaire, auquel le vénéré supérieur avait dû se condamner, ne put consentir à l'absence bien plus prolongée dont il était question. Déjà il avait écrit à M. Hamon pour le conjurer de ne pas quitter Bordeaux. Il écrivit dans le même sens à M. Garnier, qui acquiesça aux désirs du prélat, mais en le priant de permettre que, sans retirer l'ancien supérieur, on lui en envoyât un autre qui se chargerait de gouverner le séminaire. L'archevêque, dans son affection pour M. Hamon, aurait désiré que, du moins, le titre de supérieur lui restât. La chose ne parut pas possible, et au mois d'octobre 1833, M. Laloux, précédemment directeur du séminaire de Clermont, fut nommé supérieur de celui de Bordeaux.

Déchargé par là de toute sollicitude et de tout travail, le vénérable malade put enfin goûter pleinement le repos dont il avait besoin. Toutefois, sa position au séminaire, dans ce nouvel état de choses, ne tarda pas à lui paraître un peu fausse, et il comprit que, n'étant plus supérieur ni de nom ni de fait, il valait mieux qu'il s'éloignât. Plusieurs fois, le bon archevêque lui avait offert l'hospitalité de son palais, et, en toute occasion, il renouvelait ses instances pour la lui faire accepter. M. Hamon se rendit enfin à une proposition si obligeante; il quitta le séminaire, et il alla s'installer à l'archevêché, où il passa un peu plus d'un an.

Les remèdes lui avaient jusqu'alors si mal réussi qu'il put avec raison se croire autorisé à en interrompre l'emploi; l'on retrouve même dans ses lettres de cette époque quelques expressions légèrement sceptiques à l'endroit de la médecine. Le repos, la distraction, le silence furent, à partir de ce moment, à peu près son unique traitement.

Heureux de le posséder chez lui, Mgr de Cheverus ne négligea rien pour lui procurer des délassements de tout genre; une mère n'a pas pour son enfant de soins plus assidus et plus tendres.

Vers la fin de 1833, après avoir consacré, dans sa cathédrale, évêque de Montauban M. l'abbé de Trélissac, son grand vicaire et son ami, il alla l'installer lui-même dans son diocèse. Il voulut que M. Hamon l'accompagnât, pensant avec raison que sa santé en éprouverait une salutaire influence. Il ne se trompa pas. Le voyage de Montauban produisit dans l'état du malade un mieux sensible, dont il se félicite dans ses lettres. Sans doute la joie que son cœur éprouva, en voyant la réception brillante et enthousiaste que firent les montalbanais à leur ancien évêque ne contribua pas peu à ce résultat; en effet, ce voyage fut pour Mgr de Cheverus un continuel triomphe.

Heureux d'avoir si bien réussi, le bon archevêque voulut continuer le traitement, en se faisant accompagner de M. Hamon dans ses courses pastorales.

Au mois d'août 1834, il fit avec M. Garnier une saison aux bains de mer de Granville, puis revint à l'archevêché, où il retrouva les mêmes attentions. « Je suis de retour à Bordeaux, écrivait-il à son frère le 3 octobre 1834; j'y ai été reçu par Monseigneur avec une affection de cœur et une bonté qui surpassent tout. J'en suis tout confus. Il est aux petits soins pour s'assurer que rien ne me manque. Je suis

CHAP. X. — LONGUE MALADIE DE M. HAMON.

beaucoup trop bien. J'ai la consolation de revoir ici tous les prêtres, mes anciens élèves, et tout le reste du clergé que j'aime beaucoup. »

Une autre lettre adressée au même, le 19 octobre, nous fournit un détail touchant, et où l'âme de Mgr de Cheverus se révèle tout entière. « ... Le bon archevêque est toujours pour moi d'une bonté non pareille. Sa seule crainte est qu'il ne me manque quelque chose. Avant-hier, je fus amené par la conversation à lui dire que j'étais content et heureux ici ; il m'embrassa aussitôt en pleurant, et me dit combien je le rendais heureux en lui donnant cette assurance ; qu'il était inquiet à ce sujet, et qu'il espérait que, s'il en était ainsi, je ne le quitterais point, au moins tant que je serais malade... »

Non content de veiller à ce que rien ne manquât à M. Hamon, Mgr de Cheverus était attentif à lui procurer des distractions. Il lui portait lui-même les ouvrages dont la lecture était propre à l'intéresser. Un jour il se présenta chez lui un livre à la main, et lui dit en souriant : « Je suis sûr, monsieur le supérieur, que vous n'avez jamais lu de romans. En voici un que je vous apporte ; je veux que vous le lisiez. Cette lecture vous délassera et ne sera pas sans profit pour vous. » C'était le célèbre *Gil Blas de Santillane*, le chef-d'œuvre de Lesage, et, de l'aveu de tous, le meilleur roman moral qu'aucune littérature ait jamais produit. M. Hamon le lut. C'est probablement le seul livre de ce genre dont il ait parcouru les pages, et nous ne pensons pas que personne puisse s'en scandaliser, ni s'autoriser de cet exemple pour lire des romans. En racontant ce trait de sa vie, il avouait avoir trouvé dans *Gil Blas* des peintures de mœurs qui lui avaient été utiles, et dont, en plusieurs circonstances, il s'était servi avec avantage (1).

Toutefois, le temps que M. Hamon passa à l'archevêché de Bordeaux ne fut pas exclusivement consacré au repos ou à la lecture de livres amusants. Depuis longtemps, Mgr de Cheverus voulait donner des *Statuts* à son diocèse ; il chargea de cet important travail l'ancien supérieur de son séminaire, qui s'en acquitta à la grande satisfaction du prélat. Les Statuts rédigés par lui font loi, aujourd'hui encore, dans le diocèse de Bordeaux.

Nous ne pouvons mieux terminer ce récit du séjour de M. Hamon chez l'archevêque qu'en rapportant une page charmante de la *Vie du cardinal*, qui n'a pu être écrite que par un de ses commensaux. C'est un épanchement de cœur, où l'auteur décrit, avec un sentiment exquis, le charme de l'intérieur où il eut le bonheur d'être admis, et la simplicité noble et grande de l'hospitalité qui s'y exerçait.

« Aimable, tendre, charitable envers tous, le cardinal l'était surtout envers ceux qui demeuraient avec lui ou qui le servaient....

« On ne peut rien imaginer de plus délicieux et de plus aimable, rien de plus simple et de plus noble, que la société habituelle et intime du cardinal. Rendre heureux ce qui l'entourait, c'était là le but constant de ses atten-

---

(1) Le roman de Lesage, malgré son mérite éminent, présente des détails qui pourraient en rendre la lecture dangereuse à quelques classes de personnes. Pour obvier à cet inconvénient, on a publié, dans ces derniers temps, une édition expurgée de ce livre, à l'usage de la jeunesse.

tions, et on l'a vu pleurer de joie et d'attendrissement lorsqu'il apprenait qu'il y avait réussi. Dans cette vue, il voulait qu'on se regardât chez lui comme chez soi; qu'on demandât avec simplicité tout ce qu'on désirait, et quand il pouvait prévoir les désirs, il s'empressait de prévenir la demande. Surtout, comme rien n'est plus opposé au bonheur de la vie que la gêne et l'asservissement, il voulait que, chez lui, chacun fût parfaitement libre, sans s'assujettir aux cérémonies et à l'étiquette, sans se gêner, mais cependant à la condition de ne pas gêner les autres. N'être ni gênant ni gêné, telle était sa maxime. Par cette raison, il n'exigeait point qu'on lui tînt compagnie, parce que, avec la prière et l'étude, il savait toujours se suffire à lui-même. Mais, ce qu'il n'exigeait pas, on le désirait comme l'avantage le plus précieux de la cohabitation avec un si aimable prélat. Tous les soirs, après le repas, on avait le bonheur d'en jouir à l'aise. C'était alors comme une réunion de famille vraiment délicieuse, par la douceur, la simplicité, l'abandon, et en même temps la noblesse et la dignité, qui y régnaient. C'était là surtout que le cardinal se montrait tel qu'il était, bon et aimable, simple et grand; c'était là qu'il disait à cœur ouvert le mépris souverain que lui inspiraient les honneurs et les dignités, les biens et les jouissances du monde; là qu'il narrait avec grâce quelques traits de sa vie, ou jugeait avec un tact exquis les événements passés et présents (1). »

Aux ennuis de la maladie qui tenait depuis deux ans

---

(1) *Vie du cardinal de Cheverus*, 3e édition, p. 383.

M. Hamon éloigné du séminaire, étaient venus se joindre des chagrins de famille.

Sa mère, depuis longtemps souffrante et infirme, avait succombé le 1er avril 1832. A la fin de la même année (21 septembre), Dieu appelait à lui la dernière de ses sœurs. Il ne restait donc plus dans la maison paternelle que son vieux père, dont la santé allait s'altérant de jour en jour, et son frère Germain. Nous trouvons dans ses lettres de cette époque une expression vive et touchante de la part qu'il prend à ces tristes événements. Il y donne des larmes et des prières à ceux qui ne sont plus, des consolations et des encouragements à ceux qui survivent ; il s'inquiète à la pensée des désolations qui doivent assombrir le foyer domestique ; et comme il ne peut se dissimuler que l'état de sa propre santé ajoute encore aux chagrins des siens, il s'efforce, autant qu'il peut, d'en atténuer la gravité. Le ton de sa correspondance de famille devient plus affectueux et plus tendre. « O mon bon père, dit-il en terminant une de ses lettres, je vous embrasse, je vous aime, vous et mon cher et très-cher Germain. Je ne saurais vous dire combien mon cœur vous chérit, vous affectionne et est tout plein de vous. »

CHAPITRE XI

Voyage d'Italie.

Cependant, le moment de la guérison complète, qui depuis si longtemps se faisait entrevoir comme prochaine à M. Hamon, semblait s'éloigner de plus en plus, et l'on pouvait craindre avec raison que le mal, devenu chronique, ne mît pour jamais le malade dans l'impuissance de remplir les fonctions de son ministère. Cette douloureuse perspective s'était présentée à son esprit et lui avait suggéré la pensée, qu'il exprime quelque part dans l'une de ses lettres, de se retirer au sein de sa famille, et d'y passer le reste de ses jours.

Pour tenter un dernier effort, il se détermina au mois de juin 1835 à faire une saison à Cauterets : « Voilà dix-huit jours, écrit-il de là à son frère (10 juillet), que j'essaie de ces eaux tant vantées, et qui attirent ici un si grand nombre d'étrangers de tous les pays de l'Europe. Jusqu'à présent, elles n'ont encore produit aucun effet sur ma gorge, et c'est toujours *sicut erat in principio*. Je continuerai de les prendre jusqu'au 27 du courant, et ce jour-là, sans faute, je repartirai pour Bordeaux, où le bon archevêque m'attend, et me rappelle dans des termes pleins de tendresse.

« Le médecin des eaux me dit, comme celui de Paris, que, pour me guérir, il me faut absolument aller passer l'hiver dans un pays très-chaud, comme l'Italie, et que le froid humide de la France pendant l'hiver sera toujours un obstacle à mon entière guérison. Je délibérerai là-dessus à Bordeaux avec Mgr l'archevêque... »

Le résultat de la délibération fut tel qu'on devait l'attendre. L'archevêque de Bordeaux jugea le voyage nécessaire ; on se prononça à Paris dans le même sens, et M. Hamon dut se préparer à partir.

Ce ne fut pas sans un vrai déchirement de cœur que Mgr de Cheverus consentit à se séparer de son cher malade. « Le bon archevêque, écrivait plus tard M. Hamon, m'a bien attendri, dans les jours qui ont précédé mon départ, par tous les témoignages d'intérêt et d'attachement qu'il m'a donnés. Il m'a fait promettre de regarder toujours sa maison comme la mienne, et m'a conjuré avec larmes de revenir chez lui à mon retour, et de ne point m'y regarder comme étranger. Quel cœur que celui de ce bon prélat ! Comme il est tendre et aimant ! »

Non content d'exprimer à M. Hamon son affection et ses regrets, Mgr de Cheverus lui donna une lettre pour le Souverain-Pontife, et une autre pour un cardinal dont nous n'avons pu retrouver le nom. Nous possédons la minute de cette double pièce, écrite de la propre main de l'archevêque, jointe à celle du *celebret* que dut emporter avec lui M. Hamon. Nous nous faisons un devoir de les reproduire ici.

La lettre au Pape est ainsi conçue :

« Je supplie Votre Sainteté de recevoir avec bonté le prêtre éminent qui lui remettra cette lettre. Il sera mon interprète et mon agent fidèle, de même qu'il n'a pas cessé d'être, depuis que j'ai le gouvernement de l'Église de Bordeaux, mon prudent conseiller, le sage supérieur du séminaire de Saint-Sulpice de Bordeaux, et mon très-dévoué vicaire général. Je regrette vivement que, par suite d'une maladie de larynx dont il souffre, sa parole, qui instruisait mon clergé avec tant de piété et d'éloquence, soit presque réduite au silence. Plaise à Dieu que la bénédiction de Votre Sainteté et les mérites des saints apôtres rétablissent la santé d'un coopérateur qui m'est à la fois si cher et si nécessaire.

« Il connaît à fond tout ce qui concerne l'état de mon diocèse, et il exposera à Votre Sainteté, avec netteté et vérité, tout ce qu'elle désirera savoir sur cet objet. Il me suppléera en vous rendant compte de mon administration. Prosterné avec lui aux pieds de Votre Sainteté, je la conjure de nous accorder la bénédiction apostolique (1). »

La lettre destinée au cardinal, écrite en français, n'est pas moins flatteuse pour M. Hamon.

---

(1) « Supplex deprecor ut eximium sacerdotem qui hanc in manus sanctitatis tuæ tradet epistolam, benigne excipias. Hic erit fidelis interpres et procurator meus, sicut fuit, ex quo Burdigalensi Ecclesiæ præfui, prudens consiliarius meus, sapiens seminarii S. Sulpitii Burdigalæ superior, et devotissimus mihi vicarius generalis. Doleo valde quod gutturis morbo laboret, ita ut vox illa prope sileat quæ pie et eloquenter clerum meum docebat. Utinam sanctitatis tuæ benedictio, et merita SS. Apostolorum, hunc mihi carissimum et valde necessarium cooperatorem pristinæ sanitati restituant. — Quæ diœcesim meam spectant apprime novit, et, quantum sanctitati tuæ placebit, luculenter et veraciter narrabit. Hic pro me rationem reddet meæ administrationis, et cum ipso ad pedes sanctitatis tuæ provolutus, ut nobis apostolicam benedictionem impertiri digneris, exoro. »

« Monseigneur, permettez-moi de recommander à Votre Éminence mon cher grand vicaire, M. Hamon. Sa piété, sa science, son caractère vénérable sont au-dessus de ce que je puis dire. Tant que sa santé le lui a permis, il a pendant sept ans été supérieur du séminaire de Saint-Sulpice à Bordeaux, et même maintenant, malgré son infirmité, il m'aide de ses conseils, travaille avec moi, et je trouve en lui un ami bien dévoué. Je serai bien reconnaissant de vos bontés pour lui, et je vous prie d'agréer, etc. »

Les mêmes éloges sont reproduits dans le *celebret* :

« Nous déclarons et nous attestons que André Hamon, notre bien-aimé vicaire général, qui voyage en Italie pour recouvrer la santé, non seulement est recommandable par l'intégrité de sa vie et de ses mœurs, et est exempt de toute censure et interdit, mais encore est orné de toutes les qualités qui conviennent à un pieux et excellent ministre de Dieu. Il a gouverné notre séminaire avec une admirable prudence, et tout le clergé connaît parfaitement sa science, sa piété, l'aménité de son caractère. J'ai constamment trouvé en lui un ami très-dévoué et un coopérateur éminemment précieux. Je le recommande donc de toute l'affection de mon cœur aux prélats de l'Église, aux pasteurs et aux fidèles.

« Donné à Bordeaux, etc... (1). »

---

(1) « Notum facimus et testamur dilectum nostrum vicarium generalem Andream Hamon, qui, sanitatis recuperandæ causa, Italiam peragrat, non tantum bonis vita et moribus esse commendabilem, et ab omni censura et interdicto immunem, sed omnibus quæ pium et excellentem Dei ministrum decent dotibus esse exornatum. Seminario nostro cum admirabili prudentia præfuit, et illius scien-

Muni de ces précieux témoignages, et accompagné de plusieurs confrères qui devaient faire le voyage avec lui, M. Hamon se mit en route dans le cours d'octobre 1835. On se rendit à Marseille à petites journées. On visita les séminaires de Saint-Sulpice que l'on rencontra sur la route, et en chacun d'eux il fallut accorder quelques jours aux instances affectueuses des confrères. L'embarquement eut lieu le 5 novembre, et après quarante heures de traversée, durant lesquelles M. Hamon souffrit beaucoup du mal de mer, on arriva à Livourne. Là succédèrent au mal de mer de nouveaux ennuis que nous lui laissons raconter à lui-même, dans une lettre à son frère du 9 novembre :

« ... On a eu peur que nous ne fussions des choléri-ques échappés de France, et que nous ne vinssions apporter le mal dans le pays. En conséquence, on nous a enfermés dans le lazaret pour huit jours, afin de s'assurer que nous ne sommes point des pestiférés ; et pendant ce temps, personne ne peut communiquer avec nous. On nous a apporté nos lits au milieu de la cour, et après qu'on se fût sauvé en fuyant, nous sommes allés les chercher et les monter dans nos chambres. On fait de même pour les repas et pour tout le reste, de sorte qu'il faut nous servir nous-mêmes. Cela nous amuse un peu, quoique nous ayons à supporter plusieurs privations, par suite de l'appréhension de ces braves gens. Samedi prochain nous sortirons de

---

tiam, pietatem, morum amœnitatem clerus omnis apprime novit. Hunc semper inveni meum devotissimum amicum et valde necessarium coadjutorem.

« Hunc itaque Ecclesiæ prælatis, pastoribus et fidelibus commendatum toto cordis affectu deprecamur. Datum Burdigalæ, etc. »

cette espèce de prison. Nous pourrons alors communiquer avec tout le monde, et aller où il nous plaira... Ne sois point surpris si cette lettre t'arrive sale et parfumée. Comme elle sort de mes mains, qu'on croyait être celles d'un pestiféré, on va la prendre avec une baguette, la passer au vinaigre, la purifier de différentes manières, avant d'oser la toucher et la mettre à la poste. »

Après leur délivrance, nos voyageurs s'étant remis en route, s'acheminèrent vers Rome, non toutefois sans faire diverses haltes dans les villes qu'ils rencontrèrent.

Parmi eux se trouvait un jeune directeur d'un esprit distingué et du commerce le plus aimable, mais amateur passionné des livres. Visitant pour la première fois l'Italie, il ne manqua pas d'y découvrir des trésors bibliographiques inappréciables à ses yeux, des éditions curieuses, des ouvrages presque inconnus chez nous. Or, pour lui, mettre la main sur un livre rare et l'acheter, c'était tout un. En effet, au bout de quelques jours, M. Hamon reconnut que, s'il continuait comme il avait commencé, il aurait bientôt réuni une volumineuse bibliothèque qu'il faudrait traîner après soi sous forme de bagages. Il fit à cet égard des observations qui furent parfaitement accueillies, et dont on reconnut la justesse, ce qui n'empêcha pas qu'à la première occasion le même péché en fut encore commis. Après plusieurs remontrances toujours humblement reçues, mais toujours également inefficaces, M. Hamon exigea de son compagnon de voyage l'engagement formel de ne plus acheter de livres sans son agrément. Ce pacte fut respecté ; mais la nécessité de remplir la condition posée excitait fréquemment entre les deux confrères de pacifiques débats. C'était un ouvrage rare, qu'en France on paierait au poids de l'or, et qu'en Italie on avait pour rien; une édition incomparable; une occasion qui ne se retrouverait pas. M. Hamon résistait tant qu'il pouvait; quelquefois il faiblissait, mais le plus souvent il était inflexible, et usait en toute rigueur du droit qui lui avait été accordé. Le déterminé bibliophile n'en trouva pas moins le moyen de revenir en France chargé d'un précieux butin.

On était arrivé à Rome vers le commencement de décembre. Le premier soin de M. Hamon fut d'écrire à l'archevêque de Bordeaux. Nous n'avons plus sa lettre, mais la réponse qui y fut faite nous a été conservée; la voici :

« ... Enfin vous êtes *ad limina apostolorum*. Puissiez-vous y recouvrer la santé! C'est là mon vœu de bonne année, et il est bien vif et bien tendre. Agréez-le. J'espère que Dieu l'exaucera et que vous reviendrez tout à fait guéri. Mais, même dans ce cas, j'exigerai une longue convalescence à l'archevêché où, tant que je vivrai, je m'estimerai heureux de vous posséder. C'est pour moi un avantage précieux comme une douce jouissance...

« Je recevrai avec joie et reconnaissance la lettre que vous m'annoncez du cher M. Guitter. Mes compliments, je vous prie, à lui et à M. Bonnet. Je suis heureux d'apprendre que le voyage leur est salutaire...

« M. l'abbé Dassance, aujourd'hui grand vicaire honoraire de Montpellier, et toujours aumônier des Incurables à Paris, dit dans une lettre à M. l'abbé George: *Dites à M. Hamon qu'il a eu des disciples qui ont mieux profité que moi*

7.

de ses leçons, mais qu'il n'en est pas un qui le respecte et le chérisse plus que moi...

« Si vous en avez l'occasion, mettez-moi aux pieds de Sa Sainteté, et présentez mes respects aux cardinaux Weld, Macchi et Lambruschini...

« Adieu, mon cher et tendre ami. Dieu me fasse la grâce de vous embrasser en bonne santé.

« Votre tout dévoué.

« † Jean, *archevêque de Bordeaux.* »

Peu de jours après son arrivée à Rome, M. Hamon avait obtenu une audience du Pape. Les lettres si flatteuses dont il était porteur ne pouvaient manquer de lui ménager un accueil favorable de Sa Sainteté. Elle daigna même l'honorer d'une communication qui fut pour lui le sujet d'une grande joie. Le gouvernement français avait demandé au Pape, pour Mgr de Cheverus, le chapeau de cardinal. Grégoire XVI annonça à M. Hamon que la proposition avait été agréée, et que, dans le prochain consistoire, l'archevêque de Bordeaux allait être proclamé cardinal : « Et, ajouta le Pape, si je l'élève à cette dignité, ce n'est pas seulement parce que le gouvernement français m'en fait la demande. Indépendamment de cette circonstance, il m'est très-agréable de l'y nommer, à raison de ses vertus et du zèle qu'il a déployé à Boston, à Montauban et à Bordeaux. »

En effet, quelques difficultés relatives au traitement du nouveau cardinal ayant été réglées, Grégoire XVI écrivit au roi de sa propre main pour lui faire part de la promotion, qui eut lieu dans le consistoire du 1er février 1836.

Le séjour de M. Hamon à Rome fut d'environ quatre mois et demi. Ce temps fut employé, moins encore en visites et en excursions de curiosité qu'en pieux pèlerinages auxquels, grâce à la douceur du climat de Rome, il pouvait, même en hiver, consacrer la plus grande partie de ses journées.

« Mon cher Germain, écrit-il à son frère le 26 janvier, je te dirai qu'il n'y a point d'hiver à Rome; car, excepté la fraîcheur du matin, il fait tout le jour un beau soleil, un temps doux et magnifique. J'en ai bien joui hier, en allant dire la messe en pèlerinage à une lieue et demie de Rome, là où saint Paul fut décapité, et où dix mille martyrs ont été mis à mort. J'eus la consolation de vénérer les chaînes et le corps du saint apôtre qu'on conserve sous un tombeau d'autel. Je me promenai ensuite dans les catacombes où les premiers chrétiens se réunissaient pour prier, pour assister au saint sacrifice, et d'où ils sortaient si fervents. Tous les jours, c'est un bonheur de visiter quelque nouveau lieu saint. Jamais la religion ne m'avait paru si belle, si grande et si vraie qu'au milieu de tous ces souvenirs de la foi. Il semble que les saints et les martyrs aient laissé dans ces lieux quelque chose de cette grâce et de ces lumières divines dont ils étaient remplis. Ce matin, j'a dit la messse dans la prison, affreuse par elle-même, mais belle aux yeux de la foi, où furent enfermés saint Pierre et saint Paul; j'ai vu la colonne où ils étaient attachés, et j'ai bu de l'eau de la fontaine miraculeuse qu'ils firent jaillir de terre, pour baptiser le geôlier et les quarante-sept autres prisonniers, convertis par eux, pendant qu'ils étaient dans les chaînes. »

Une autre lettre du 5 mars, adressée au même, complète les détails qui précèdent :

« Je crois que je connaîtrai mieux Rome qu'aucun Romain, tant je la parcours en tous les sens... Demain, j'irai à une lieue dire la messe sur les corps de saint Laurent et de saint Étienne, premier martyr, qu'on a réunis dans un même autel; après-demain sur le corps de saint Marc, évangéliste. Ainsi, tous les jours sont pour moi des jours de fête. Si la piété est satisfaite, la curiosité l'est aussi, car on ne peut se faire d'idée de la richesse des églises, de la beauté des marbres, de la magnificence des dorures. Nos plus belles églises sont comme des chaumières en comparaison.

« Je suis aussi très-touché de la foi qui règne en ces contrées. Tous les soirs, une multitude d'hommes, d'ouvriers comme de riches, se réunissent dans les églises pour faire la visite du saint-sacrement. A tous les coins de rue, pour ainsi dire, il y a des statues ou des images de la Vierge; et là on voit souvent des hommes à genoux, disant leur chapelet ou chantant les litanies. Quelquefois, un religieux passe, monte sur une chaise, prêche en plein air, et tout le monde l'écoute avec religion. Que la France est loin de cet esprit de foi ! »

Ces spectacles d'édification, qui sont le privilége exclusif de la grande cité catholique, furent couronnés pour nos pieux pèlerins par les cérémonies grandioses et si justement célèbres de la semaine sainte et du jour de Pâques.

M. Hamon reçut vers ce temps-là une lettre de Mgr de Cheverus qui mérite de trouver ici sa place :

« Mon cher grand vicaire et tendre ami, lorsque je reçus votre chère lettre du 23 décembre, M. Boudon vous ayant écrit tout de suite, j'attendais le consistoire pour vous écrire moi-même, et j'espérais apprendre de vous ma préconisation, ce que je n'ose regarder comme un heureux augure.

« Je suis à Paris avec l'abbé George depuis dix jours. Le garde noble y était avant moi et m'a apporté la calotte rouge et ma nomination. On attend de jour en jour l'ablégat qui doit apporter la barrette. En considérant le temps où nous vivons, je ne reviens pas de l'importance que le gouvernement attache à cette affaire, de son observation scrupuleuse de l'étiquette, etc.

« Pour moi, je suis triste et tout embarrassé au milieu de ces honneurs. Priez pour moi.

« Il me tarde de recevoir de vos nouvelles; je crains bien qu'elles ne soient pas bonnes. On nous dit que l'hiver a été sévère à Rome. J'espère me rendre à Bordeaux pour la semaine sainte. Je passerai par le Maine; mais je ne m'y arrêterai que quelques jours.

« Comme le printemps est aussi sain à Bordeaux qu'à Rome, j'espère que vous songez à y revenir; vous savez combien vous m'êtes cher et utile. Votre appartement vous est réservé : personne ne s'en emparera, pas plus que de la place que vous occuperez toujours dans le cœur du cardinal...

« Puissiez-vous nous revenir bien portant. Il me tarde de vous embrasser, de jouir de votre douce société, de profiter de votre aide et de vos conseils.

« Recevez, etc.

« † Jean, cardinal de Cheverus,
archevêque de Bordeaux. »

Peu de jours après la réception de cette lettre, nos voyageurs partirent pour Naples, où ils passèrent plusieurs semaines. Ils étaient de retour à Rome, et ils se disposaient à rentrer en France, lorsque de nouvelles lettres de l'archevêque de Bordeaux, accompagnées d'une note du médecin, déterminèrent M. Hamon, malgré ses répugnances, à retourner à Naples, pour y faire une saison d'eaux minérales qu'on affirmait lui devoir être très-salutaire. Il s'y rendit seul, et il n'eut pas lieu, paraît-il, de se repentir d'avoir acquiescé dans cette circonstance au désir du cardinal et de ses amis : les eaux, la salubrité de l'air, le traitement énergique d'un habile médecin qu'il consulta, produisirent dans son état une amélioration considérable.

Dans le cours du premier de ces deux voyages à Naples, il assista à la fête de la translation des reliques de saint Janvier, qui se célèbre dans cette ville le premier dimanche de mai, et, ainsi que nous le lui avons entendu raconter à lui-même, il fut témoin du célèbre miracle de la liquéfaction du sang de ce saint martyr. En présence de tout le peuple assemblé en grand nombre, on plaça sur un côté de l'autel la tête du saint renfermée dans un riche reliquaire, et en face, de l'autre côté, les deux fioles qui contiennent son sang. Quelques prières furent récitées ; et bientôt le sang des fioles, desséché jusque-là, et offrant l'aspect de quelques taches noirâtres adhérentes aux parois, changea de forme. On vit d'abord se détacher quelques gouttelettes ; peu à peu la liquéfaction devint complète, et les fioles se remplirent d'un sang vermeil et écumeux. Les cris accoutumés : *Miracle! vive saint Janvier!* se firent entendre, et l'on commença à faire baiser au peuple les fioles miraculeuses. M. Hamon avait trouvé le moyen de se placer tout près de l'autel, afin de se rendre compte très-exactement de tout ce qui s'accomplirait. Il le fit plus parfaitement encore, lorsque le prêtre qui présentait l'une des fioles à la vénération des fidèles le pria de le remplacer. Il accepta avec reconnaissance, nonobstant la fatigue qui devait en résulter pour lui, et put ainsi considérer à loisir le merveilleux phénomène. Sa conviction très-profonde et très-arrêtée était qu'il y avait là un fait miraculeux absolument indéniable.

La saison d'eaux terminée, il revint en France. Une tristesse poignante l'attendait au retour. Débarqué à Marseille le 5 juillet, il voyait expirer sous ses yeux, le 19 du même mois, le cardinal de Cheverus, le meilleur et le plus tendre ami qu'il eût en ce monde. Les premiers symptômes du mal s'étaient révélés le 7 juillet ; et, dès ce moment, le prélat, averti déjà par quelques indices avant-coureurs, comprit que sa mort était proche et s'y prépara. Huit jours après, frappé à cinq heures du matin d'une violente attaque d'apoplexie et de paralysie, il perdit aussitôt la connaissance et le sentiment, qu'il ne recouvra plus jusqu'à sa mort (1).

Après avoir rendu les derniers devoirs à ce père bien-aimé, et assisté aux magnifiques obsèques par lesquelles les Bordelais voulurent rendre hommage à la mémoire de leur saint archevêque, M. Hamon se rendit dans sa famille, qui l'attendait avec impatience et fut heureuse de le revoir.

---

(1) *Vie du cardinal de Cheverus*, 3e édit., p. 414 et suiv.

Toutefois, la joie qu'il fit éprouver aux siens, et qu'il éprouva lui-même en se retrouvant au milieu d'eux, fut troublée, quelques jours après son arrivée, par un nouveau deuil. Le 13 août, il assistait aux derniers moments de son père. Malade depuis longtemps, le bon vieillard semblait n'attendre, pour voir la fin de ses souffrances, que le retour de son fils. Il eut en effet la consolation de recevoir, avant de mourir, les derniers témoignages de sa tendresse, d'être soutenu et fortifié par ses exhortations, et de rendre entre les bras de ce fils bien-aimé son dernier soupir.

Depuis que M. Hamon était entré à Saint-Sulpice, il n'avait point encore fait dans sa famille un aussi long séjour. Quelques détails sur la manière dont il s'y comportait trouvent donc ici leur place naturelle. Ils nous le feront connaître sous un nouveau jour.

« Ces vacances, dit un témoin oculaire (1), qui s'écoulaient toujours trop rapidement, étaient pour tous les membres de la famille un temps doux et précieux, dont on tenait à ne rien perdre, un temps de joie et tout à la fois d'édification.

« C'était lui, c'était l'*abbé*, comme on disait, qui récitait le soir la prière commune et la faisait suivre de quelques pensées pieuses, sur lesquelles il engageait chacun à revenir le lendemain, après la prière orale du matin. Il semblerait avoir ainsi préparé de longue main, et l'on pourrait dire presque toute sa vie, ce livre si beau et si utile des *Méditations*, qu'il composa pendant le

---

(1) M. A. Dubourg, son cousin. *Notes.*

siège de Paris, et par lequel il devait terminer sa carrière d'écrivain.

« Une douleur l'attendait toujours à son arrivée au pays : c'était la vue des souffrances de sa pauvre mère. Il la trouvait atteinte d'une sorte de rhumatisme goutteux qui lui ôtait l'usage de ses pieds et de ses mains... Mais une mère souffrante en est toujours d'autant plus chère à son fils. C'était auprès de son fauteuil qu'il passait la meilleure partie de son temps.

« A cette douloureuse exception près, il trouva longtemps, dans sa paroisse natale, tous ses parents vivants et relativement bien portants... Mais une fois que le vide eut commencé à se faire autour du foyer paternel, notre cher parent eut la douleur de le voir aller s'élargissant d'année en année... »

Après la mort de son père, ce fut à Saint-Denis de Gastines, où M. Germain, son frère, s'était marié, qu'il passait les quelques jours de repos qu'il prenait de temps en temps.

« Chaque fois qu'il venait, lisons-nous dans une correspondance, les meilleures familles du pays, dont la femme de son frère était parente ou alliée, se disputaient l'honneur de le recevoir à leur table. Les conversations étaient alors très-intéressantes. Tout le monde interrogeait M. Hamon, et ses paroles étaient écoutées comme des oracles. Néanmoins, sa charité, en fait de politique, n'était pas comprise par tous... Jamais une parole de blâme sous aucun régime, sous aucune administration, n'est sortie de sa bouche. Toujours il voyait un bon côté et savait trouver une excuse.

« Sa tempérance et sa mortification aux tables les mieux servies étaient pour les convives un sujet d'admiration. Il n'acceptait que ce qu'il y avait de plus commun. On le contraignait quelquefois, à la fin du repas, de se laisser servir quelques gouttes de vin de Champagne ou de Malaga. Mais, conformément à sa règle invariable de ne boire jamais de vin pur, il y mêlait de l'eau, ce qui lui attirait de la part de son frère le reproche de gâter les meilleures choses.

« Il couvrait alors sa mortification en répondant avec amabilité qu'il s'accommodait au goût de son estomac.

« Son temps était réglé comme au séminaire. Il se levait à la même heure et prenait, pour dire sa messe, le moment où il était assuré de ne gêner personne. Après les repas, il donnait volontiers quelques moments à la récréation. Il était alors admirable de bonté et de complaisance pour ses petits neveux et petites nièces, prenant part à leurs jeux, les encourageant et leur témoignant la plus tendre affection. Un de ces enfants venait-il à pousser un cri de douleur, son cœur en était transpercé. Au contraire, si l'un d'eux récitait une prière, répondait heureusement à une demande du catéchisme, il rayonnait de joie. Aussi ces enfants l'adoraient ; c'était à qui serait le plus près de lui.

« Tous les soirs, la prière et la récitation du chapelet se faisaient en commun, et, quand le temps le permettait, aux pieds de la statue de la Sainte-Vierge érigée dans le jardin.

« Pendant son séjour à Saint-Denis, M. Hamon recevait de nombreux visiteurs, et, quoiqu'il fût avare de son temps, il les accueillait toujours avec grâce et avec bonté. Chaque fois qu'il venait, il apportait ses notes, et il s'en retournait avec plusieurs cahiers prêts à être livrés à l'imprimeur. C'est assez dire que tous ses instants étaient bien employés. Et cependant, il ne manquait à aucune bienséance, soit pour recevoir ou pour rendre une visite, soit pour répondre à une invitation. »

CHAPITRE XII

Séjour à Issy.

A la rentrée de 1836, M. Hamon se rendit à Issy où, d'après l'avis des médecins, il devait passer l'année pour compléter dans le repos sa guérison, encore peu affermie. Le principal remède à employer était un silence absolu.

Il y fut fidèle. Sévère à s'interdire toute conversation, il ne communiquait ses pensées qu'au moyen d'une ardoise, qui était son *vade mecum*. Il prenait part aux exercices communs de la communauté; mais quand le moment de la récréation était venu, craignant qu'un entraînement irréfléchi ne lui fit violer sa dure consigne, il se séparait résolument des groupes de causeurs, et s'en allait se promener seul dans une allée écartée du parc.

Une année entière passée dans de telles conditions eût été une rude épreuve pour la nature ardente de M. Hamon ; mais la Providence lui ménagea, pour charmer les longs moments de loisir qu'il allait avoir, une occupation infiniment douce et consolante pour lui.

Aussitôt après la mort du cardinal de Bordeaux, il avait été question d'écrire sa vie, et M. Hamon paraissait naturellement indiqué pour en être l'auteur. M. l'abbé George lui en fit la proposition, qui fut acceptée et mise sans retard à exécution. Toutefois, la chose resta secrète, et les confrères mêmes de M. Hamon ignoraient qu'il se livrât à ce travail. Il s'y appliquait néanmoins avec ardeur, et grâce à sa grande facilité et à la connaissance parfaite qu'il avait de la vie du cardinal, l'œuvre se trouva terminée au bout de quelques mois. Avant de la publier, une précaution restait à prendre : il fallait qu'on s'assurât par un examen consciencieux et sévère qu'elle était digne du cardinal, digne aussi de M. Hamon, sous le nom duquel elle devait paraître. Loin de décliner ce contrôle, l'auteur le provoqua lui-même, et s'empressa de soumettre son manuscrit à deux de ses confrères.

L'examen d'un ouvrage destiné à l'impression est toujours chose délicate et scabreuse. Toujours il est à craindre que le jugement en première instance, qui en est la conséquence, ne soit infirmé par celui du public, juge en dernier ressort, et dont les sentences sont sans appel. C'est ce qui arriva pour le livre de M. Hamon. Chose à peine croyable, cette vie du cardinal de Cheverus, qui devait être accueillie avec tant de faveur, traduite en plusieurs langues, couronnée par l'Académie française, fut sévèrement jugée par les premiers censeurs qui en prirent connaissance. Soit, de leur part, préoccupation ou défaut d'attention assez sérieuse, soit que l'œuvre de M. Hamon n'eût pas, dans sa première ébauche, toute la perfection que l'auteur y mit en la publiant, toujours est-il que les examinateurs virent de l'inconvénient à ce que l'ouvrage fût publié.

Le modeste auteur se soumit à cette décision avec son humilité ordinaire. Néanmoins, prévoyant ce qui allait arriver, il fit observer que la famille de Cheverus, qui lui avait demandé avec instance ce travail, consentirait difficilement à ce qu'il fût entièrement mis de côté. Cette remarque parut juste, et l'on convint que si la famille du cardinal exigeait la publication, et en prenait la responsabilité, il ne serait pas possible de s'y refuser. C'est ce qui eut lieu. M. l'abbé George, apprenant ce qui se passait, insista à tel point pour la publication de la vie du cardinal, son oncle, que M. Hamon ne crut pas pouvoir opposer une plus longue résistance. Se conformant à la décision donnée, il laissa faire ; mais il voulut se désintéresser complètement de l'entreprise, et comme le voile de l'anonyme lui parut trop transparent encore pour dissimuler l'incognito sous lequel il voulait se cacher, il eut recours à celui du pseudonyme. Son vieil oncle, M. Lehuen-Dubourg, consentit à prendre la responsabilité de la publication en y apposant sa signature, et quelques mois après, le livre paraissait enfin avec ce titre : *Vie du cardinal de Cheverus, par M. l'abbé Lehuen-Dubourg.*

Ce qu'il y eut en tout cela de plus surprenant, c'est que, même à Saint-Sulpice, personne ne se douta de la petite fraude. On crut, sans chercher davantage, que M. Lehuen-Dubourg avait bien réellement composé le livre qui portait son nom ; et l'on fut si loin d'y soupçonner une coopération quelconque de M. Hamon, que M. Garnier, alors supérieur du séminaire de Saint-Sulpice, que ses infirmités et son grand âge tenaient éloigné des affaires, et qui n'avait pas eu connaissance du jugement des examinateurs, s'étonna que l'auteur n'eût pas réclamé son concours, nul n'ayant mieux connu que lui le cardinal, et n'étant plus à même d'écrire sa vie.

Lorsque l'ouvrage parut, à la fin du mois d'août 1837, le séminaire de Saint-Sulpice était en vacances à Issy. Directeurs et séminaristes s'empressèrent de se le procurer et de le lire, et il devint l'objet de toutes les conversations. Plus d'une fois, M. Hamon, invité à en dire son sentiment, dut user de subterfuge pour ne pas trahir son secret et demeurer en même temps dans les bornes de la modestie. Il se contentait d'affirmer que l'historien avait été exact et que tout ce qu'il connaissait du cardinal était conforme aux récits de son biographe.

Toutefois, le véritable auteur ne pouvait tarder à se découvrir.

Le 17 mai 1838, l'*Ami de la Religion* terminait ainsi un compte-rendu très-flatteur de la vie du cardinal de Cheverus :

« L'ouvrage porte le nom de M. Lehuen-Dubourg, prêtre. Nous n'essaierons point de soulever le voile sous lequel l'auteur véritable s'est caché. C'est un de ces prêtres modestes qui servent l'Église sans vouloir être connus, et qui pratiquent dans la retraite les vertus qu'ils inculquent à la jeunesse ecclésiastique. Le livre qu'il publie prouve qu'il pourrait aspirer à un autre genre de gloire. L'intérêt du sujet est relevé par le mérite de la rédaction, par l'heureux enchaînement des faits, par la sagesse des réflexions, par l'élégante simplicité du style, et par une parfaite intelligence de toutes les convenances ecclésiastiques. »

Celui qui écrivait ces lignes avait manifestement déchiré tous les voiles. C'était un disciple fidèle de M. Hamon; il l'avait deviné à son style et à sa manière. Interpellé catégoriquement, le vénérable auteur ne put nier, et le pseudonyme de M. Lehuen-Dubourg devint désormais inutile.

La *Vie du cardinal de Cheverus*, qui fut le premier essai de M. Hamon comme écrivain, est une biographie des plus remarquables, et peut être citée comme un modèle du genre. Le style en est simple et sans prétention, mais toujours correct, noble et harmonieux. Des faits nombreux et bien racontés, des citations heureuses, une mise en scène pleine de mouvement, en rendent la lecture extrêmement attachante. Le second livre en particulier, où sont racontés les travaux de M. de Cheverus à Boston, avant et après son épiscopat, ses missions chez les sauvages, ses luttes avec les ministres protestants, offre l'animation et l'intérêt d'un véritable drame. L'historien a su, avec un talent merveilleux, faire ressortir, du récit même et des paroles qu'il met dans la bouche de son héros, la belle intelligence, le caractère élevé, la bonté sans égale du cardinal. On y voit resplendir tour à tour la tendre piété du prêtre, le zèle pastoral de l'évêque, la science et la vigueur du controversiste, l'habileté et la fermeté de l'administrateur. Mais ce qui donne surtout à cette belle vie un charme incomparable, c'est la chaleur de sentiment avec laquelle elle est écrite ; on ne peut la lire sans aimer à la fois et le héros et le narrateur.

Nous savons que quelques censeurs sont partis de là pour accuser M. Hamon d'avoir fait plutôt un panégyrique qu'une vie, d'avoir tracé du cardinal un idéal dont il avait puisé le type dans son cœur, plutôt que dans la réalité des faits. M. Hamon a toujours protesté avec énergie contre cette accusation, dans laquelle il voyait une atteinte portée et à sa sincérité d'historien, et à la mémoire de son illustre ami. Il a pris soin de la réfuter lui-même dans la préface de la troisième édition, et d'établir *la certitude historique* de sa narration :

« Rien, dit-il, de mieux constaté. Les faits rapportés au premier livre nous ont été attestés par les parents ou les amis du cardinal, qui en ont été témoins. Ce que nous avons dit de la vie de M. de Cheverus hors de France a été confirmé : 1º par les feuilles publiques de Boston, qui, après avoir attaqué d'abord certains faits, ont fini par en reconnaître la vérité ; 2º par l'honorable M. Stewart, écrivain protestant de Boston, qui, à la suite de la traduction anglaise de notre première édition, a fait imprimer, en forme de pièces justificatives, soit les extraits des journaux de l'époque rapportant les mêmes faits, soit les dépositions des témoins oculaires ou auriculaires attestant la vérité de notre récit ; 3º par le vénérable évêque de Boston, successeur immédiat de M. de Cheverus, lequel a daigné nous écrire à ce sujet. Quant à la vie du cardinal depuis son retour en France, nous avons été instruit de son épis-

CHAP. XII. — SÉJOUR A ISSY.

copat à Montauban, tant par les *Annales ecclésiastiques* de cette ville que par les rapports de nombreux témoins ; et pour ce qui regarde la dernière partie de sa vie sur le siége de Bordeaux, nous n'avons eu qu'à consulter nos souvenirs, qu'à raconter ce que nous avons vu de nos yeux et entendu de nos oreilles. Pendant dix ans que M. de Cheverus a administré le diocèse de Bordeaux, nous avons été le témoin constant de sa conduite, et nous pouvons le dire, personne n'en a été un témoin plus rapproché et plus assidu. Admis à l'honneur de son intimité, devenu même son commensal pendant une année entière, nous avons pu voir de près et suivre en détail sa vie publique et privée, étudier ses sentiments les plus intimes, ses pensées les plus secrètes, recevoir, si nous l'osons dire, ces confidences d'ami où l'âme se révèle tout entière ; il nous est doux de le proclamer, plus nous l'avons approfondi et observé en détail, plus nous avons eu lieu d'admirer cette vertu si pure, cette âme si franche et si droite, ce cœur si bon et si tendre.

« Déjà, avant ces rapports d'intimité, M. de Cheverus, par ce que nous connaissions de lui, avait conquis toute notre vénération, et son nom ne se présentait jamais à notre pensée que comme entouré d'une auréole de grâce et de vertu ; mais tandis que les hommes vulgaires perdent toujours à être vus de trop près, nous avons reconnu, en l'étudiant dans sa vie intérieure et domestique, combien au contraire son mérite dépassait l'idée que nous nous en étions formée. C'est là seulement que nous l'avons bien connu ; c'est là qu'il nous a apparu tout ce qu'il était, là que sa vie tout entière nous a été révélée, et que sa belle âme s'est manifestée à nous dans tout son éclat, dans toute la noblesse et l'élévation de ses sentiments, dans toute sa simplicité et sa candeur, et c'est là que nous avons puisé comme le fond principal de cette histoire. »

Dès qu'elle parut, la Vie du cardinal de Cheverus fut appréciée comme elle méritait de l'être. Tout le mond voulut la lire, et deux éditions tirées à un grand nombre d'exemplaires s'écoulèrent rapidement. Elle eut même l'honneur de plusieurs traductions, entre lesquelles nous devons signaler celle que fit en anglais le protestant américain Stewart.

Une gloire plus flatteuse encore était réservée à ce livre. La troisième édition venait de paraître, lorsqu'en 1841, sur un rapport très-élogieux de M. Villemain, l'Académie française lui décerna le prix Monthyon de 3,000 fr.

Nous avons raconté les malheurs de famille dont l'âme aimante de M. Hamon fut si souvent attristée ; nous ne devons pas omettre de mentionner les joies qui lui vinrent de ce côté. Depuis longtemps, il souhaitait ardemment le mariage de M. Germain Hamon, l'unique frère qui lui restât. Cette délicate affaire fut enfin conclue au gré de ses désirs. Le 28 avril 1837, il écrivait à son frère :

« J'ai reçu hier soir la nouvelle de la conclusion de ton mariage, et je m'empresse de t'en féliciter. La chose me fait d'autant plus de plaisir que tout le bien que j'ai appris de Mlle Ambroisine par M. George et par Louis Cheverus me donne lieu de penser que ce sera une union sainte, où Dieu trouvera sa gloire, et tous deux votre salut.

« Je bénirai donc ce mariage avec consolation le 10 mai prochain ; je serai à votre disposition à l'heure qu'on voudra. Je ne cesserai de prier d'ici ce temps-là. Tâche, de ton côté, de te préparer de ton mieux. Tu vas recevoir un sacrement auquel sont attachées des grâces bien nécessaires pour vivre saintement, dans le nouvel état où tu vas entrer.

« Mlle Ambroisine veut que je lui dise ce qui me fera le plus de plaisir, parce qu'elle tient à me faire un cadeau. Eh bien ! le voici. C'est que, le jour du mariage, elle donne aux pauvres, pour attirer les bénédictions du ciel sur votre union, la valeur de ce qu'elle se propose de me donner. Ce sera pour moi le plus beau de tous les cadeaux, si elle veut bien y consentir.... »

Il interrompit en effet le repos qu'il continuait de prendre à Issy, et se rendit dans sa famille pour la célébration du mariage. Nous avons retrouvé l'allocution qu'il prononça en cette circonstance, et où sa piété et son cœur se révélèrent d'une manière touchante.

« Voici le moment, dit-il, s'adressant à son frère et à sa future belle-sœur, de recueillir votre esprit en présence du Seigneur, et de faire monter vers le ciel la prière la plus fervente. C'est le moment où Dieu lui-même va recevoir vos engagements, vous attacher l'un à l'autre par un nœud indissoluble et lier à jamais vos destinées. C'est le moment où le sang de Jésus-Christ, coulant par le canal du sacrement, va répandre dans vos âmes les grâces destinées à vous faire vivre saintement dans votre nouvel état, et la mesure de vos dispositions sera la mesure des dons célestes.

« Je m'estime heureux de pouvoir appeler sur des personnes si chères des grâces si précieuses et si nécessaires, étant dans cette circonstance le ministre de l'Église à votre égard, comme délégué du vénérable pasteur de cette paroisse, et j'ai la confiance que le ciel entendra ma prière.

« Il ne pourra que bénir une alliance où les deux parties apportent une foi également vive, une piété sincère et éprouvée, une douceur égale de caractère, une volonté ferme de s'édifier l'un l'autre et d'édifier l'Église. Aussi, vous sera-t-il facile de remplir les devoirs nouveaux que la religion va vous imposer, devoirs doux et aimables comme elle, et qui tendent tous au bonheur de la famille. Elle veut, cette religion sainte, que les époux s'aiment l'un l'autre, non de cet amour qui est passion, et par conséquent est bas, capricieux et changeant, mais de cet amour qui, étant fondé sur la volonté de Dieu, est généreux, constant, invariable; de cet amour qui de deux personnes fait un seul cœur et une seule âme, évite avec une attention délicate tout ce qui peut faire peine, recherche avec une tendre sollicitude tout ce qui peut faire plaisir, et se fait une aimable étude, une occupation et un bonheur du bonheur de la personne aimée.

« Elle veut surtout qu'ils s'aiment pour plus longtemps que la vie présente qui passe comme un songe, qu'ils s'aiment pour la vie future qui demeure toujours, et qu'en cette vie ils travaillent à se sanctifier mutuellement; qu'attachés l'un à l'autre comme un nouvel ange gardien, ils s'inspirent en toute circonstance de sentiments honorables et chrétiens : la pensée de la foi et de l'éternité, l'amour du prochain, l'horreur de tout ce qui est mal, la pratique de tout ce qui est bien.

« Vous remplirez tous les deux cette noble mission que le ciel vous confie l'un sur l'autre, et en la remplissant vous trouverez le bonheur, parce que les familles vraiment chrétiennes sont les seules vraiment heureuses. C'est là, et là seulement, que règnent l'ordre et la paix, l'union des cœurs, la confiance mutuelle, les joies pures de la vertu et de la bonne conscience ; et si le ciel féconde votre union, vous ne resterez point au-dessous des grands devoirs qui vous seront alors imposés. La religion attend de vous que vous lui formiez de bons chrétiens, la société des hommes utiles, le ciel des saints, et peut-être même l'Église quelque fervent ministre.

« Tels sont vos devoirs. Tous les jours vous pouvez les lire dans le doux souvenir de Marie et de Joseph unis ensemble par les liens d'un saint mariage, et élevant au milieu d'eux l'enfant Jésus. C'était un spectacle à ravir les anges eux-mêmes que cette sainte famille. Que de douceur dans les paroles ! Que de prévenances et d'amabilité dans les rapports ! Quelle condescendance mutuelle ! Quelle sainte émulation de piété, de ferveur, de prières, de charité, de patience dans les épreuves et les peines, d'abandon à la Providence !

« O mon Dieu, bénissez donc cette union. Répandez-y la sainteté et le bonheur ; députez votre ange à la garde de cette nouvelle famille. Mon Dieu, entendez la prière d'un frère pour un frère..... »

Pour faciliter ce mariage, qu'il avait tant à cœur, M. Hamon, par un acte de générosité vraiment fraternelle, avait fait cession à son frère de tout ce qui lui revenait de l'héritage paternel, ne se réservant que le droit de lui demander de l'argent lorsqu'il en aurait besoin. Cette clause, qui pouvait être, ce semble, pour les deux frères une source de contestations, ne produisit entre eux que des conflits de délicatesse, l'un s'abstenant de demander, l'autre se préoccupant de besoins sur lesquels le silence de son saint frère ne le rassurait pas complètement, et prenant les devants pour y subvenir. Nous en trouvons dans leur correspondance un remarquable exemple.

M. Hamon avait fait connaître à son frère les arrangements conclus par lui avec l'imprimeur de la *Vie de M. de Cheverus*. Dans l'impossibilité où il était de donner la somme nécessaire pour l'impression, il s'était engagé à payer les intérêts du capital employé, jusqu'à ce que les bénéfices de la vente lui permissent de le solder intégralement. Il n'en fallut pas davantage pour faire comprendre à M. Germain Hamon qu'il y avait là pour lui un devoir à remplir, et sans retard il envoyait à son frère une somme de 2,500 fr., dont celui-ci le remercia en ces termes :

« Je te remercie bien des fois, mon cher Germain, de ton billet de 2,500 fr. J'ai reconnu là ton bon cœur. Cela me met un peu l'âme à l'aise. Il m'en avait coûté de dire à l'imprimeur que je n'avais pas d'argent, et que je lui paierais intérêt jusqu'à ce que la vente eût couvert les frais... »

Nous avons cru devoir donner ce détail tout intime. Il fait connaître, mieux que tout ce que nous pourrions dire, les rapports de confiance, de simplicité et de délicate affection qui unissaient les deux frères. La jeune femme de Germain ne troubla point ces rapports. Partageant la tendre affection et le religieux respect de son mari pour celui qui avait béni son mariage, elle se montra toujours, par sa piété, sa douceur, l'élévation et la noblesse de ses sentiments, digne de l'un et de l'autre. M. Hamon, de son côté, lui prodigue dans ses lettres les témoignages de son estime et de son dévoûment fraternel, et toute sa vie il put se féliciter de n'avoir point imploré en vain sur deux époux si chers à son cœur les bénédictions du ciel. Il est vrai qu'il ne se lassa pas de leur adresser à l'un et à l'autre les plus touchantes et les plus pressantes recommandations, pour les engager à se sanctifier dans leur état. Citons en preuve la lettre qu'il écrivit d'Issy à sa belle-sœur au mois de juillet qui suivit son mariage.

« Je vous envoie le grand et beau reliquaire que je vous avais promis ; j'espère qu'il contribuera à vous sanctifier. Vous aurez tous les jours avec vous tant de saints et de saintes reposant sous le même toit ! Ils vous feraient des reproches au jour du jugement si vous ne les imitiez pas. Lisez donc leur vie, pénétrez-vous de leurs exemples, et dites-vous à vous-même : « Et moi aussi je veux être une « sainte. » Tel est l'usage que vous devez faire de ce reliquaire. Ce n'est pas un objet de curiosité ou de décoration ; ce doit être une invitation continuelle à la vertu. Faites la liste de tous les saints dont les reliques y sont déposées, et de fois à autre récitez-en les litanies. Tout ce que je vous dis ici, je le dis aussi à Germain. Presque tout est commun entre vous deux, et je désire surtout que la sainteté le soit. Voyez, ma chère sœur, comme vous avez un frère qui vous sermonne. C'est qu'il vous aime bien, et qu'il veut vous voir un jour en paradis avec Germain. »

CHAPITRE XIII

Seconde mission à Bordeaux.

Le séjour d'Issy n'avait pas, il est vrai, procuré à M. Hamon un rétablissement complet; mais une amélioration notable s'était produite dans son état; le travail et même un exercice modéré de la parole lui étaient devenus possibles, et l'on pouvait espérer qu'en continuant de se prescrire certains ménagements, il ne tarderait pas à recouvrer entièrement sa santé d'autrefois. D'ailleurs, le repos lui pesait, et pouvait, à la longue, lui devenir plus nuisible qu'utile.

Ces considérations déterminèrent les supérieurs à lui confier de nouveau un emploi. Le choix n'en fut pas difficile à faire. M. Carrière, jusque-là professeur du grand cours de théologie au séminaire de Saint-Sulpice, allait, à la prochaine rentrée, quitter sa chaire pour se livrer désormais exclusivement à la publication de ses traités. Nul ne parut plus propre à remplir le poste vacant que le successeur de M. Hamon à Bordeaux. M. Laloux, en effet, possédait éminemment les aptitudes du professeur. Un esprit vif et pénétrant, une ardeur infatigable pour le travail, une manière originale et neuve d'envisager les questions, une parole pleine de mouvement et d'entrain, ce je ne sais quoi d'enthousiaste qui attache et passionne les élèves, il avait tout ce qu'il fallait pour maintenir le grand cours à la hauteur où l'avait élevé M. Carrière. Sa nomination, d'ailleurs, permettait de replacer à Bordeaux M. Hamon, qui y avait laissé les plus vives sympathies. Tel fut donc l'arrangement auquel on s'arrêta. M. Laloux fut appelé à Paris, et M. Hamon reprit au grand séminaire de Bordeaux ses anciennes fonctions.

Son retour excita dans le diocèse une joie générale. Prêtres, directeurs, séminaristes, s'empressèrent de lui faire le plus cordial accueil, et de toutes parts lui furent adressés des témoignages non équivoques du bonheur qu'éprouvaient les Bordelais de le revoir au milieu d'eux. Le souvenir toujours vivant du cardinal de Cheverus, dont il avait été l'ami et dont il venait de publier la vie, le leur rendait plus cher encore, et chacun croyait voir revivre en lui le saint et éminent prélat qui lui avait donné si complètement sa confiance.

Le cœur aimant de M. Hamon ne fut point insensible à ces marques d'attachement. La consolation bien légitime qu'il en ressentit se reflète dans les lettres qu'il écrivit à cette époque. Il y paraît content et heureux ; et si parfois les retours de son mal non encore entièrement dissipé assombrissent un peu son âme et tempèrent l'expression de sa joie, ce ne sont que de légers nuages qui disparaissent vite, et laissent à peine quelques traces après eux.

Il reprit donc, dès qu'il fut installé, avec l'ardeur qui lui était naturelle, son ministère interrompu. Au moyen de quelques ménagements et de quelques précautions, il put parler comme autrefois, en particulier et en public. Le séminaire, sous sa direction, prit une marche excellente. Subjugués par l'ascendant de son talent et de sa vertu, et surtout captivés par ses qualités aimables, les séminaristes étaient, on peut le dire, dans sa main, et donnaient à leur supérieur les plus douces consolations.

Il est juste de dire que son action fut merveilleusement secondée par celle de M. l'abbé Lacombe, supérieur du petit séminaire et son ami. C'était un saint prêtre qui avait reçu de Dieu une aptitude rare pour l'éducation de la jeunesse. Placé à la tête du petit séminaire de Bordeaux, il s'appliqua à s'emparer du cœur et de la conscience de ses élèves, dont il devint absolument le maître. Par cette méthode, il réussit, sans presque aucun système de répression, et en laissant aux enfants beaucoup de liberté, à former pour le grand séminaire des sujets admirablement préparés. La tâche de M. Hamon se trouva ainsi bien simplifiée, et l'action concordante des deux supérieurs agissant dans le même sens et poursuivant le même but, obtint des résultats on ne peut plus satisfaisants.

Les embellissements de la chapelle, commencés en 1829, étaient demeurés inachevés. Ils furent repris aux vacances de 1838. M. Hamon les fit continuer les années suivantes, et parvint enfin à mettre la chapelle du séminaire dans l'état où il la désirait. Il écrivait le 3 août 1838 : « Tous les jours je suis occupé avec les ouvriers qui remplissent notre église pour faire des réparations et des embellissements. Je veux que l'église du séminaire soit la plus belle du diocèse, et que les prêtres qui viendront nous voir y prennent le goût et le modèle de la décoration du lieu saint. » Après avoir fait peindre le sanctuaire, il fit revêtir de marbre le grand autel et placer dessus un beau tabernacle en bronze doré. Tous ces travaux furent exécutés à

CHAP. XIII. — SECONDE MISSION A BORDEAUX

ses frais, et il fut heureux d'y employer les ressources que lui procurait la vente de la vie du cardinal (1).

Nous avons parlé ailleurs des rapports d'intimité et de confiance qui s'étaient établis entre M. Hamon et le saint abbé Dupuch. Ce digne prêtre venait, aux applaudissements de tous les gens de bien, d'être élevé sur le nouveau siège d'Alger, et il allait recevoir des mains de Mgr Donnet, successeur du cardinal de Cheverus à Bordeaux, la consécration épiscopale. Il choisit le séminaire pour y faire sa retraite préparatoire, et écrivit à M. le supérieur, pour le prier d'en diriger les exercices, une lettre digne de son humilité et de sa piété.

« Bien cher et vénéré père en Notre-Seigneur, dans quelques jours, vers le 20 de ce mois, je compte entrer en retraite pour me préparer au jour le plus solennel et le plus grand... J'ai besoin, j'ai un immense besoin de repos d'esprit et de cœur ; j'ai plus besoin encore de prière, de recueillement, de vie sacerdotale. C'est un devoir autant qu'un bonheur pour moi de venir les puiser à la source la plus pure et la plus vraie.

« D'ailleurs, il n'y a pas de climat plus favorable à la

(1) Malgré tout ce que l'on avait pu faire pour l'embellir, la chapelle du séminaire de Bordeaux était encore très-imparfaite. Il a été donné à M. Larrieu, l'un des successeurs de M. Hamon dans la direction du grand séminaire de Bordeaux, d'y substituer une autre construction qui s'achève en ce moment, et qui sera une œuvre d'architecture vraiment remarquable. Le projet en fut conçu et reçut même un commencement d'exécution du vivant de M. Hamon, qui contribua à la bonne œuvre par une généreuse offrande. Il ne put toutefois s'empêcher de donner un regret à la vieille chapelle à laquelle il avait attaché son cœur, et qui lui rappelait tant de bons souvenirs.

santé fatiguée que celui de la patrie. Où un enfant trouverait-il une nourriture plus douce, plus substantielle que le lait maternel ?

« Aussi, bien cher et vénéré supérieur, vous comprenez déjà ce que je viens demander à la société de Saint-Sulpice, si heureusement représentée par vous à Bordeaux. Vos enfants sont en retraite, eux, encore si tendres dans la vie ecclésiastique, et pourtant si capables de ranimer ma ferveur et de sanctifier la retraite que j'unirai à la leur, du plus vif et du plus profond de mon âme...

« C'est avec simplicité que je viens vous demander hospitalité, prières, secours de toute espèce, sans crainte d'être refusé, tout au contraire assuré d'être reçu comme on reçut toujours à Saint-Sulpice.

« Il est vrai que Saint-Sulpice est bien tendrement aimé de ses enfants, même les plus âgés et les plus éloignés. Pour moi, ce sera jusqu'au ciel, car j'espère le ciel, par ce que j'ai déjà reçu, par ce que je recevrai encore de cette admirable société, la gloire et la nourrice de l'Église de France.

« En attendant le moment d'aller me jeter dans vos bras, laissez-moi vous renouveler avec effusion, ainsi qu'à tous vos frères, les sentiments de ma profonde vénération, de ma filiale gratitude, de mon tendre et inaltérable dévoûment.

« *Le pauvre évêque élu d'Alger,*

« Dupuch. »

Un autre ecclésiastique non moins dévoué à M. Hamon fit en même temps que Mgr Dupuch sa retraite au séminaire ; c'était M. George qui, nommé curé-archiprêtre de la métropole de Bordeaux, vint, lui aussi, se recueillir dans la solitude et la prière, quelques jours avant d'être installé. Le spectacle de ces deux retraitants, l'un et l'autre si modestes et si pieux, suivant les exercices de la communauté aussi ponctuellement que le plus fervent séminariste, fut pour toute la maison un précieux encouragement.

Nous n'avons pas ici à faire l'histoire de l'un et de l'autre. Le premier, après avoir gouverné quelques années le diocèse d'Alger avec le zèle d'un apôtre, se vit contraint, par suite d'une situation financière à laquelle il ne put échapper, de quitter son siège. Le second fut nommé en 1841 évêque de Périgueux. Il se montra dans cette dignité éminente, qu'il avait déjà refusée, mais à laquelle cette fois il ne put échapper, le digne émule et le fidèle imitateur de son saint oncle. Sa mémoire est encore en bénédiction parmi ses diocésains.

La vie qu'on mène au séminaire a pour caractère propre l'uniformité, et c'est ce qui en fait le charme. Cette loi admet pourtant des exceptions. De belles et touchantes solennités viennent parfois, comme les oasis du désert, en rompant la monotonie des exercices journaliers, reposer et épanouir les âmes.

C'est ainsi que le 30 mai 1842, veille de la clôture du mois de Marie, M. Hamon ménagea à ses chers séminaristes une des plus belles fêtes dont le séminaire de Bordeaux eût encore été témoin.

Un monument en l'honneur de la très-sainte Vierge avait été érigé par ses soins sur la cour de récréation. Le zélé supérieur voulut que la bénédiction, qui devait être suivie de la consécration solennelle du séminaire à Marie conçue sans péché, en fût faite avec une pompe toute extraordinaire. Chants magnifiques, illumination splendide, décorations du meilleur goût, rien ne fut épargné pour rendre la fête aussi belle et aussi digne que possible de son objet. Le vénérable archevêque de Saragosse, exilé par suite des troubles politiques d'Espagne et réfugié au séminaire, bénit le monument (1). Deux fois M. Hamon prit la parole.

Après avoir exposé le but et la haute portée de la cérémonie, et montré aux séminaristes qu'elle devait être à leurs yeux beaucoup plus qu'un spectacle destiné à les récréer et à les réjouir : « Ah ! s'écria-t-il, ce monument remplit mon âme de confiance et la fait tressaillir de joie. C'est comme une ère nouvelle qui me semble s'ouvrir pour cette maison. Par lui, Marie sera plus aimée, plus honorée dans le séminaire ; on ne viendra plus ici sans penser à elle, sans tomber à genoux devant son image, sans la saluer avec amour. Par lui, Marie présidera à nos délassements et à nos conversations, et son souvenir les sanctifiera.... »

La bénédiction terminée, vint la consécration du séminaire à la sainte Vierge, dans le mystère de sa Conception

---

(1) Mgr Benardi-Frances Caballero, archevêque de Saragosse, réfugié en France à la suite de D. Carlos V, trouva un asile au grand séminaire de Bordeaux. Il y mena la vie d'un saint prélat, employant la plus grande partie de son temps à prier Dieu. Il mourut le 13 décembre 1843. Son cœur repose dans la chapelle du séminaire.

immaculée. M. Hamon la fit lui-même en termes pleins d'onction, qui furent une touchante expression de sa tendre dévotion envers la mère de Dieu.

Il ne fut pas trompé dans son attente. La fête du 30 mai produisit dans l'âme des séminaristes la plus salutaire impression, et en introduisant parmi eux la pieuse pratique de la prière aux pieds de la statue de Marie, au commencement de chaque récréation, elle renouvela et ranima au séminaire la dévotion envers cette divine reine des clercs.

En même temps qu'il donnait ses soins à entretenir la ferveur dans la communauté, M. Hamon s'occupait de la publication d'un ouvrage que nous devons mentionner, quoiqu'il n'ait pas eu la même célébrité que les autres écrits sortis de sa plume.

Marie Rivier, pieuse fille du diocèse de Viviers, avait fondé en 1796, à Thueyts, petite ville du même diocèse, une communauté de filles vouée à l'éducation de la jeunesse, qui fut en 1819 transférée à Bourg-Saint-Andéol. Elle était morte en 1838, et sa congrégation désirait vivement qu'une vie aussi pleine et aussi édifiante ne tombât pas dans l'oubli. Frappé du succès extraordinaire qu'avait la Vie du cardinal de Cheverus, M. Vernet, supérieur du grand séminaire de Viviers et protecteur insigne de la communauté de Mme Rivier, crut que, sous la plume de M. Hamon, la vie de la sainte fondatrice n'aurait pas moins d'intérêt. Il le pressa donc de se charger de ce travail, et M. Hamon se rendit à des instances si respectables. La *Vie de Mme Rivier, fondatrice et première supérieure de la congrégation des Sœurs de la Présentation de Marie*, parut à Avignon dans le cours de l'année 1842.

Parfaitement écrite, comme tout ce qu'a produit M. Hamon, cette biographie présente des détails intéressants et surtout pleins d'édification. Toutefois, elle ne saurait être comparée à la vie si attachante du cardinal de Cheverus. On sent, en la lisant, que M. Hamon n'a pas connu personnellement celle dont il raconte l'histoire. Composé sur des notes et des mémoires, son récit manque parfois de cette chaleur et de cette vie dont la source est dans le cœur, et que la noblesse du style ne peut jamais suppléer parfaitement (1).

Dieu multipliait pour M. Hamon, depuis son retour à Bordeaux, les consolations et les joies. Tout lui souriait. Sa santé, sans être robuste, lui permettait de remplir ses fonctions, et il voyait les efforts de son zèle couronnés des plus heureux fruits. Les séminaristes surtout, pénétrés pour lui d'un tendre attachement, se montraient à son égard d'une docilité parfaite.

« Dans l'intérieur du séminaire, écrivait-il le 10 avril 1843, je suis l'homme le plus heureux qu'il y ait au monde. Tous mes jeunes séminaristes sont si bons enfants, si pieux, si dociles, si aimables ! Je n'ai pas la moindre peine avec eux. Je puis faire bonne mine à tous, et jamais je n'en suis réduit à prendre un air mécontent. »

Six années s'étaient passées ainsi. Des liens rendus de

---

(1) Objet de la vénération de tous ceux qui la connaissaient pendant sa vie, Mme Rivier le devint plus encore après son décès. La renommée de sainteté que ses vertus lui avaient acquise, les grâces extraordinaires obtenues par son intercession, et la confiance toujours croissante des peuples ont, dans ces derniers temps, déterminé l'autorité ecclésiastique à entreprendre le procès de sa canonisation.

CHAP. XIII. — SECONDE MISSION A BORDEAUX. 149

jour en jour plus intimes unissaient le digne supérieur à son diocèse adoptif ; il y comptait autant d'amis dévoués qu'il y avait de prêtres ; son influence pour le bien, soit au dedans, soit au dehors du séminaire, était immense. Un déplacement, dans de telles conditions, semblait impossible. Et cependant, une fois encore, M. Hamon allait s'éloigner de cette ville de Bordeaux, devenue plus chère à son cœur que le lieu même de sa naissance, et où il ne doutait pas qu'il ne dût finir ses jours.

Vers la fin des vacances de 1843, M. Hamon sortait un jour de la chapelle, où il venait de faire avec ses confrères l'examen particulier, et se rendait au réfectoire, lorsqu'on lui remit une lettre de M. Carbon, qui remplissait alors les fonctions de vice-supérieur de Saint-Sulpice ; elle était ainsi conçue : « Monsieur et très-honoré confrère, si M. le supérieur général vous nommait supérieur du séminaire de Clermont, accepteriez-vous ? »

Une proposition aussi inattendue, faite avec un tel laconisme, sans explication, sans préambule qui y préparât, comme s'il se fût agi de la chose la plus simple et la plus vulgaire, fut pour M. Hamon une sorte de coup de foudre. Il mesura dans toute son étendue la grandeur du sacrifice qui lui était demandé, et nul ne peut dire quelles angoisses et quel douloureux serrement de cœur il ressentit. Un confrère pour lequel il avait une confiance sans bornes était alors à ses côtés : « Lisez cela, » lui dit-il en lui remettant la lettre. Ne pouvant en croire ses yeux, le confrère lit et relit la courte épître : « Mais c'est impossible ! il y a erreur, malentendu ; vous ne pouvez quitter Bordeaux, où tout vous retient. D'ailleurs, le climat rigoureux de

Clermont sera infailliblement funeste à votre santé à peine remise... M. Carbon n'y pense pas ; il faut absolument l'éclairer ; mieux instruit, il n'insistera pas. » M. Hamon regarda son confrère en souriant, et l'on se mit à table.

Quelque oppressé qu'il fût intérieurement, il se montra pendant le repas gai et expansif comme à l'ordinaire, et personne ne put soupçonner qu'il eût, en ce moment, aucun sujet de préoccupation et de peine.

Le soir même, il répondait à M. Carbon : « Depuis que je suis dans la compagnie, je n'ai pas eu d'autre volonté que celle de mon supérieur. Je suis prêt à tout. »

Ceux qui ont connu M. Carbon savent quelle était, nonobstant des formes un peu rudes, la bonté de son cœur. Il n'ignorait pas quels regrets M. Hamon laisserait à Bordeaux, et quels déchirements il éprouverait lui-même en s'en éloignant. Bien que parfaitement assuré de sa vertu, il s'attendait à quelques observations de sa part ; il est même permis de croire qu'il était disposé à y faire droit, et que contraint, pour l'acquit de sa conscience, de lui proposer un changement, dont l'initiative ne lui appartenait pas, et dont il sentait les difficultés, il se serait désisté à la moindre opposition qui lui eût été faite.

Aussi, la réponse si prompte et si noblement sacerdotale de M. Hamon l'émut profondément. Touché de tant d'obéissance et de tant d'abnégation, il dérogea pour cette fois à la concision rigide et laconique de son style épistolaire, et se hâta d'écrire au supérieur du séminaire de Bordeaux une lettre de plusieurs pages dans laquelle, après l'avoir félicité et lui avoir exprimé la joie qu'il éprouvait de sa parfaite soumission, il le remerciait de son empressement à

CHAP. XIII. — SECONDE MISSION A BORDEAUX.

accéder à un désir dont la réalisation devait entraîner pour lui un si pénible sacrifice.

A la réception de cette lettre, M. Hamon ne songea plus qu'à faire ses préparatifs de départ. La triste nouvelle ne tarda pas à se répandre, et produisit partout la plus pénible surprise. Prêtres, laïques mêmes, tous n'eurent qu'une voix pour exprimer la douleur qu'ils ressentaient, en voyant s'éloigner d'eux le vénérable supérieur. Quelque bouleversé qu'il fût lui-même, il sut pourtant conserver son calme au milieu de toutes ces démonstrations, et, après des adieux qui ne se firent pas sans beaucoup de larmes, il se rendit à Périgueux, où il devait passer quelques jours dans la compagnie de l'évêque. C'est de là qu'à la date du 1er octobre 1843, il donna à son frère la nouvelle de son changement.

« Je vous écris de l'évêché de Périgueux, où je suis depuis deux jours, et d'où je vais partir cette nuit à une heure, mais non plus pour aller à Bordeaux. J'ai dit adieu à ce séminaire, que je dirigeais depuis dix-sept ans, et je vais prendre la direction du séminaire de Clermont. M. le supérieur de Saint-Sulpice, qui est pour moi comme mon évêque, m'en a exprimé le désir, en me disant qu'il n'avait que moi à placer à la tête de ce séminaire, et que le supérieur qui le quitte, pour des raisons que j'ignore, viendrait me remplacer à Bordeaux. Je lui ai répondu, ce que mon devoir me disait de lui répondre, que s'il le désirait, j'étais prêt à partir, et sur sa seconde lettre, où il m'exprimait toute sa joie de mon acceptation, je suis parti, le cœur un peu brisé de voir couler des larmes.

« Je m'en vais donc à cent lieues de Bordeaux, dans un

séminaire qu'on dit magnifique, et dans cette partie de l'Auvergne qu'on appelle la Limagne, et qui passe pour être le plus riche pays de France. Je verrai toutes ces merveilles mardi prochain. »

CHAPITRE XIV

Le Séminaire de Montferrand

Le nouveau séminaire dont M. Hamon allait prendre la direction fut fondé en 1656, par M. Olier lui-même, et trois ans plus tard, en 1659, uni, par son successeur, au séminaire de Saint-Sulpice. Lorsque M. Émery le rétablit après la tourmente révolutionnaire, les bâtiments qu'il occupait à Clermont ayant reçu une autre destination, il fut transféré de la ville épiscopale dans la petite ville de Montferrand, qui n'en est distante que de deux kilomètres. Il y occupe un ancien couvent d'Ursulines, notablement agrandi par la construction d'un vaste corps de bâtiment, formant façade du côté de Clermont.

De tout temps, ce séminaire a été considéré, tant pour le nombre des sujets que pour la force des études, comme un des plus importants entre ceux que dirige la compagnie de Saint-Sulpice. Cette circonstance explique le choix qui fut fait de M. Hamon pour en être le supérieur. Loin donc qu'il offre à un dégré quelconque le caractère de la défaveur, il fut bien plutôt une marque de confiance, et un témoignage de la haute estime que le digne supérieur du séminaire de Bordeaux s'était acquise aux yeux de ses confrères.

M. Hamon lui-même ne pouvait en douter ; mais son cœur était attaché à Bordeaux par des liens dont la rupture ne put se faire sans de douloureux déchirements : une grande tristesse remplissait son cœur, et il ne réussissait pas toujours à en contenir l'expression. Témoin le fait que nous allons citer.

La diligence qui le conduisait de Périgueux à Clermont venait d'atteindre, après avoir traversé la chaîne du Puy-de-Dôme, le petit hameau de la Baraque. A cet endroit, un magnifique spectacle se déroule aux yeux du voyageur. A ses pieds, la ville de Clermont dominée par sa belle cathédrale, et comme encadrée dans un vallon d'une richesse incomparable; au-delà, à perte de vue, l'immense plaine de la Limagne avec ses mamelons verdoyants, ses fertiles vignobles, sa luxuriante végétation, ses nombreux villages. A la vue de ce superbe panorama, un des voyageurs, émerveillé, jeta un cri d'admiration : « Hélas ! monsieur, dit alors M. Hamon, rompant le silence qu'il avait gardé jusque-là, je suis bien autrement affecté que vous. Ce pays que vous trouvez avec raison d'une si merveilleuse beauté, je vais l'habiter. Et cependant, loin de me réjouir en le voyant, j'ai de la peine à surmonter la tristesse qui veut s'emparer de moi, au souvenir de tout ce que je quitte. »

Il y a des états d'âme où les plus légers mécomptes deviennent des sujets de peine. M. Hamon avait écrit aux directeurs du séminaire pour leur annoncer le jour et l'heure de son arrivée, et il s'attendait à trouver à la descente de la diligence une voiture qui le conduirait à Montferrand. Par malheur, sa lettre n'arriva qu'après lui ; il n'y eut personne pour le recevoir, et il dut se tirer comme il put des petits embarras qu'éprouve un voyageur en pareille circonstance. Ce désagrément s'ajoutant aux tristesses qu'il ressentait affecta un peu le bon supérieur. « Cela commence bien, » se dit-il à lui-même.

Mais le léger nuage se dissipa dès qu'il eut franchi le seuil du séminaire. Sa réputation l'avait devancé à Clermont. Il y était attendu avec impatience, et la plus cordiale sympathie l'accueillit à son arrivée. La bonne réception qui lui fut faite le toucha vivement, et contribua à adoucir l'amertume d'un éloignement dont, malgré toute l'énergie de son âme, il sentait toujours la douloureuse impression.

Écoutons-le décrivant lui-même, dans une lettre intime, les émotions de son âme dans ces circonstances :

« J'ai fait gaîment mon sacrifice, écrivait-il le 14 octobre, puisque la gloire de Dieu le demandait. L'évêque de Périgueux était tout surpris de me voir si joyeux. Ce n'est pas que le départ de Bordeaux n'ait été pénible. Le cœur m'a failli quand j'ai dit adieu au bon archevêque de Saragosse, qui s'est mis à pleurer et à crier comme un enfant.

« Il m'a failli un peu aussi quand j'ai dit adieu à nos braves domestiques. L'un d'eux veut absolument venir ici, parce que, selon lui, les Auvergnats ne sauront pas me soigner. Mais, à ces deux incidents près, j'ai été brave.

CHAP. XIV. — LE SÉMINAIRE DE MONTFERRAND.

« Peu après mon arrivée, l'évêque, qui est Mgr Féron, mon ancien condisciple en théologie, est venu me voir, m'a témoigné beaucoup d'intérêt, et m'a donné des lettres de chanoine et de grand vicaire...

« J'ai pour directeurs des prêtres bons et aimables, avec lesquels je vivrai dans une parfaite intelligence. Ceux des séminaristes qui sont venus voir leur nouveau supérieur m'ont l'air d'être bons enfants. J'espère que, Dieu aidant, le travail sera facile. Une fois le séminaire en train, ce sera tout comme à Bordeaux.

« Adieu, mon cher frère. Ne me parle plus de Bordeaux ; cela me fait mal. Je m'attriste des lettres de lamentations et de regrets qui m'en arrivent. Il n'y a que cela qui me fasse faire l'enfant et m'arrache des larmes. »

La vertu n'empêche pas de sentir les épreuves. En présence du sacrifice qui lui était demandé, M. Hamon n'avait pas hésité un seul instant ; mais le changement de position que l'obéissance lui imposa n'en fut pas moins pour lui la cause de cruels déchirements, qu'il ne put dominer qu'à la longue, et que sa nature ouverte et expansive ne lui permit pas même de dissimuler. Peu à peu, il est vrai, comme il arrive toujours, l'impression qu'il ressentit au début se calma ; mais nous ne craignons pas d'exagérer en disant qu'il souffrit, durant les premiers mois de son séjour à Montferrand, une sorte de martyre de tous les instants.

Tout se réunissait pour assombrir son âme : ses affections les plus chères brisées ; la nécessité toujours pénible, surtout à un certain âge, de refaire sa vie dans un poste où lieux, personnes et choses, tout était nouveau pour lui ;

l'isolement et la solitude auxquels le condamnait forcément l'éloignement de la ville épiscopale, et que le contraste avec les nombreuses relations dont il avait contracté l'habitude lui rendait plus lourds encore à porter.

Pour comble de malheur, le froid, toujours rigoureux en Auvergne, se fit cette année sentir plus tôt et plus vivement qu'à l'ordinaire. M. Hamon y était très-sensible, et sa santé ne tarda pas à en subir l'influence. Une extinction de voix se produisit ; il crut que sa maladie était revenue, et l'on comprend assez quelle sombre perspective s'offrit alors à lui.

Ce fut pour tout le monde une situation vraiment douloureuse. Quelques jours avaient suffi à ses nouveaux confrères pour apprécier le supérieur que la Providence leur avait envoyé, et ils avaient conçu pour lui dès le début l'affection la plus tendre. La pensée de le voir souffrir, sans qu'il leur fût possible de le soulager, leur serrait le cœur. C'était pour eux, dans ces pénibles circonstances, un devoir infiniment doux à remplir que d'aller visiter ce bien-aimé père dans sa chambre. Le plus ordinairement, ils le trouvaient les yeux fixés sur son crucifix ou sur une relique de saint Vincent de Paul, les traits empreints de tristesse, et multipliant les actes de résignation et de patience.

Toutefois, Dieu ne permit pas que l'épreuve fût de longue durée. Un jour, à la lecture spirituelle, sa voix parut plus claire. On s'empressa de le lui dire ; cette annonce le rendit heureux : « J'ai retrouvé ma voix ! » s'écria-t-il, tout transporté de joie. En effet, à partir de ce moment, la ter-

CHAP. XIV. — LE SÉMINAIRE DE MONTFERRAND.

rible affection diminua peu à peu, et depuis lors, M. Hamon n'en a ressenti aucune atteinte.

Tandis que ces préoccupations l'agitaient, une affaire qui l'intéressait au plus haut point se négociait à son insu. Ses vertus sacerdotales, la capacité qu'il avait déployée dans la direction du séminaire et, dans une certaine mesure, du diocèse de Bordeaux, le succès éclatant de sa *Vie du cardinal de Cheverus*, avaient attiré sur lui l'attention du gouvernement. M. Martin (du Nord), alors ministre des cultes, songea à l'élever à l'épiscopat. Il fut d'abord question pour lui du siége de Troyes, puis, en souvenir du cardinal de Cheverus, de celui de Montauban, alors vacant par la mort de Mgr de Trélissac.

Consulté à ce sujet, Mgr Donnet, archevêque de Bordeaux, adressa au garde des sceaux une lettre que nous nous faisons un devoir de reproduire intégralement. Elle porte la date du 2 octobre 1843.

« Monsieur le ministre, M. Hamon est à tous égards un des ecclésiastiques les plus distingués du clergé de France.

« Il est né dans le département de la Mayenne en mai 1795 ou 1796. Je ne sais rien du tout de sa famille. Il a dû être ordonné prêtre en 1819 ou 1820. Il entra alors dans la congrégation de Saint-Sulpice, dont il est encore membre. Professeur de dogme au séminaire de Paris jusqu'en 1827, il devint alors supérieur du grand séminaire de Bordeaux, place qu'il occupa jusqu'en 1834. Une indisposition grave l'obligea à cesser toute espèce de travail. On lui conseilla même un voyage en Italie, et c'est à la suite de ce repos complet, et de l'air qu'il respira dans un climat tempéré, qu'il recouvra la voix.

« Je le demandai alors à M. le supérieur général de Saint-Sulpice, qui le renvoya, en novembre 1837, à Bordeaux. M. Hamon jouissait de l'estime, et possédait à un haut degré l'affection du vénérable cardinal de Cheverus, dont il a écrit la vie avec un style si ravissant.

« La manière dont il a su apprécier et la bonté, et la modération, et le tact, et la piété, et le talent du saint archevêque, est le plus bel éloge qu'on puisse faire de M. Hamon. Sa piété est douce, son caractère égal, sa conversation facile ; ses manières sont celles d'un homme bien élevé.

« Il écrit fort bien, et sa mémoire heureuse lui permet encore de reciter mot pour mot.

« Membre du conseil archiépiscopal sous mon prédécesseur et depuis que je suis à Bordeaux, il s'est occupé d'administration, et m'a paru voir toutes choses d'une manière très-juste.

« Il jouit dans la maison qu'il dirige d'une grande considération, et ses talents comme ses vertus lui ont mérité le suffrage de tout le clergé du diocèse.

« La santé est le seul côté faible, et elle va être mise à une rude épreuve par la destination nouvelle que ses supérieurs, malgré mes réclamations les plus fortes, viennent de lui donner.

« On l'a nommé depuis huit jours supérieur du grand séminaire de Clermont.

« Il est parti avant-hier. L'air trop vif de ce pays ne peut que lui être funeste.

« Il avait toute mon estime et toute mon affection. Aussi son départ m'a laissé sous l'impression de la peine la mieux sentie. »

Un témoignage si flatteur ne pouvait que confirmer M. Martin (du Nord) dans le dessein qu'il avait formé de faire M. Hamon évêque. La nomination allait avoir lieu, lorsque M. George, informé de ce qui se passait, se hâta de prévenir son ami, ajoutant que, s'il veut détourner le coup qui le menace, il n'a pas de temps à perdre.

Autant M. Hamon paraissait à tous digne de l'épiscopat, autant il était éloigné d'ambitionner cet honneur. Il crut que le plus sûr moyen d'y échapper était d'exposer sans retard la situation à M. le supérieur de Saint-Sulpice qui, sans doute, trouverait quelque moyen d'arrêter la nomination. C'est ce qui eut lieu. Chargé de négocier l'affaire auprès du ministre, M. Houssard, économe du séminaire de Saint-Sulpice, rendit compte en ces termes de sa démarche à M. Hamon lui-même :

« Quoiqu'on ne m'ait pas chargé de vous écrire à l'occasion de la grande affaire qui m'a occupé, la tendre amitié qui nous unit depuis si longtemps souffrirait trop, si mon cœur n'épanchait dans le vôtre quelques-uns des sentiments qu'il a éprouvés à cette occasion.

« Ils ont été bien divers.

« J'ai d'abord éprouvé la joie que doit ressentir tout ami véritable, en voyant rendre justice au mérite d'un confrère et d'un ami tendrement chéri.

« Mais cette douce satisfaction a bientôt été troublée par la crainte du mal qui pourrait en résulter pour une compagnie au bien de laquelle je suis disposé depuis longtemps à sacrifier mes affections les plus chères. Ce sentiment est devenu plus vif encore quand j'ai vu qu'il était partagé par ceux que Dieu nous a donnés pour guides et pour pères, et je me suis empressé de remplir la charge qu'ils m'ont imposée, d'aller exprimer au ministre lui-même leurs pensées et leurs désirs, suivis de leurs supplications et de leurs instances.

« Je lui ai parlé d'autant plus librement que vous nous avez autorisés à faire toutes les démarches pour arrêter l'ordonnance, et que vous nous avez assuré que, laissé libre, vous vouliez mourir au poste où la Providence vous a placé.

« Voici le fond de ce que j'ai représenté à S. Exc. le ministre des cultes.

« Déjà, vocations pour Saint-Sulpice, rares, jamais provoquées.

« Résultats fâcheux de la mesure proposée, savoir : 1º appauvrissement d'une compagnie déjà si pauvre, surtout si on lui enlève ce qu'elle a de meilleur ; — 2º vocations suspectes, si, en entrant à Saint-Sulpice, honneurs espérés ; — 3º perte d'autorité auprès des élèves, qui ne verront plus dans leurs directeurs le désintéressement qui, jusqu'ici, a fait notre force ; — 4º l'État lui-même souffrira de l'affaiblissement de Saint-Sulpice, qui ne pourra plus lui fournir, autant que par le passé, parmi ses élèves, des sujets propres à l'épiscopat...

« Aussi, depuis M. Olier jusqu'à M. Emery, aucun sulpicien n'a accepté la dignité épiscopale. Les évêques qui ont appartenu à la compagnie en étaient sortis lorsqu'ils furent nommés.

« Notre salut et notre force sont dans la vie cachée, oubliée, détachée.

« J'ai fini en suppliant M. le ministre de ne pas affliger

notre très-honoré père dans ses vieux ans. Ce serait hâter sa mort et conduire plus tôt ses cheveux blancs dans la tombe..... »

M. Houssard, qui joignait à une simplicité antique un tact parfait et une rare habileté, sut présenter ces considérations d'une manière si persuasive, que le ministre en fut frappé. Toutefois, il ne donna aucune réponse définitive, et dit seulement qu'il réfléchirait. Mais, peu après, Mgr Affre, archevêque de Paris, s'étant présenté, et ayant assuré Son Excellence qu'elle perdrait son temps à insister et que M. Hamon n'accepterait pas, le projet n'eut pas de suite.

On conserve à Saint-Sulpice la réponse que fit M. Hamon à la lettre de M. Houssard ; la voici :

« Clermont, le 16 novembre 1843.

« Monsieur et très-honoré confrère,

« Je vous remercie d'avoir brisé ma crosse ; mais je vous avoue que je suis totalement insensible à l'honneur qui eût flatté le cher M****, et je ne me suis même préoccupé que très-légèrement de toute cette affaire, la laissant à la Providence avec un abandon entier pour ou contre. Si les desseins du ministre eussent réussi, j'aurais cru que Dieu voulait remplacer, peut-être, par un autre martyre le martyre journalier que trouve tout mon être dans une vie sédentaire, surtout depuis ma translation à Clermont, où il me faut cent fois le jour regarder mon crucifix et le ciel, pour me résigner à tout ce que j'ai à souffrir au physique et au moral. Dieu veut que je reste sur cette croix ; que son saint nom soit béni !

« Je suis, du reste, dans les meilleurs rapports avec mes confrères, avec les séminaristes, avec l'autorité, avec le clergé.

« Agréez, etc. »

Cette lettre est une expression vraie des sentiments de M. Hamon au sujet de l'épiscopat. Nul assurément ne fut plus étranger que lui à toute idée d'ambition et de grandeur ; sa vie tout entière le témoigne. Toutefois, il est impossible de le méconnaître, son âme ardente, que le zèle dévorait, ne trouvait pas, dans la monotonie et le calme d'une règle de séminaire, l'aliment qu'elle réclamait. De là un vide qui, peu aperçu à Bordeaux, se fit douloureusement sentir dans la solitude de Montferrand. Nous verrons bientôt comment Dieu le combla. Dans de telles circonstances, il est probable qu'abandonné à lui-même, il eût fini par accepter, comme plus conforme à ses goûts et à ses aptitudes, la charge épiscopale ; mais son amour pour la compagnie à laquelle il s'était donné, et qu'il affectionnait par dessus tout, l'en empêcha.

Nous aurons à raconter dans le cours de cette vie d'autres assauts livrés à M. Hamon, pour le déterminer à devenir évêque. Il paraît même que, dans la circonstance dont nous venons de parler, le désistement du ministre ne fut pas absolu ; c'est du moins ce que nous pouvons conclure d'une lettre de M. Hamon à sa belle-sœur, en date du 8 décembre 1843 :

« L'orage, lui dit-il, dont je vous parlais dans ma dernière lettre est donc passé. L'archevêque de Paris m'a fait écrire par son grand vicaire, pour me demander pardon de la part qu'il avait eue dans la peine que le ministre avait voulu me faire.

« Je croyais tout fini; mais l'évêque de Clermont m'a dit ces jours-ci que ce n'était que différé, et qu'un grand nombre d'évêques avaient formé le projet de me faire nommer, et d'insister auprès du ministre pour qu'il fît agir Rome. J'ai pris le parti de ne plus y penser et d'abandonner le tout à la Providence. Si le bon Dieu le fait, sans que j'y sois pour rien, je me dirai qu'il le veut ainsi, et je me soumettrai, comme à l'échange de Bordeaux pour Clermont. »

Dans la même lettre, M. Hamon se félicite de nouveau de ses bons rapports avec tous ceux qui l'entourent.

« L'évêque et les grands vicaires me font toutes sortes d'amitiés. Tous mes confrères, les directeurs, sont excellents, et nous vivons en parfaite union. Les séminaristes sont fort dociles; ils ont bonne volonté, et il y a parmi eux de saintes âmes qui ne demandent qu'à avancer, en se donnant au bon Dieu de tout cœur. »

En effet, l'accueil si cordial et si sympathique qui lui fut fait à son arrivée ne se démentit pas. La haute idée qu'on avait conçue de son mérite s'accrut à mesure qu'on le connut davantage, et, au bout de quelques semaines, la position, malgré des difficultés de plus d'un genre, était conquise.

Le premier objet de la sollicitude du zélé supérieur fut la retraite de la rentrée, exercice important dont l'influence se fait ordinairement sentir sur toute la suite de l'année.

A Montferrand, ainsi que cela se pratique dans quelques autres séminaires, on avait cru devoir supprimer, pendant cette retraite, la lecture spirituelle ; on la jugeait suffisamment compensée par les deux entretiens que l'on donne chaque jour aux séminaristes. M. Hamon désapprouva cette suppression. Il fit observer que les avis, donnés par le supérieur à la lecture spirituelle, ont une importance capitale pour le succès de la retraite, et que les entretiens du milieu du jour ne peuvent, quelque bons qu'ils soient, les remplacer. Ses raisons parurent justes. M. le directeur de Saint-Sulpice, consulté, fut du même avis, et la lecture spirituelle fut rétablie. Ce fût une innovation des plus heureuses. La parole vive, animée, éloquente, que leur fit entendre chaque soir leur supérieur saisit les séminaristes ; on attendait avec impatience le moment de la lecture spirituelle ; on recueillait avidement les enseignements pleins d'onction et de force qui y étaient donnés, et l'on n'en sortait jamais sans se sentir plus généreux et plus fervent.

La retraite fut donc excellente, et put faire présager à M. Hamon une année qui ne serait pas pour lui sans consolation.

Au reste, ce qu'il avait été dans les lectures spirituelles de la retraite, il le fut dans celles qui suivirent. Son explication du réglement fut extrêmement goûtée ; il sut, par le charme de sa diction, relever la monotonie des avis qui s'y donnent d'ordinaire, et, dans sa bouche, les choses les plus simples prirent aux yeux des séminaristes, suspendus à ses lèvres, un intérêt inattendu.

On a dit que c'est surtout par le moyen des lectures spirituelles qu'un supérieur dirige sa communauté et lui imprime le mouvement et la vie. Celles de M. Hamon à Bordeaux et à Clermont vérifièrent merveilleusement cette espèce d'axiome. Secondé par la puissance de sa parole, il eut bientôt pris, dans ce dernier séminaire, l'ascendant qu'il avait obtenu dans le premier, et au bout de quelques semaines, tous les cœurs et toutes les volontés étaient entre ses mains.

Une institution importante signala cette première année de son séjour à Montferrand : ce fut un cours de prédication et de catéchisme. Nul n'était plus propre que lui à le faire d'une manière utile. Possédant à un degré éminent le don de la parole, profondément versé dans la connaissance des règles de bien dire, nourri dans la lecture des maîtres tant anciens que modernes, qui ont donné des leçons de cet art difficile, il avait tout ce qu'il fallait pour donner avec succès un tel genre d'enseignement. Son cours était à la fois théorique et pratique. Non content de donner des préceptes, il en faisait faire à ses élèves l'application dans des compositions courtes qu'ils débitaient devant lui. L'habile maître signalait les défauts où l'on tombait, en indiquant les moyens de les éviter, faisait sentir le faible d'une preuve, l'oubli d'une convenance oratoire, l'incorrection d'un tour de phrase, la fausseté d'une intonation ou d'un geste. Ces leçons, dans lesquelles, à la solidité du fond, se joignait l'intérêt d'une forme toujours gracieuse et noble, fut, pour les jeunes séminaristes à qui elles s'adressaient, comme une révélation. Le résultat dépassa les espérances de M. Hamon. Il ne réussit pas sans doute à faire de tous ses disciples des orateurs consommés; mais il développa en eux le goût et le sentiment de la vraie éloquence, et plusieurs, grâce à ses leçons, s'acquirent dans la chaire une réputation méritée. Les fruits du cours de prédication furent si prompts et si sensibles que, dès l'année suivante, on reconnut, dans les sermons prêchés au réfectoire, les heureux effets des enseignements reçus.

Ce fut à l'occasion de ce cours de prédication et de catéchisme que M. Hamon eut l'inspiration de composer un des livres les plus utiles qui soient sortis de sa plume, le *Traité de la prédication*. Il possédait sur cette matière, qu'il avait beaucoup étudiée, des notes nombreuses. Déjà, durant son séjour à Bordeaux, il avait pu les coordonner en partie, et il les dictait aux élèves. Le loisir qu'il trouva à Montferrand lui permit de mettre la dernière main à ce travail, auquel il consacra l'année 1844 presque tout entière, et qui fut imprimé l'année suivante à Clermont.

Le *Traité de la prédication* embrasse tous les aspects de l'éloquence chrétienne. Il révèle un maître consommé dans l'art de parler et d'écrire. Tout ce qui a été publié sur cet objet de plus instructif et de plus autorisé s'y trouve développé, expliqué, complété avec netteté, élégance et méthode.

L'auteur, après s'être ouvert du dessein qu'il s'est proposé dans ce travail, considère la prédication en général, et traite ensuite en particulier des différentes formes qu'elle peut revêtir.

Le premier livre débute par un ensemble imposant de motifs empruntés à la raison, au sens chrétien et aux meilleures autorités, pour établir l'excellence de la prédication, et l'obligation grave imposée au prêtre de s'y appliquer avec zèle et persévérance. Puis, après avoir indiqué à l'orateur chrétien, dont il trace un portrait élevé, les sujets ordinaires qu'il doit traiter dans l'assemblée des fidèles, il expose, avec une exquise sagesse, les règles à suivre dans la composition d'un discours. C'est ici surtout que l'on sent l'homme de Dieu, le prêtre pénétré de l'amour des âmes, l'habile écrivain qui n'ignore aucune des ressources de la rhétorique, le théologien initié aux profondeurs de la science sacrée, l'orateur enfin qui connaît par expérience les fibres secrètes du cœur humain, et qui sait tantôt exciter l'enthousiasme, tantôt vaincre les résistances, tantôt ménager les susceptibilités.

Le second livre passe en revue les différents sujets qui peuvent être abordés dans la chaire chrétienne, indique le choix qu'il convient d'en faire eu égard aux circonstances, et énumère les divers genres selon lesquels ils sont susceptibles d'être traités. Sur tous ces points, l'auteur donne des détails judicieux et pratiques.

Dans les dernières éditions, M. Hamon, devenu curé de Saint-Sulpice, s'étend avec complaisance sur le catéchisme et consacre plus de cent pages à cette forme si intéressante de l'enseignement chrétien.

On a reproché au *Traité de prédication* un peu de prolixité. S'il y a du vrai dans cette critique, il n'en est pas moins hors de doute que l'œuvre dans son ensemble est remarquable, et dépasse, soit pour le fond, soit pour le style, ce qui a été écrit jusqu'ici sur l'éloquence de la chaire. M. Hamon se proposait de faire un livre propre à servir de thème aux cours d'éloquence sacrée faits aux jeunes clercs ; l'empressement des séminaires à adopter son ouvrage prouve que ce but a été atteint.

Cependant, à mesure que M. Hamon s'acclimatait à Montferrand, une amélioration notable se produisait dans son état physique et moral. Les premiers mois avaient été pleins d'angoisse et de tristesse; mais bientôt tout changea de face. L'affermissement de sa santé, le succès qu'il obtenait dans son ministère, la confiance et l'affection qu'on lui témoignait de toutes parts, la connaissance plus intime qu'il acquérait des personnes, et, par suite, les relations nouvelles qui se formaient, dilatèrent peu à peu son cœur, et lui firent aimer ce séjour auquel il semblait, dans le principe, ne devoir jamais s'accoutumer. Il n'y eut pas jusqu'à cette vie de solitude, d'abord si lourde pour lui, qui, en lui fournissant le moyen d'étudier et d'écrire, ne finît par lui être agréable. Enfin le charme inattendu répandu par le retour du printemps sur ce pays, qu'il n'avait vu encore que couvert de neige et de frimas, contribua aussi, à sa manière, à dissiper les nuages de tristesse accumulés sur son âme.

Les lettres qu'il écrit n'expriment plus que le contentement et la joie. Il continue d'y faire l'éloge des séminaristes, qui sont dociles et lui témoignent toute sorte d'amitiés ; de ses confrères, avec lesquels il n'a que des rapports de confiance et de cordialité. Il se félicite surtout des égards pleins de délicatesse et d'amabilité qu'a pour lui en toute rencontre le vénérable évêque, imité en cela par les grands vicaires et les membres de la famille épiscopale. Il se déclare donc très-heureux, très-content, et loin de désirer un changement, il s'attriste à la pensée de quitter tant de personnes amies et dévouées. Cette disposition ne fit que s'accroître et se fortifier dans les quatre années que M. Hamon passa à Montferrand.

CHAP. XIV. — LE SÉMINAIRE DE MONTFERRAND.

Hâtons-nous de dire que s'il y fut heureux, il rendit plus heureux encore ceux qui vécurent avec lui. Les directeurs, en particulier, se souviendront toujours avec bonheur de de ces quatre années du gouvernement de M. Hamon. On imaginerait difficilement une union plus fraternelle et plus cordiale que celle dont ce bien-aimé supérieur fut pour eux le centre, et que pas un nuage ne vint altérer. Tous avaient pour lui un respect qui allait jusqu'à la vénération, mais ce respect ne produisait pas la gêne, et n'excluait en aucune façon l'aisance et la liberté des rapports. La piété de M. Hamon, en effet, n'avait rien d'austère. Imitateur de saint François de Sales, dont il devait plus tard tracer un si délicieux portrait, il aimait et encourageait cette gaîté franche et expansive qui fait le charme des entretiens; il était heureux de la voir régner parmi ses confrères, et volontiers il y prenait part lui-même.

Selon le louable usage établi au séminaire de Montferrand, les directeurs, aussitôt après la sortie, vont passer les vacances à la charmante maison de campagne des Roches, et s'y délasser des fatigues de l'année. Rien, d'ordinaire, de plus joyeux et de plus fraternel que ces vacances. Alors on est vraiment en famille. Les cœurs s'épanouissent et s'épanchent; on oublie les sollicitudes et les tristesses; on se repose. Les admirables sites qui s'offrent aux regards, l'air pur et frais qu'on respire, tout contribue à rasséréner les âmes et les visages. La présence de M. Hamon donnait à ces vacances un nouveau charme. On était si heureux de le posséder, de jouir de sa conversation, de s'édifier de sa piété et de ses exemples! Il était, de son côté, tout à ses confrères, leur donnait une liberté entière, et ne négligeait rien de ce qui pouvait leur rendre les vacances agréables.

Assez ordinairement les directeurs de séminaire profitent du temps des vacances pour faire individuellement leur retraite annuelle. Une année, quelqu'un ouvrit à M. Hamon l'idée d'une retraite collective dont il présiderait les exercices. Il l'accueillit avec empressement, et tant qu'il fut à Clermont, cette retraite, à laquelle plusieurs confrères étrangers se firent un bonheur de prendre part, eut lieu régulièrement, à la grande édification de tout le monde. On se réunissait chaque jour, aux heures convenues, dans la chambre du vénéré supérieur, pour faire en commun les exercices de la retraite. Il donnait lui-même les points de méditation, et sa parole si pieuse et si sacerdotale, recueillie avec un religieux respect, portait dans les âmes l'onction de la piété.

Aux vacances qui suivirent la première année de son séjour à Clermont, M. Hamon fit un voyage dans le Maine pour y visiter sa famille, et pour y remplir une mission qui dut être douce à son cœur. Les concitoyens du cardinal de Cheverus venaient de lui élever, sur une des places publiques de Mayenne, sa ville natale, un monument, dont l'inauguration devait se faire le 8 août, avec une grande solennité. Les magistrats de la cité eurent la délicate pensée d'inviter à prendre la parole, dans cette fête patriotique et religieuse, l'historien même du cardinal. Ils crurent avec raison plus propre que tout autre à préconiser les vertus de leur illustre compatriote celui qui avait été son ami le plus cher, son confident le plus intime, et qui, d'ailleurs, promettait d'être, lui aussi, une des gloires du pays.

M. Hamon, dans ce discours, s'appliqua à montrer que les honneurs rendus à M§r de Cheverus rejaillissaient sur la religion elle-même, car « *elle seule l'a fait ce qu'il était, elle seule l'a pu faire.* » Développant cette double pensée, l'orateur parcourut à grands traits la vie du cardinal, et établit d'abord que ce fut toujours dans la religion qu'il puisa ses inspirations ; que la religion fut l'âme de toutes ses vertus et le principe de toutes ses œuvres ; que les grandeurs mêmes dont il fut honoré ne s'accumulèrent sur sa tête que pour glorifier en lui la sainteté. La vie du cardinal est même absolument inexplicable en dehors de la religion. En effet, quel autre principe que la foi vive qui l'animait pourrait rendre raison des abnégations et des sacrifices, de l'oubli constant de soi-même et du détachement de toutes choses qui le résument en quelque façon tout entier ? Le discours se termina par l'exposé des grandes leçons que la statue de M§r de Cheverus, élevée au milieu de la cité, donnera à tous : prêtres, magistrats, chrétiens de toute classe.

De retour à Clermont pour la rentrée, M. Hamon présida dans le séminaire une cérémonie moins pompeuse, mais où l'on eut occasion encore d'admirer l'éloquence de sa parole.

On possédait au séminaire le bras de saint Austremoine, apôtre de l'Auvergne, ainsi que des ossements considérables d'un pieux laïque, saint Calmin, et de saint Rustique, l'un des successeurs de saint Austremoine sur le siége de Clermont ; mais ces reliques n'avaient encore reçu aucun culte. M. Hamon les fit mettre dans des reliquaires, et voulut qu'on en célébrât solennellement la translation.

Elles furent donc déposées sur l'autel de la chapelle des philosophes, splendidement décoré et illuminé, et de là transportées dans la chapelle de théologie, où elles sont encore exposées à la vénération des séminaristes. M. Hamon prononça dans le cours de la cérémonie l'allocution suivante :

« Messieurs, depuis deux ans, nous possédions les saintes reliques que nous offrons en ce jour à votre vénération, acquisition précieuse due au zèle de ce bon et excellent confrère, que je remplace indignement au milieu de vous, et dont plusieurs parmi vous ont pu et su apprécier les qualités aimables.

« Notre âme souffrait de les voir sans honneur, et appelait de tous ses désirs le jour heureux où nous pourrions les placer dans des châsses convenables, pour les exposer à votre culte. Bénie soit cette belle journée, qui répond à un vœu si ardent de notre cœur ! Nous pouvons donc enfin vous les présenter, ces saintes reliques. La nature n'y voit rien que de commun, peut-être même de repoussant, rien que les tristes débris de la mort. Mais aux yeux de la foi, qu'ils sont beaux et vénérables, ces ossements arides, sur lesquels reluit à jamais la grâce de l'apostolat ! Qu'il est beau, ce bras de saint Austremoine qui, le premier, planta la foi dans cette province, et montra le ciel à ses habitants, courbés vers la terre ; ce bras, qui baptisa vos ancêtres, s'imposa sur leurs têtes pour y faire descendre la grâce plus parfaite de la confirmation ou la grâce réparatrice de la pénitence, et qui, tous les jours, à l'autel, offrit pour eux le sang de l'agneau et leur dispensa nos sacrés mystères ! Qu'ils sont beaux, tous ces ossements, destinés à tressaillir de joie au premier son de la trompette dernière, à resplendir de tout l'éclat des corps glorieux, et à aller, réunis aux membres dont ils sont séparés, prendre place dans la construction de cette Jérusalem vivante que Dieu se bâtit dans les cieux !

« Oui, Messieurs, c'est une parole véritable, ces ossements sont des pierres précieuses du paradis, puisque la foi nous apprend qu'un jour ils se ranimeront, quitteront ces châsses, et iront briller d'un immortel éclat dans la sainte Sion. O séminaire de Clermont, quel trésor tu possèdes donc! quelle richesse t'est acquise! et de quels fervents hommages de vénération, de reconnaissance et d'amour ne devons-nous pas entourer ces reliques!

« Dieu, Messsieurs, l'aura pour agréable, car il veut qu'on honore les restes de ses saints, lui qui donna aux ossements d'un prophète la vertu de ressusciter un mort, lui qui signala par tant de miracles, dont l'univers a retenti, les reliques de saint Étienne, des saints martyrs Gervais et Protais, et de tant d'autres qu'il serait trop long de nommer.

« L'Église le verra avec consolation, elle qui a toujours regardé les corps des saints comme étant pleins de la vertu de Dieu, qui les a toujours honorés par la pompe de ses cérémonies, et les appelle, par la bouche de ses docteurs, des Basile, des Grégoire, des Chrysostôme, les forteresses et les défenses des villes assez heureuses pour les posséder.

« Et vous, glorieux apôtres de ces contrées, qui nous entendez, du haut de ce trône où vous êtes assis avec Jésus-Christ, vous le verrez aussi avec bonheur ; car autant les saints ont haï leur corps, lorsqu'il les exposait à pécher, autant'ils l'aiment et désirent qu'il soit honoré, maintenant qu'il est devenu l'instrument de leur gloire.

« Et nous, Messieurs, nous recueillerons de cette dévotion des fruits précieux de grâce et de sainteté. Toutes les fois que le sang chrétien, se refroidissant dans nos veines, ne donnera plus la vie à nos pensées et à nos sentiments, à nos paroles et à nos œuvres, nous viendrons le réchauffer près de ces saintes reliques. Nous sera-t-il possible, en effet, de nous approcher de ces ossements bénis et vénérés, sans frapper notre poitrine, sans rougir de notre lâcheté, sans que notre foi et notre espérance se raniment par le souvenir de leurs combats et de leurs victoires? Et si, au début de notre noviciat sacerdotal, nous ne sentons encore qu'imparfaitement le sang apostolique se mêler en nous au sang chrétien, nous viendrons le puiser ici. Nous y aspirerons cet esprit ecclésiastique qui fait les saints prêtres, les hommes de Dieu, les apôtres. Une odeur de vie s'exhalera de ces ossements, pour détacher nos cœurs de tout ce qui passe et les tourner vers les choses célestes; une flamme divine en sortira, par la grâce de Jésus-Christ, pour nous embraser du zèle de notre salut et du salut de nos frères.

« Vous obtiendrez de Dieu qu'il en soit ainsi, glorieux Austremoine, fervent Rustique, et vous, pieux Calmin. Vous nous aimez déjà, puisque vous avez fait arriver en nos mains ce précieux dépôt. Vous achèverez votre œuvre. Vous ferez jaillir de ces ossements sacrés les vertus célestes qui doivent distinguer une maison sacerdotale, une école de l'apostolat, et jamais nous ne nous prosternerons

CHAP. XIV. — LE SÉMINAIRE DE MONTFERRAND.

devant vous, sans en sortir meilleurs, plus pleins de foi et de zèle, de force et d'amour. *Amen.* »

La seconde année que M. Hamon passa à Montferrand, M. Garnier, qui gouvernait depuis 1826 la compagnie de Saint-Sulpice, succombait au poids de l'âge et des infirmités le 16 mars 1845, et, quelques mois après, l'assemblée des assistants lui donnait pour successeur M. Louis de Courson, qui, après avoir fondé et dirigé pendant vingt ans le séminaire de philosophie de Nantes, était, depuis un an, à la tête de celui d'Issy. Tous ceux qui avaient pu apprécier les qualités éminentes du nouveau supérieur accueillirent sa nomination avec joie. Elle surprit pourtant au premier moment un grand nombre de membres de la compagnie, auxquels M. de Courson n'était encore guère connu que de nom ; mais bientôt il n'y eut qu'une voix pour bénir Dieu d'un si heureux choix qui, dans les circonstances surtout où il se fit, sembla l'effet d'une conduite toute spéciale de la Providence sur la compagie de Saint-Sulpice. Nul ne pouvait prévoir alors que cinq ans plus tard, lorsque M. de Courson, devenu pour tous ses confrères l'objet d'une affection à peine croyable, se voyait à même de travailler plus efficacement que jamais à l'œuvre qui lui était confiée, il serait enlevé à sa famille par une mort prématurée. Mais il était de ces âmes dans lesquelles la vie et surtout la vie du cœur, trop ardente et trop active, consume vite les forces du corps, et pour qui le dévoûment se transforme le plus souvent en une douloureuse immolation.

Une longue amitié unissait M. de Courson au supérieur de Montferrand Un de ses premiers soins, après qu'il eut été élu, fut de lui adresser une lettre pleine de la plus affectueuse tendresse. Il s'y recommande à ses prières, et le prie de venir à Paris, dès l'ouverture des vacances, pour le consoler dans ses tristesses, et lui donner les conseils de sa sagesse et de son expérience. « Vous y êtes d'autant plus obligé, ajouta-t-il, avec cette grâce parfaite qu'il savait mettre en tout, que l'assemblée générale vient de vous nommer *assistant* (1). »

Ce témoignage de confiance donné à M. Hamon fut un sujet de joie pour le séminaire de Montferrand ; directeurs et élèves félicitèrent avec empressement leur supérieur d'un honneur si bien mérité, et qui le leur rendait, s'il était possible, plus cher et plus vénérable encore.

Fidèle au rendez-vous que lui avait donné M. de Courson, il fit au mois de juillet le voyage de Paris. Le supérieur général avait à lui communiquer le détail d'une négociation qui était pour lui l'objet d'une grande préoccupation.

Mgr l'archevêque de Bordeaux, appréciant de plus en plus la perte énorme que son diocèse avait faite par le départ de M. Hamon, désirait vivement son retour. Passant quelque temps auparavant par Clermont, il avait fait à Mgr Féron l'éloge le plus chaleureux de l'ancien supérieur de son séminaire : « Monseigneur, lui avait-il dit, M. Hamon est un homme dans lequel vous pouvez avoir la plus absolue confiance. » Le temps ne fit qu'accroître ses regrets, et celui qui depuis deux ans dirigeait le séminaire de

---

(1) On sait que les assistants, au nombre de douze, forment la partie dirigeante de la compagnie de Saint-Sulpice ; ils se réunissent à des époques déterminées en assemblée, et c'est à eux qu'il appartient de nommer le supérieur général.

Bordeaux, ayant quitté ce poste, il redemanda avec instance M. Hamon.

De son côté, Mgr l'évêque de Clermont, qui pouvait alléguer en sa faveur le titre de la possession, se montrait très-peu disposé à se dessaisir de l'homme éminent qu'il voyait avec tant de bonheur à la tête de son séminaire.

La perplexité qui résultait de cet état de choses pour M. de Courson, contraint, malgré son désir de conciliation, de mécontenter l'un ou l'autre des deux prélats, fut tout à coup augmentée par un nouvel incident, qui compliqua la situation.

Mgr Affre, archevêque de Paris, venait d'acquérir l'ancien couvent des Carmes et se proposait d'y ouvrir, cette année-là même, une maison de hautes études ecclésiastiques. Il importait que cet établissement, destiné à recevoir des sujets de tous les diocèses de France, eût à sa tête un homme en possession de la confiance du clergé et des évêques. Mgr Affre le comprit, et pour remplir ce poste difficile, il jeta les yeux sur M. Hamon. Un grand vicaire de Paris en fit, au nom de l'archevêque, la proposition à ce dernier qui, selon sa règle invariable, s'en référa à son supérieur.

Heureusement pour le séminaire de Montferrand, tout échoua, et le digne supérieur revint y continuer ses fonctions.

Il avait profité de son séjour à Paris pour s'occuper d'une autre affaire qui lui causait une vive sollicitude. Nous voulons parler de l'acquisition d'un moulin, malencontreusement enclavé dans l'enceinte même du séminaire, et occupant l'espace que laissent entre elles les deux parties de cet établissement, l'une consacrée aux théologiens, l'autre aux philosophes.

« Représentez-vous, écrivait-il quelques mois après son arrivée à Montferrand, que nous avons au milieu de notre séminaire un moulin, une boucherie et un lavoir. C'est un tapage assourdissant. Vous savez ce que c'est que des langues de femmes au lavoir.... Je voudrais donc que le gouvernement achetât tout cela. On consent à le donner pour 24,000 fr. L'acquisition faite, nous mettrions tout ce monde à la porte, et nous serions tranquilles chez nous. »

La demande fut en effet, avec les motifs péremptoires qui l'appuyaient, envoyée à Paris, et, après divers pourparlers, on réussit à obtenir du ministère, pour cette acquisition, une somme de 20,000 fr. M. Hamon, tout joyeux, se transporte chez le propriétaire, pour traiter avec lui ; mais peu versé dans les finesses des négociations temporelles, le bon supérieur, dans sa simplicité naïve, manifesta trop le grand désir qu'il avait d'entrer en possession du moulin. Le vendeur, qui s'en aperçut, flaira une bonne affaire, et au lieu de 24,000 fr. qu'il avait demandés auparavant pour son immeuble, il en voulut 40,000 fr. Ce fut une entreprise manquée. Toutefois, M. Hamon ne se déconcerta pas, et fit auprès du ministère de nouvelles instances, pour obtenir un supplément à la première allocation. On lui donna de bonnes paroles ; mais il n'eut pas la consolation d'arriver à la conclusion tant désirée. Plusieurs fois repris et toujours ajourné, le projet ne fut réalisé que sous le successeur de M. Hamon. Aujourd'hui, boucher, meunier, laveuses, tout a déguerpi ; et le séminaire de Montferrand, entièrement chez lui, a pu, en acquérant l'immeuble si longtemps convoité, effectuer dans ses dispositions intérieures d'importantes améliorations, qui le complètent de la manière la plus heureuse (1).

En même temps que M. Hamon reprenait en octobre 1845 le cours de ses occupations ordinaires dans l'intérieur du séminaire, il se préparait, avec l'ardeur qu'il mettait à toutes choses, à un ministère du plus haut intérêt, dont la perspective venait de s'ouvrir devant lui.

On n'a pas oublié que le motif déterminant de sa vocation sulpicienne avait été la prédication des retraites pastorales. Cependant, depuis vingt-cinq ans qu'il était à Saint-Sulpice, il n'avait encore exercé qu'une fois, et d'une

(1) Le malencontreux moulin, qui causa tant d'ennuis à M. Hamon, fut en 1665 l'occasion d'un grand débat, et faillit causer une émeute à Montferrand. Il appartenait alors aux religieuses de la Visitation, et, dès cette époque, il gênait beaucoup les Ursulines, anciennes propriétaires du séminaire actuel. Comme il n'y avait point encore de pont jeté sur la ruelle qui y conduit, ces dames, pour se rendre à leur jardin, étaient obligées de passer par une avenue souterraine creusée sous la rue. Une demande adressée par elles au conseil de ville, à l'effet d'être délivrées de cette servitude, eut un plein succès. On les autorisa à fermer la rue, et à s'y faire en plein air un passage pour leur enclos.

Mais les Visitandines, qui voyaient par là diminuer le prix de leur immeuble, déférèrent cette concession aux juges royaux qui formaient le tribunal des Grands-Jours. Une descente sur les lieux ayant été ordonnée, le commissaire qui en fut chargé trouva le peuple de Montferrand mutiné contre les Ursulines. Tout bien considéré, il fut d'avis de conserver la rue. Les juges royaux approuvèrent cette décision, qui frustra les Ursulines de l'avantage par elles obtenu. Le moulin resta aux religieuses de la Visitation jusqu'à la Révolution, où il fut vendu comme bien national.

manière tout accidentelle, ce ministère à Bordeaux. La suite des événements que nous avons racontés en explique la cause. Au moment où, mûri par l'âge, l'expérience et l'étude, il allait pouvoir suivre son attrait, une affection du larynx le privait de l'exercice de la parole publique et le condamnait à un silence presque absolu. Il n'y eut donc pas possibilité pour lui de penser aux retraites pastorales, jusqu'à ce que, complètement guéri, il pût sans témérité affronter ce genre de fatigue.

On crut enfin qu'il y avait lieu de faire un essai. Il accepta pour les vacances de 1846 deux retraites : celle de Bourges et celle de La Rochelle.

Comprenant toute la gravité du ministère auquel il allait se livrer, M. Hamon consacra l'année entière à composer ses sermons, qu'il écrivit d'un bout à l'autre, avec un soin tout particulier. Quelque bien préparé qu'il fût déjà, ce fut pour lui un grand travail, et il convient, dans sa correspondance, qu'il lui en coûta presque autant pour cette composition que pour celle de son *Traité de la prédication*. Aussi les sermons de retraite pastorale qu'il a laissés sont incontestablement la partie la plus achevée et la plus soignée de ses œuvres oratoires. Les devoirs de la vie sacerdotale y sont traités avec une hauteur de vues, une solidité de pensées, une pureté et une noblesse de style vraiment remarquables. C'est un admirable résumé dans lequel le pieux orateur a condensé tout ce que ses études, son esprit d'oraison, sa longue expérience lui avaient appris relativement à ces grands objets.

Mais la rédaction de ses sermons n'était pas la principale cause des préoccupations que faisait naître dans l'esprit de

M. Hamon la perspective de ses deux retraites. Pourrait-il en soutenir la fatigue, et la voix ne lui ferait-elle pas défaut ? Il se posait, non sans inquiétude, cette question, confiant toutefois en la Providence qui, sans doute, seconderait la pureté de son zèle. Il ne se trompa pas. Les deux retraites réussirent parfaitement ; la voix se soutint jusqu'au bout, et il fut démontré que M. Hamon pouvait se livrer sans crainte à la prédication des retraites pastorales. Il en ressentit une joie d'autant plus grande que ce ministère avait toutes ses préférences. Ecoutons-le exprimant lui-même sa satisfaction à ce sujet, à l'issue de sa retraite de Bourges :

« Voilà ma retraite finie d'hier. Le bon Dieu m'a soutenu, et ma voix a résisté à la fatigue de parler quatre fois par jour pendant toute la retraite. J'ai clos les exercices à la cathédrale, et, malgré son immensité (c'est une des plus grandes de France), je me suis parfaitement fait entendre. Le roi d'Espagne (1) assistait à ce dernier discours. »

L'année suivante, il prêcha cinq retraites, savoir : celles du Mans, de Nantes, de Metz, d'Orléans et de Paris. Il obtint partout le même succès, et les félicitations qu'il reçut l'encouragèrent vivement à continuer cette œuvre. Qu'on nous permette de citer ici, en preuve de l'estime dont jouissait M. Hamon, un fragment de la lettre circulaire par laquelle Mgr Fayet, évêque d'Orléans, annonça à ses prêtres la retraite de 1847 :

« Monsieur le curé, la retraite s'ouvrira cette année, le

---

(1) Don Carlos V, alors exilé et prisonnier à Bourges.

16 du mois de septembre. Vous apprendrez avec plaisir qu'elle sera prêchée par M. l'abbé Hamon, auteur de la *Vie du cardinal de Cheverus* et de plusieurs autres ouvrages également estimés du clergé de France. Sans doute, le succès des exercices spirituels, tout le monde le sait, n'est point essentiellement attaché à la science et à la piété du prêtre qui les dirige. Cependant le mérite personnel du prédicateur, sa foi vive, ses talents, son zèle, disposent merveilleusement les esprits à goûter sa parole, et à mettre à profit ses graves enseignements. Sous ce point de vue, nous pouvons donc espérer de cette retraite un plein succès et les plus abondantes consolations. »

Tout en s'occupant du travail de ses retraites, M. Hamon, dans son infatigable activité, concevait un autre projet. Bien des personnes, frappées du remarquable talent qu'il avait déployé comme biographe dans la *Vie du cardinal de Cheverus,* le pressaient de donner au public une histoire de saint François de Sales ; on estimait avec raison que nul ne serait plus en état de reproduire les traits de cet inimitable type, où se trouve réuni dans un harmonieux ensemble tout ce que la nature et la grâce peuvent, ce semble, réaliser de plus parfait.

Quelque dévotion qu'il eût pour saint François de Sales, et quelque incliné qu'il fût à entreprendre son œuvre, le modeste écrivain hésita longtemps, effrayé par la grandeur et la difficulté du travail, et probablement eût-il hésité bien davantage encore, s'il eût prévu au milieu de quels embarras et de quel tracas d'affaires il lui faudrait le poursuivre. Dieu ne le permit pas. Il n'avait alors d'autre perspective que de terminer ses jours à Montferrand, et les

CHAP. XIV. — LE SÉMINAIRE DE MONTFERRAND.

nombreux loisirs que lui laissaient ses occupations lui permirent d'espérer qu'il conduirait à bonne fin l'entreprise proposée. Il se rendit donc aux instances qui lui étaient faites, et se mit sans retard à recueillir les matériaux dont il avait besoin.

Son premier soin fut de se mettre en rapport avec M. l'abbé de Baudry, son ancien confrère qui, depuis longues années, se livrait tout entier à l'étude de la vie et des écrits de saint François de Sales. Il reçut de lui une réponse favorable. M. de Baudry l'invitait à le venir trouver à Genève, où il résidait, avec promesse de lui remettre de volumineux manuscrits et de nombreux renseignements.

M. Hamon profita, pour faire ce voyage, du temps qui s'écoula entre la retraite de Metz et celle d'Orléans. De Genève à Annecy, la ville où saint François de Sales résida si longtemps, où il fonda le saint Ordre dans lequel le bienheureux se survit en quelque sorte, où reposent encore ses précieux restes, il n'y avait qu'une courte distance. M. Hamon ne balança pas à la franchir. Il voulut, en priant au tombeau du saint, mettre sous sa protection le monument qu'il prétendait élever à sa gloire, et lui demander, pour le succès de son entreprise, une bénédiction. Il avait d'ailleurs l'espoir fondé de trouver, dans les archives du monastère de la Visitation, de précieux documents. Ce fut une heureuse inspiration, et le succès dépassa de beaucoup son attente.

Les religieuses lui communiquèrent en effet sur saint François de Sales un manuscrit du plus haut prix, et qui pouvait presque le dispenser de toute autre recherche : c'étaient plusieurs volumes in-folio contenant les procès-verbaux de la canonisation du saint. Il n'en existait que deux exemplaires, dont l'un était conservé à Annecy et l'autre se trouvait à Rome. Cette découverte combla de joie M. Hamon, lorsque survint une difficulté sérieuse à laquelle il ne s'attendait pas, et qui faillit un instant renverser toutes ses espérances. Les filles de saint François de Sales, quoique très-heureuses de voir la vie de leur saint fondateur confiée à l'historien du cardinal de Cheverus, et quelque disposées qu'elles fussent à l'aider en tout ce qui dépendrait d'elles, ne pouvaient se résoudre à se dessaisir d'un manuscrit qu'elles considéraient comme leur plus précieuse richesse après le corps de leur bienheureux père. S'il venait à s'égarer, à être dérobé, consumé par les flammes!... Par bonheur, l'évêque prit le parti de M. Hamon. Appuyées d'une telle autorité, ses prières furent plus persuasives, et les bonnes Visitandines comprirent qu'en déposant entre ses mains leur manuscrit, elles contribueraient plus efficacement à la gloire de saint François de Sales, qu'en le retenant dans leurs archives.

M. Hamon fut donc enfin mis en possession de cet inappréciable document, après avoir assumé sur lui la responsabilité de tous les accidents qui pourraient survenir, s'engageant même à faire transcrire à ses frais l'exemplaire de Rome, si celui qu'on lui livrait venait à se perdre.

CHAPITRE XV

Troisième mission à Bordeaux.

Rentré en France, M. Hamon se disposait à prêcher ses deux dernières retraites, pour se livrer ensuite tout entier à la composition de la vie de saint François de Sales, lorsque M. de Courson lui fit connaître la résolution qu'il avait prise de le remettre à la tête du séminaire de Bordeaux.

Ainsi que nous l'avons dit, le supérieur qui lui avait succédé avait quitté le poste au bout de deux ans. Il avait été remplacé par M. Rosny, directeur au séminaire de Lyon; mais après le même laps de temps, celui-ci était enlevé par la mort. Mgr l'archevêque renouvela alors ses instances pour obtenir l'ancien supérieur, et cette fois sa demande fut agréée. Le grand obstacle était, comme précédemment, la peine que ce changement allait causer au vénérable évêque de Clermont. Ce digne prélat était personnellement très-attaché à M. Hamon ; il savait d'ailleurs à quel point il avait conquis la confiance de son clergé, et tout le bien qu'il faisait au séminaire. Il ne pouvait donc manquer d'être profondément attristé de son départ. M. de Courson lui écrivit pour lui faire part de la nécessité où il se voyait réduit, et il sut traiter cette affaire avec tant d'habileté, de tact et de délicatesse, que tout s'arrangea sans trop de déchirement. Le changement fut donc résolu.

On n'a pas oublié la peine extrême que M. Hamon avait

ressentie lorsqu'il lui avait fallu quitter Bordeaux pour Clermont. Mais les quatre années de son séjour dans ce diocèse avaient bien modifié ses impressions. Il avait trouvé à Clermont, et au dedans et au dehors du séminaire, une sympathie si franche et si cordiale, un clergé et des séminaristes doués de qualités si précieuses de cœur et d'intelligence, qu'il avait fini par s'attacher à ce pays.

Dès l'année 1845, pressentant son départ au moins comme possible, il écrivait à son frère : « Croirais-tu, cher frère, qu'il m'en coûtera de sortir d'ici presque autant que de quitter Bordeaux ? On est si bon pour moi, on me témoigne tant d'attachement, que vraiment je ne puis quitter tant de braves gens sans une grande peine, d'autant plus que je sais le chagrin que leur causera mon départ. »

Ce qu'il avait pressenti arriva. Lorsque le moment de la séparation fut venu, il y eut de part et d'autre des larmes versées. Le bon cœur de M. Hamon saigna douloureusement en quittant tant d'excellents amis auxquels il se sentait profondément attaché. Mais il est juste de dire que le chagrin fut encore plus douloureusement senti par ceux que M. Hamon quittait, et qui le voyaient s'éloigner au moment où, le connaissant mieux, ils allaient goûter plus parfaitement les avantages de sa présence au milieu d'eux.

D'un autre côté, Bordeaux était dans la joie, en voyant revenir le supérieur bien-aimé qu'il avait vu partir quatre ans auparavant avec tant de peine. Les premières semaines surtout, il fut accablé de lettres et de visites de félicitation. « Tout le monde, disait-il, me fait fête. »

Plus intéressés que tous les autres à l'événement qui faisait l'objet de la joie et de la préoccupation générale, les séminaristes y prirent naturellement une grande part. Il n'y en avait plus qu'un petit nombre qui eussent vécu avec M. Hamon ; mais ceux qui étaient venus au séminaire depuis son départ le connaissaient de réputation, et tous étaient impatients de le voir et de l'entendre.

Il paraît cependant que la satisfaction éprouvée par les séminaristes fut d'abord mêlée de quelques appréhensions. M. Hamon était bon, on le savait ; mais on n'ignorait pas non plus qu'il était ferme, et qu'il ferait exécuter la règle. Comme toujours, en pareille circonstance, des bruits vagues de réforme circulèrent dans la communauté, et préoccupèrent certains esprits.

Mais laissons un témoin oculaire nous rendre compte de ses impressions et de celles de ses condisciples :

« Je me trouvais au séminaire de Bordeaux lorsque M. Hamon y revint de Clermont, et je me souviens encore distinctement de l'impression que fit naître sur mes jeunes condisciples, dont les plus anciens l'avaient connu, la perspective de l'avoir pour supérieur.

« C'était un mélange de curiosité, d'espérance et de crainte, car ils avaient entendu également célébrer l'éminence des talents de l'ancien supérieur et sa fermeté à maintenir la discipline.

« Mais, dès les premiers jours, il nous conquit tous par le charme de sa parole et par sa bienveillance paternelle.

« Deux fois, dans le cours de l'année, il eut occasion de remplacer nos professeurs.

« Au cours d'Écriture sainte, on en était au XLIVe psaume,

Eructavit cor meum. Ce fut pendant trois quarts d'heure une paraphrase éloquente de ce beau psaume, dont saint Augustin, Bossuet et d'autres grands maîtres faisaient en partie les frais : *A la bonne heure,* me dit, tout ému encore au sortir de cette classe, un de ses auditeurs, *si on expliquait toujours ainsi la Bible, nous nous passionnerions pour l'étude de ce livre.*

« Plus tard, il dut remplacer le professeur de morale, et tout le monde fut frappé de la clarté de son exposition, de sa méthode ferme et lucide, de la sage modération de ses conseils pratiques. »

M. Hamon continua donc à Bordeaux, avec le même succès que précédemment, son œuvre interrompue.

Un deuil de famille vint assombrir les débuts de son nouveau ministère. Il avait eu la consolation de conserver jusque-là son vieil oncle, M. l'abbé Lehuen-Dubourg. Ce vénérable prêtre, retiré, comme nous l'avons dit, dans sa famille, y menait la vie la plus édifiante, faisant sa principale occupation du devoir de la prière, dont il s'acquittait avec une piété touchante. Une attaque de paralysie l'ayant mis dans l'impossibilité de lire son bréviaire, il s'en attrista au point d'en verser des larmes. Cette première attaque fut suivie d'une seconde qui l'emporta dans le cours du mois d'octobre 1847.

La première année du nouveau séjour de M. Hamon à Bordeaux fut marquée par de graves événements politiques. Au gouvernement du roi Louis-Philippe, subitement renversé par une émeute, succéda le gouvernement provisoire sous lequel la France, en proie aux plus vives agitations, se vit plusieurs fois exposée à d'affreuses catastrophes.

Il prit part à l'émotion commune ; mais, complètement étranger à la vie publique et aux agitations des partis, il continua paisiblement, à travers les crises terribles de février et de juin, ses pacifiques travaux. A Bordeaux, non plus que dans la plupart des villes de province, les exercices des séminaires ne furent pas troublés, et on y jouit constamment d'une tranquillité parfaite.

Un instant néanmoins M. Hamon, avait pu craindre que, par suite de la perturbation et de l'inquiétude qui régnait en France, il ne lui fût pas possible de donner les six retraites qu'il avait promises à Autun, à Beauvais et à Noyon, au Puy, à Viviers et à Rodez. Heureusement, ses craintes ne se réalisèrent pas. Les retraites ecclésiastiques eurent lieu cette année comme les précédentes, et M. Hamon donna toutes celles pour lesquelles il s'était engagé. L'intérêt que lui offrait ce ministère allait croissant ; il s'y attachait avec bonheur, et s'y livrait avec toute la vivacité et tout l'entrain de sa nature ardente. Il semblait que ses retraites fussent la moitié de sa vie. Elles étaient cependant très-laborieuses, et devaient lui occasionner une fatigue considérable. Outre les trois entretiens réglementaires, il donnait chaque soir le sujet d'oraison, qu'il répétait le lendemain en le développant, et de plus, au milieu de la journée, il faisait de vive voix l'examen particulier. Il parlait donc six fois par jour. Les intervalles qui séparaient les exercices n'étaient pas même un repos pour lui ; il les consacrait à entendre les confessions des nombreux pénitents qui voulaient lui ouvrir leur cœur.

Il n'aurait pu suffire à tant de travail, si ses retraites eussent été moins soigneusement préparées. Mais le respect qu'il professa toujours pour la parole de Dieu ne lui permettait pas d'attendre aux derniers moments, pour prévoir ce qu'il aurait à dire, ou de se livrer au hasard d'une improvisation nécessairement imparfaite. Tout était d'avance parfaitement préparé, c'est-à-dire écrit jusqu'au dernier mot et appris par cœur. Par ce moyen, libre de toute préoccupation au sujet de ses entretiens, il pouvait, durant les retraites, consacrer un temps plus considérable au ministère de la confession.

Aux vacances de 1849 eut lieu à Bordeaux l'inauguration d'un monument élevé dans la métropole à la mémoire du cardinal de Cheverus. L'année même de la mort du pieux archevêque, une souscription fut ouverte pour l'érection de ce monument, et produisit promptement une somme importante. Mais diverses causes firent ajourner ou traîner en longueur l'exécution du projet. Enfin Mgr l'archevêque, justement impatienté de ces retards, décida, de concert avec les autorités de la ville, que le monument, nonobstant l'absence de la statue encore inachevée qui devait le couronner, serait inauguré le 30 juillet 1849. La cérémonie eut lieu en effet au jour indiqué, en présence de huit évêques, des autorités civiles, militaires et judiciaires, d'un nombreux clergé et d'un grand concours de fidèles. Le cercueil qui contenait le corps du cardinal fut tiré du caveau où on l'avait provisoirement déposé, et transporté sur un catafalque au milieu de la nef. Une messe des morts fut chantée, et après l'évangile M. Hamon prononça un discours dont voici le début :

« A la vue de ce corps sorti de la région des ténèbres, pour être placé dans une sépulture glorieuse, m'afflige-

CHAP. XV. — TROISIÈME MISSION A BORDEAUX.

rai-je ou me réjouirai-je? Ferai-je entendre des cris de douleur ou des chants de triomphe?

« D'un côté, quand je me représente dans ce cercueil ce cœur si bon qui ne battait que pour la charité, cette bouche d'où découlaient des paroles si suaves, ce visage si noble et si compatissant, ces mains qui ne s'étendaient que pour bénir et faire le bien, et que je me dis à moi-même que tout cela n'est plus aujourd'hui qu'une poussière froide et inanimée, comment pourrais-je ne pas pleurer?

« D'un autre côté, quand je vois la pompe de cette cérémonie, tous ces vénérables princes de l'Église rangés autour de l'auguste primat d'Aquitaine, tous ces honorables magistrats, toute l'élite de cette grande cité, tout   ple qui se presse avec amour autour de ces restes vénérés; quand je considère la magnificence de ce monument, où le génie de l'artiste a su animer le marbre, et répandre autant de vie sur les figures que de grâce dans la disposition des ornements, et que je me dis à moi-même que l'éclat de cette solennité est tout à la fois le triomphe de la religion et celui du cardinal de Cheverus, comment pourrais-je ne me pas réjouir?

« Souffrez, mes frères, que, laissant là l'oraison funèbre où je ne pourrais que me répéter moi-même, je me renferme dans la circonstance présente, pour vous dire tout ce que l'érection de ce monument offre de touchant pour le cœur, de glorieux pour la religion, d'instructif pour les peuples, et vous comprendrez les sentiments divers qui inondent mon âme en ce moment solennel, ou plutôt vous les partagerez vous-mêmes avec moi. »

Après avoir développé ces trois pensées, M. Hamon termina en ces termes son discours :

« Mes frères, puissent ces leçons être comprises ! Si le cardinal de Cheverus, qui ne connut d'autre ambition et d'autre jouissance que d'être utile aux hommes, peut encore être utile après sa mort, il me semble qu'il en tressaillira jusque dans sa cendre.

« Puissent les âges les plus reculés entendre aussi ce langage, et fasse le ciel que, dans les siècles à venir, les pères disent à leurs enfants curieux d'apprendre quel est ce monument : *Quæ est ista religio !* Dans la première moitié du XIX⁰ siècle vécut un apôtre de la charité, dont l'un et l'autre hémisphère admirèrent les vertus, dont les rois qui régnèrent sur la France honorèrent le mérite, et dont le chef de l'Église récompensa par la pourpre les glorieux travaux. Il n'eut d'autre passion que le bonheur de ses semblables, et ne vécut que pour faire des heureux ou sécher des larmes. Cet homme, dont vous voyez ici l'image, ô mon fils, s'appelait le cardinal de Cheverus. Soyez bon et bienfaisant comme lui. »

Cette année encore, M. Hamon devait donner six retraites pastorales : une dans chacun des quatre diocèses de Rouen, de Reims, d'Aix et d'Alby, et deux à Périgueux. Mais le choléra, qui faisait alors de grands ravages dans certaines parties de la France, obligea les évêques de Reims et d'Aix à contremander leur retraite. Ainsi M. Hamon, après avoir donné celle de Rouen, se reposa quelques jours à Issy, à Lyon et à Nîmes, et se rendit ensuite à Alby et à Périgueux pour y terminer sa station de cette année.

CHAP. XV. — TROISIÈME MISSION A BORDEAUX.

Le commencement de l'année 1850 fut marqué pour la compagnie de Saint-Sulpice par un événement douloureux. La maladie de cœur dont M. de Courson était atteint depuis longtemps s'aggrava tout à coup d'une manière inquiétante, et fit pressentir une fin prochaine. Cette nouvelle répandit dans toute la compagnie une véritable consternation. De toutes parts on fit des prières ferventes pour la conservation d'une vie qui semblait en quelque façon nécessaire. Tout fut inutile, et le 10 avril 1850 M. de Courson, ravi prématurément à l'affection des siens, rendait à Dieu sa belle âme, dans la cinquante et unième année de son âge et la cinquième depuis son élection.

Les liens d'intimité qui unissaient M. Hamon au vénérable supérieur le rendirent tout particulièrement sensible à cette mort. Il en fut d'autant plus affecté, que le bruit se répandit en divers lieux qu'il allait être appelé à succéder à M. de Courson, au point que l'évêque de Périgueux, son ami, lui en fit faire ses compliments. La perspective de cette position entièrement opposée à ses goûts, et dans laquelle, comme il le dit dans l'une de ses lettres, il ne devait plus songer à la prédication de ses chères retraites pastorales, le préoccupa et l'attrista. Mais les rumeurs ne se réalisèrent point, et l'assemblée générale donna M. Carrière pour successeur à M. de Courson.

Avant de se rendre à Paris pour cette assemblée, M. Hamon avait eu à s'occuper d'un grand travail. C'était le temps où l'Église de France, profitant de la liberté qui lui était accordée, reprenait la tradition si longtemps interrompue de ses conciles provinciaux. Celui de la province de Bordeaux fut fixé au mois de juillet 1850. Mais il fallait préalablement en préparer les matériaux, et étudier à fond les questions qui devraient y être traitées, afin de fixer et de préciser les solutions à y donner. Sans cette sage précaution, prise dans tous les conciles, un temps énorme y aurait été inutilement consumé dans des recherches et des discussions sans but déterminé. Mgr l'archevêque désirait que le supérieur de son grand séminaire se chargeât de cette tâche, et il lui en fit la proposition. M. Hamon, fatigué alors, déclinait le fardeau, que d'ailleurs sa modestie lui faisait envisager comme au-dessus de ses forces. Enfin, pressé de plus en plus, il crut pouvoir profiter de cette occasion pour obtenir de l'archevêque une grâce qui serait comme le prix du travail demandé. Depuis longtemps, un jeune ecclésiastique, M. Fory, sollicitait la permission de partir pour les missions étrangères, et Mgr Donnet, dans son estime pour ce prêtre, hésitait à se priver de ses services. « Monseigneur, lui dit un jour M. Hamon, je consens à m'occuper du concile, ainsi que Votre Grandeur le désire ; mais accordez-moi, en échange de mon travail, le départ de M. Fory. — Eh bien ! répondit l'archevêque, qu'il parte. » Le jeune missionnaire alla en effet où Dieu l'appelait, et, peu de temps après, il versait son sang pour la foi. Plus tard, le supérieur du séminaire de Bordeaux, devenu curé de Saint-Sulpice, racontait avec émotion cette anecdote, se félicitant d'avoir acquis, et pour ainsi dire acheté, un saint martyr à l'église.

De son côté, Mgr l'archevêque ne put que se louer d'avoir confié à M. Hamon la rédaction de son concile. Le rédacteur s'acquitta de sa tâche avec l'intelligence et la doctrine qu'il savait mettre en toutes choses ; la pieuse

CHAP. XV. — TROISIÈME MISSION A BORDEAUX.

assemblée à laquelle il avait préparé les voies s'écarta peu de ses solutions, et l'on peut dire que le concile fut son œuvre.

Cependant, au grand regret de tous ceux qui y prirent part, il n'y fut point présent, retenu qu'il était à Paris par l'assemblée des assistants. Mais à son retour à Bordeaux, Mgr l'archevêque joignit ses instances à celles de Mgr de Périgueux, pour le déterminer à rédiger, au nom des sept évêques de la province, le mandement destiné à rendre compte des opérations qui s'y étaient accomplies. C'était le complément de ce qu'il avait fait déjà ; ayant préparé les éléments du concile, il était plus à même que tout autre de rendre compte des décisions prises. Il ne crut donc pas pouvoir refuser aux deux vénérables prélats ce qu'ils lui demandaient.

Il était cependant alors peu en état d'entreprendre une pareille œuvre. Le travail excessif auquel il avait dû se livrer durant les derniers mois de l'année scolaire avait épuisé sa santé. Une fatigue de tête, qui inspira d'abord de graves inquiétudes, s'était déclarée. Les médecins consultés craignirent une congestion, et interdirent toute application, au point que le malade fut privé même de la consolation de dire son bréviaire. Dans cette situation, il ne pouvait être question de retraites ecclésiastiques, et celles pour lesquelles M. Hamon s'était engagé à Bordeaux, à Carcassonne, à Luçon, à Tours et à Angers durent être contremandées. Il y eut là pour lui un réel sacrifice ; mais cette mesure, il le comprit, était impérieusement exigée.

Le temps des vacances fut donc exclusivement consacré au repos et à des voyages distrayants. C'était le seul remède qui pût guérir un mal occasionné par une application excessive. Il eut tout le résultat qu'on avait lieu d'en attendre. A la fin des vacances, un mieux notable s'était produit, et, grâce à quelques ménagements que M. Hamon prit encore, il ne tarda pas à recouvrer la plénitude de ses forces et put, avec la même facilité qu'auparavant, se livrer à ses travaux ordinaires.

L'objet principal auquel il s'était appliqué depuis son retour à Bordeaux avait été la vie de saint François de Sales. Il la poursuivait avec amour et y consacrait tous ses moments libres. Lorsqu'il dut surseoir à toute autre occupation pour travailler à la préparation du concile, cet ouvrage était déjà bien avancé ; l'année suivante, il termina le premier volume, et commença la rédaction du second, dont il avait mis en ordre les matériaux. Il espérait donc pouvoir prochainement donner le livre au public, lorsque l'événement inattendu de sa nomination à la cure de Saint-Sulpice vint ajourner la réalisation de cette espérance.

DEUXIÈME PARTIE

DEPUIS LA NOMINATION DE M. HAMON A LA CURE DE SAINT-SULPICE JUSQU'A SA MORT

(1851-1874)

CHAPITRE PREMIER

Nomination et installation.

La paroisse de Saint-Sulpice, telle qu'elle se trouve constituée aujourd'hui, est, on peut le dire, une création de M. Olier. On sait au prix de quels travaux et de quels efforts ce modèle des pasteurs parvint, durant les dix ans qu'il la gouverna, à la transformer, et à faire dans le quartier le plus dépravé de Paris l'une des paroisses les plus édifiantes de cette grande ville.

Les fruits du ministère qu'il y exerça ne furent pas éphémères, et jamais peut-être, en aucun lieu, le passage d'un saint prêtre ne laissa sur le sol qu'il arrosa de ses sueurs une trace plus profonde et plus durable. De nos jours encore, après plus de deux cents ans, l'impulsion puissante donnée à la paroisse de Saint-Sulpice par

M. Olier subsiste, et les prêtres qui y continuent son œuvre constatent avec consolation que son esprit y est toujours vivant aussi bien que ses institutions.

Pour opérer cette merveilleuse réforme, il substitua à l'ancien clergé de la paroisse une société de prêtres, dans laquelle il s'efforça de faire revivre l'esprit des communautés ecclésiastiques de la primitive Église. Tous ces prêtres logeaient dans la même maison, prenaient ensemble leurs repas, pendant lequel on faisait une lecture, suivaient un réglement qui se rapprochait, autant que le service paroissial le pouvait permettre, de celui du séminaire. Ils vivaient sous la conduite d'un supérieur qui, en l'absence du curé, dirigeait et présidait leurs exercices, et auquel ils devaient demander la permission de sortir. Les traitements et le casuel étaient mis en commun; on ne recevait point de présents; on n'allait jamais manger en ville; on s'appliquait à pratiquer ponctuellement toutes les règles de vie prescrites aux prêtres par les saints canons.

Les successeurs de M. Olier maintinrent ce bel ordre de choses, et en 1789 la communauté établie par lui subsistait encore et suivait la règle qu'il lui avait tracée. Ainsi, les fruits du ministère de ce digne serviteur de Dieu s'affermirent et se développèrent.

Lorsqu'après la Révolution, M. Émery reconstitua la société de Saint-Sulpice, il ne put être question pour lui de reprendre la direction de la paroisse, qui fut administrée comme les autres paroisses de la capitale. Mais, en 1836, à la mort de M. de Pierre, premier curé de Saint-Sulpice depuis le concordat, Mgr de Quélen, désireux de renouer les anciennes traditions, insista vivement auprès de M. Garnier, alors supérieur général, pour obtenir qu'un sulpicien fût nommé curé de la paroisse, et remît les choses dans l'état où elles étaient autrefois.

M. Garnier, religieux observateur des anciens usages, aurait vu sans doute avec bonheur renaître l'organisation paroissiale de M. Olier. Il ne crut pas toutefois, vu la pénurie de sujets dont souffrait alors sa compagnie, pouvoir accéder au désir de Mgr l'archevêque ; il le pria seulement d'avoir égard, dans le choix qu'il allait faire d'un curé de Saint-Sulpice, aux rapports intimes qui continuaient d'exister entre la paroisse et le séminaire.

Le vœu du supérieur fut exaucé. M. l'abbé Colin, qui succéda à M. de Pierre, et gouverna la paroisse jusqu'en 1851, vécut toujours, avec la compagnie de Saint-Sulpice et le séminaire où il avait été élevé, dans la plus parfaite harmonie.

A sa mort, la question de l'union de la paroisse avec le séminaire fut de nouveau posée. Mgr Sibour en fit l'ouverture à M. Carrière, et le pressa à plusieurs reprises d'y consentir, en indiquant lui-même, comme très-propre à remplir le poste de curé de Saint-Sulpice, le supérieur du séminaire de Bordeaux. M. Carrière, effrayé de la lourde charge qu'il allait faire peser sur la compagnie, hésita longtemps ; néanmoins, comme il ne s'agissait pas d'innover, mais de rétablir, et que d'ailleurs d'incontestables avantages devaient résulter de la mise à exécution du plan proposé, il donna son consentement.

Il ne s'agissait plus que d'annoncer la mesure à M. Hamon, et de la lui faire accepter. La chose ne parut pas à M. Carrière sans difficulté, et pour parvenir au but qu'il voulait atteindre, il eut recours à un expédient qui lui réussit : ce fut d'écrire à M. Hamon, pour le consulter, en sa qualité d'assistant, sur la proposition de Mgr l'archevêque. Selon sa méthode ordinaire, M. Carrière, dans cette lettre, proposait les raisons pour et contre, et, entre ces dernières, il faisait valoir l'embarras où il allait être de trouver un membre de la compagnie qui voulût consentir à être curé de Saint-Sulpice. M. Hamon, sans se douter du piége, répondit sur le champ que la proposition de Mgr l'archevêque ne devait pas être repoussée ; que la direction de la paroisse de Saint-Sulpice était dans les traditions de la compagnie, et que l'occasion se présentant de renouer cette tradition, il la fallait saisir : « Quant à la difficulté de trouver un curé, ajoutait-il, elle ne doit pas vous arrêter. Vous avez l'autorité nécessaire. Ordonnez, et il n'y a pas un prêtre de Saint-Sulpice qui ne vous obéisse. »

Cette réponse était tout ce que voulait M. Carrière. Il écrivit donc de nouveau à M. Hamon, pour lui faire connaître qu'il était l'élu, et que, pour être conséquent avec lui-même, il devait courber les épaules sous le fardeau.

Il n'y avait pas moyen de reculer, et M. Hamon accepta le titre et les fonctions de curé de Saint-Sulpice.

Ce ne fut pas cependant sans surprise et sans frayeur qu'il se vit contraint de le faire. Quelles que fussent ses réelles aptitudes pour le ministère paroissial, il n'y avait jamais songé ; toute sa vie s'était écoulée dans les fonctions si différentes de directeur de séminaire, et il était arrivé à un âge où difficilement on modifie des habitudes contractées depuis la jeunesse. Et puis, son bon cœur redoutait des

CHAP. I. — NOMINATION ET INSTALLATION.

séparations qui, une première fois déjà, lui avaient été si douloureuses.

« Priez toujours beaucoup pour moi, écrivait-il le 16 juin ; j'en ai plus grand besoin que jamais. J'ai le cœur déchiré par les larmes et les regrets de ceux qu'il me faudra quitter bientôt. Oh! que je souffre! Cette idée d'être curé me déconcerte ; il faut que je tienne sans cesse ma vue arrêtée sur la volonté de Dieu pour me résigner. Comment en serait-il autrement? Je vais me trouver jeté dans un abîme d'affaires, de visites... Oh! combien j'étais plus tranquille ici ! »

Mais M. Hamon était depuis longtemps façonné à l'obéissance. Il n'avait jamais fait sa volonté propre, et, habitué à voir dans les ordres de ses supérieurs l'expression non équivoque de la volonté de Dieu, il n'avait reculé, pour s'y soumettre, devant aucun sacrifice. Cette fois encore, il fit taire les soulèvements de la nature, et il obéit.

La nouvelle de cet événement ne tarda pas à se répandre, et, sauf les regrets qu'elle excita à Bordeaux, elle fut accueillie partout avec une grande joie. Déjà à cette époque M. Hamon jouissait en France d'une grande considération. Ses écrits, ses retraites pastorales, les éminentes qualités que ses nombreuses relations avaient révélées en lui, ses succès dans la direction des deux séminaires de Bordeaux et de Clermont, lui avaient concilié l'estime et la sympathie, non seulement des évêques et des prêtres, mais de beaucoup de laïques distingués. Tout le monde, sans exception, s'empressa donc d'applaudir au choix qui avait été fait ; la paroisse de Saint-Sulpice en particulier s'en félicita comme du plus heureux événement qui pût lui arriver.

Le décret de nomination ne se fit pas attendre, et le 8 juillet 1851, M. Hamon quittait Bordeaux pour prendre possession de son nouveau poste. Cinq jours après, le samedi 13, eut lieu la cérémonie de l'installation.

Mgr Sibour voulut inaugurer lui-même le nouvel état de choses, dont il avait eu l'initiative, et qu'il considérait comme une des plus précieuses institutions de son pontificat. Ce fut lui qui, au milieu d'un immense concours de prêtres et de fidèles, parmi lesquels on remarquait un grand nombre de personnages éminents, installa M. Hamon.

La procession partit du séminaire, et se rendit à la paroisse au son majestueux des quatre grosses cloches de l'église. L'archevêque monta alors en chaire et, s'inspirant d'une pensée de saint Charles sur les devoirs d'un bon pasteur, il en fit au nouveau curé l'application la plus heureuse. « Monseigneur, disait celui-ci dans une lettre où il rendait compte de son installation, m'a, dans son discours, accablé de compliments. On ne peut pas couvrir un homme de plus de confusion : je ne savais où me cacher. »

L'allocution simple et modeste dans laquelle M. Hamon, répondant à Mgr l'archevêque, épancha pour la première fois son cœur dans celui de ses paroissiens, fit une vive impression. Traçant à grands traits les devoirs de la vie pastorale, il parla du soin des pauvres en termes qui émurent profondément son auditoire : « Je prends ici, dit-il, l'engagement solennel de tout donner aux pauvres. Je veux vivre pauvre, mourir pauvre, en sorte que je n'aie point de testament à faire, quand il plaira à Dieu de

CHAP. 1. — NOMINATION ET INSTALLATION.

m'appeler à lui. » La suite de cette vie montrera avec quelle fidélité il a rempli son engagement.

Ces premières paroles tombées des lèvres de leur pasteur furent, comme on devait s'y attendre, accueillies avec bonheur par les assistants. Celles qu'il prononça le lendemain, fête du Sacré-Cœur (1), achevèrent de lui concilier toutes les sympathies, et les paroissiens de Saint-Sulpice comprirent dès lors quel trésor ils possédaient dans la personne de leur nouveau curé.

Il parla trois fois : à la grand'messe, où il fit le prône ; après les vêpres, et à huit heures du soir. Il fut toujours également éloquent. Le sermon des vêpres surtout produisit un grand effet. S'inspirant très-heureusement des circonstances, il commenta ces paroles de Notre-Seigneur : *Ignem veni mittere in terram, et quid volo nisi ut accendatur :* « Je suis venu apporter le feu sur la terre, et que désiré-je, sinon qu'il s'enflamme ? » — « L'attendrissement, dit un témoin, était universel. Tout le monde pleurait. Jamais je n'avais vu un auditoire aussi ému. »

Il avait été convenu avec Mgr l'archevêque que M. Hamon, en prenant possession de la cure, rétablirait la communauté des prêtres fondée par M. Olier. Aussitôt, en effet, quelques confrères furent associés à M. Hamon, pour former le premier noyau de cette œuvre. Plusieurs des anciens prêtres de la paroisse s'adjoignirent à eux, et tous se réunirent dans une maison de louage située rue Garancière, qui devait servir provisoirement de presbytère.

---

(1) En vertu d'un indult pontifical, la fête du Sacré-Cœur se célébrait alors à Paris le deuxième dimanche de juillet.

C'est là que la nouvelle famille sacerdotale commença à mettre en pratique, autant que les circonstances le permettaient, les réglements de M. Olier.

Tels furent les débuts de ce ministère pastoral de vingt-trois ans, dans lequel le vénérable curé déploya, au sein de sa populeuse paroisse, tout ce que le zèle le plus actif et la charité la plus compatissante ont de plus dévoué.

Quand il en prit la direction, il était âgé de cinquante-six ans, et, à son extérieur, on lui en eût donné bien davantage. Il avait presque la physionomie d'un vieillard. Il passait pour tel dans la paroisse; et il s'égaie dans une de ses lettres du propos d'un habitant de Saint-Sulpice qu'on lui rapporta : « Nous avons un bon curé ; c'est dommage qu'il soit si vieux. » En réalité, néanmoins, il n'avait rien perdu de sa verdeur. Sa santé, plus robuste que jamais, lui permettait de se livrer sans fatigue aux plus rudes travaux ; l'activité, qui faisait comme le fond de sa nature, était toujours la même, ou plutôt semblait avoir augmenté de force et de puissance en face de l'immense carrière qui venait de s'ouvrir devant elle ; enfin, fortifiée et mûrie par trente années de vie studieuse, sa belle intelligence était parvenue à la plénitude de son développement.

M. Hamon justifiait donc pleinement le choix qu'on avait fait de lui. Il était, sans que peut-être il s'en doutât lui-même, à sa véritable place ; et tel était au fond l'idéal vers lequel les aspirations de son âme l'avaient constamment porté, et où ses merveilleuses aptitudes devaient trouver enfin leur emploi et leur application.

Quelques succès qu'il eût obtenus dans la direction des séminaires, un pareil théâtre était manifestement insuffisant au déploiement de son zèle. Cette vie de concentration, de calme, de solitude, ne pouvait lui fournir tout ce dont son âme ardente avait besoin. Nous avons vu avec quel empressement il se donna au ministère des retraites pastorales. Il s'y trouvait dans son élément, et le travail auquel il s'y livrait avait pour lui un charme inexprimable. Mais il n'y avait là qu'une occupation de quelques semaines chaque année, et ce n'était pas tout ce que réclamait la soif de travail qui le dévorait. A Saint-Sulpice, un espace en quelque façon sans limites se déroulait devant ses yeux; il se voyait en présence d'innombrables besoins spirituels et corporels; un aliment inépuisable s'offrait à son zèle et à sa charité. Le but qu'il poursuivait depuis si longtemps d'une manière inconsciente allait donc enfin être atteint.

Les chapitres suivants nous montreront avec quel succès il s'acquitta de cette tâche, et comment, après avoir été à Bordeaux et à Clermont un excellent supérieur de séminaire, il fut à Saint-Sulpice le modèle des pasteurs.

CHAPITRE II

Vie exemplaire de M. Hamon dans la cure de Saint-Sulpice.

En se vouant au ministère pastoral, le nouveau curé de Saint-Sulpice avait compris que la première de ses obligations était de donner, à ses confrères et à ses paroissiens, l'exemple d'une vie toute sacerdotale et toute sainte. Il n'eut besoin, pour y parvenir, que d'être, dans ses fonctions pastorales, ce qu'il avait été depuis qu'il était prêtre.

Cette tendre piété, que nous avons reconnue en lui aux jours de sa Solitude, n'avait subi aucun affaiblissement. Entretenue et sans cesse excitée par les exercices du séminaire et par son inviolable fidélité aux pratiques de dévotion qu'il recommandait aux autres, elle était en lui, lorsqu'il prit possession de la cure de Saint-Sulpice, aussi vive, aussi ardente, aussi affectueuse qu'au début de sa vie sacerdotale. Or, ce qu'il avait été sous ce rapport dans sa vie de directeur et de supérieur, il continua de l'être dans sa vie de curé. Ses cahiers de retraite annuelle, que nous avons entre les mains, nous en offrent un touchant témoignage ; ils sont l'expression fidèle des sentiments d'une âme qui n'aspire qu'à l'union parfaite avec Dieu. — Vivre à Dieu, en Dieu et pour Dieu ; — fidélité aux exercices de la vie spirituelle ; — esprit de prière ; — se remplir de l'esprit de Dieu ; — l'amour de Notre-Seigneur et de sa sainte mère ; — l'acquiescement le plus absolu au service de Dieu ; — la vertu de religion ; — devenir un homme intérieur. Telles sont les pensées qui y reviennent sans cesse et sous toutes les formes. M. Hamon s'y montre avant tout un homme entièrement surnaturel, un prêtre qui sent le besoin de ne travailler que pour Dieu et de ne s'appuyer que sur lui en toutes choses.

Et ne craignons pas de le dire, là est le secret des grandes choses qu'il a faites, et des succès presque incroyables qu'il a obtenus, en tout ce qu'il a entrepris. La main de Dieu était avec lui, parce que l'esprit de Dieu était en lui. Bien qu'étranger au maniement des choses temporelles, il a réussi, en s'appuyant sur le secours divin, mieux que n'auraient pu faire les négociateurs les plus habiles, en s'inspirant de leur sagesse.

Cette piété, dont toute la conduite extérieure de M. Hamon rendait témoignage, fut un des traits qui, dès le début, frappèrent le plus vivement les paroissiens de Saint-Sulpice. Le saint prêtre se révélait en lui dans ses entretiens privés et publics, dans la modestie et le recueillement de son maintien, dans toute sa conduite, où l'on découvrait un homme absolument détaché de lui-même, et ne cherchant en tout que la pure gloire de Dieu et l'accomplissement de sa divine volonté. Il se révélait surtout dans la manière dont il traitait les choses saintes.

On sait que le malheur des temps ne permet pas aux prêtres de Paris de porter le saint viatique aux malades avec l'appareil convenable. M. Hamon dut se conformer à la pratique commune; mais quand il remplissait cette fonction, il était aisé de s'en apercevoir à son air profondément recueilli, et à sa fidélité à marcher toujours alors tête nue. Le voyant passer en cet état dans la rue par un froid très-rigoureux, un pieux paroissien en fut touché jusqu'aux larmes : « Voyez donc, dit-il à ceux qui l'entouraient, notre vénérable curé ; il porte le saint sacrement. »

A l'église, son attitude respirait la foi la plus vive et la religion la plus profonde. En dehors des saints offices, il s'y tenait le plus souvent à genoux, et on l'a vu rester des temps considérables en cette posture. Le vendredi saint, lorsque la communauté du séminaire venait faire l'oraison d'une heure devant le reposoir du saint-sacrement, on y trouvait toujours M. le curé à genoux. Il demeurait ainsi immobile tout le temps de l'oraison, et lorsque la communauté se retirait, il continuait encore un certain temps sa méditation dans la même immobilité. Un étranger, étant entré un jour dans l'église de Saint-Sulpice, y vit M. le curé faisant sa prière à genoux. Il fut tellement ému et saisi de l'air de piété tout angélique et comme extatique qui illuminait le visage du saint prêtre, qu'il s'arrêta quelques instants pour le contempler : « Vraiment, dit-il, M. le curé est magnifique dans cette attitude ! »

Mais nulle part sa piété ne se révélait mieux qu'au saint autel. Il s'acquittait avec une exactitude scrupuleuse de toutes les prescriptions liturgiques, et il y attachait une grande importance. Nous en avons la preuve dans une note trouvée parmi ses papiers, et que probablement il rédigea à la suite d'observations qui lui avaient été faites sur cet objet; il y relate, pour s'en mieux souvenir, des détails de rubriques qui montrent jusqu'à quel point il s'appliquait à dire la messe d'une manière irréprochable. Ce qui contribuait plus encore que cette fidélité à l'édification des fidèles, c'était l'accent pénétré avec lequel il prononçait les paroles de la liturgie. Une personne venue de la province, disait après avoir assisté à sa messe : « Je n'ai pas encore entendu dire la messe à Paris de cette manière. »

Il n'y avait pas jusqu'à son chant qui ne respirât la piété. Assurément, M. Hamon n'était pas musicien, et un artiste aurait trouvé beaucoup à reprendre dans la manière dont il rendait les mélodies sacrées. Mais il savait donner à sa voix, en les exécutant, une expression si pieuse, et l'on sentait si bien, dans son chant, le mouvement d'un cœur tout embrasé de l'amour de Dieu, qu'on ne pouvait l'entendre sans en être touché. Un vieux général, se trouvant à l'église pendant qu'il chantait le *Pater*, jugea à l'accent de sa voix qu'il devait être un saint prêtre, et plus tard ce fut par le ministère du digne curé qu'il voulut être réconcilié avec Dieu.

Spectacle d'édification pour tous les fidèles, la piété qu'il faisait paraître dans les saints offices le fut tout spécialement pour les élèves du séminaire de Saint-Sulpice qui, chaque dimanche, en étaient les témoins.

« Je me souviendrai toute ma vie, nous écrit l'un d'eux, de l'impression que me fit un jour M. Hamon en officiant au salut. Je remplissais les fonctions de sous-diacre, et, me trouvant ainsi tout près de lui, je pus suivre et observer tous ses mouvements. Il se tenait devant le saint-sacrement dans un extérieur si recueilli, que sa vue seule était une éloquente prédication. Quand il encensait, les yeux fixés sur Jésus hostie, il accompagnait chaque coup d'encensoir d'un élan de son cœur. Je l'entendais répéter : *O Jésus ! ô Jésus ! ô Jésus !* Lorsqu'il donna la bénédiction, les effusions de sa piété devinrent plus expressives encore : *O Jésus*, disait-il, *bénissez, bénissez !* Je sortis de ce salut on ne peut plus touché et édifié, et je sais que mes confrères éprouvèrent la même impression.

« Aussi, l'une des faveurs auxquelles on tenait le plus, au séminaire de Saint-Sulpice, était de remplir les fonctions de diacre ou de sous-diacre quand M. Hamon officiait ; car on ne le faisait jamais sans édification et sans profit. Lorsque quelqu'un était désigné pour ces jours-là, on ne manquait pas de lui dire : *Vous avez du bonheur : c'est M. Hamon qui officie ; vous verrez quel saint prêtre !* »

Nous devions faire ressortir d'abord cette piété éminente du vénérable curé, parce qu'elle fut à la fois le caractère distinctif de sa vie pastorale, l'inspiratrice de toutes ses vertus et de toutes ses œuvres, et le principal motif de cette vénération religieuse dont il ne cessa d'être l'objet de la part de ses paroissiens.

Une chose qui ne frappa et n'édifia pas moins, ce fut l'oubli de lui-même et la parfaite abnégation dont il ne cessa de donner l'exemple. Pénétré de la pensée qu'un prêtre et surtout un pasteur ne s'appartient plus, il ne se rechercha jamais en rien.

Sa retraite de 1854 ne fut que le développement de ce seul mot : *sacrifice*, dont il sut faire des applications à tous les détails de sa vie privée et publique.

Le corps, l'esprit, le cœur, tout en lui était mortifié. « Il ne semblait plus un homme de la terre, nous disait la personne qui l'a peut-être le mieux connu (1). Il était mort à lui-même, et jamais je ne l'ai vu faire un acte dans lequel il se soit recherché en quelque chose. Sa vie peut se résumer en trois mots : il n'a vécu que pour Dieu, pour les âmes et pour les pauvres. »

Rien de plus simple, de plus modeste, de plus éloigné de tout ce qui aurait pu ressentir le luxe et la mondanité que sa tenue extérieure.

Lorsqu'il prit possession du presbytère provisoire de la rue Garancière, il trouva dans la chambre qui lui était destinée deux belles glaces. Jugeant que c'était trop somptueux pour l'appartement d'un prêtre, il les fit cou-

---

(1) La sœur Louise.

vrir de papier vert, et il fit placer sur celle qui garnissait la cheminée un grand crucifix : « Ce sera, disait-il, un plus beau miroir pour moi que toutes les glaces. »

Il est aisé de conclure de là quelle devait être la simplicité de son mobilier et de son vestiaire. Dans son amour pour la pauvreté, non content de se réduire autant que possible, il se refusait à faire renouveler son linge et ses hardes, et là-dessus il était difficile de lui faire entendre raison. Les choses en vinrent au point que la sœur Louise, la coopératrice zélée de M. Hamon dans ses œuvres charitables, touchée du dénuement dans lequel elle voyait son bon curé, profita d'une absence de deux jours qu'il fut obligé de faire pour visiter, de concert avec un domestique du presbytère, sa garde-robe, la compléter, faire disparaître et remplacer ce qui ne pouvait plus servir. A son retour, M. Hamon gronda bien un peu ; mais enfin il dut accepter le fait accompli.

Tout entier aux devoirs de sa charge, il les remplit toujours avec la plus édifiante régularité.

Au presbytère, il donnait à ses prêtres l'exemple d'une exactitude ponctuelle à tous les exercices de la communauté. A l'église, il leur donnait, nonobstant la multitude de ses occupations, celui de l'assistance à tous les offices, quelque nombreux qu'ils fussent : grand'messes, vêpres, sermons, saluts, obsèques, il ne manquait à rien. On était toujours sûr de le voir à sa stalle, et ses paroissiens, qui l'aimaient, en éprouvaient une grande consolation ; c'était pour eux un bonheur de voir leur saint curé toujours au milieu d'eux, toujours à son poste, quittant tout pour voler où le devoir l'appelait.

Non content d'accomplir les obligations que sa charge lui imposait, il remplissait même celles des autres. Le prêtre de garde était-il absent ou empêché, quand il se présentait une visite de malade à faire, M. le curé y volait lui-même.

Sa charité était sans bornes. Donner de l'argent, se donner lui-même à quiconque avait besoin de lui pour avoir un conseil, une parole d'encouragement ou de consolation, c'était là pour lui l'occupation de tous les jours. « Je suis débiteur de mes paroissiens, disait-il ; je me dois à eux sans réserve, et je me reprocherais de me décharger de cette dette sur qui que ce soit. »

Les historiens de saint Vincent de Paul racontent un trait charmant de ce charitable prêtre se prêtant à la simplicité indiscrète d'un garçon tailleur qui, comptant sur la charité du saint prêtre, lui avait écrit du fond de sa province pour lui demander un cent d'aiguilles de Paris. La vie de M. Hamon renferme mille exemples d'une semblable condescendance. On lui écrivait de toute la France pour solliciter de sa charité des services de tout genre : renseignements de mariage, placements de servantes, demandes de recommandation, informations à prendre, etc..... Le pauvre curé se trouvait souvent dans l'impossibilité de satisfaire toutes ces exigences ; mais toujours il répondait.

Constamment empressé à faire plaisir à tout le monde, son bon cœur souffrait au-delà de ce qu'on peut dire quand il croyait avoir fait de la peine à quelqu'un. Parfois une certaine promptitude, qui lui était naturelle, l'entraînait à dire quelques paroles un peu vives. C'était là une de ses tristesses ; et quand ce malheur lui arrivait, il n'avait pas de repos qu'il n'eût présenté des excuses, ce qu'il faisait avec une simplicité et une humilité ravissantes. Il lui arriva un jour de contrister de cette manière une personne avec laquelle il était en relation habituelle d'intimité. Dès le lendemain il se présente chez elle : « Je vous ai fait de la peine hier par ma brusquerie, lui dit-il en l'abordant. Je n'en ai pas dormi de la nuit, et je viens vous en demander pardon. » Cette démarche couvrit de confusion et en même temps remplit d'admiration pour le saint prêtre la personne qui en était l'objet.

CHAPITRE III

Charité de M. Hamon envers les pauvres

L'une des principales préoccupations du digne pasteur en prenant possession de sa cure avait été le soin des pauvres, et nous avons vu que le premier cri de son cœur fut pour cette portion la plus souffrante, mais aussi la plus aimée de son troupeau. Sa charité pour eux lui fit opérer des prodiges, et les innombrables traits qu'on en a recueillis forment sans contredit la plus belle page de sa vie.

A peine installé, il vit s'étaler devant lui le spectacle de la misère, de cette misère des grandes villes, et surtout de Paris, dont aucune autre n'approche. Son cœur en fut navré de douleur. « Oh! qu'il est triste, s'écrie-t-il dans une de ses lettres, de voir couler les larmes de la misère et de ne pouvoir les essuyer autant qu'il le faudrait! » Et ailleurs : « Je suis au milieu de toutes les misères humaines... Vendredi dernier, il m'a fallu payer à ma sœur Louise huit cents francs pour des lits fournis à des gens qui couchaient par terre... Tous les jours ce sont des scènes nouvelles. Des gens sans asile et sans pain, de petits enfants délaissés, de jeunes filles dans la rue, et, ce qui est plus commun, des femmes chassées par leurs maris, ou des maris délaissés par leurs femmes. C'est à moi qu'on vient conter tout cela, et alors je pleure. J'ai reçu la semaine dernière deux dames de haut parage réduites à cette extrémité ; elles avaient en main leurs titres de noblesse. »

Dans une autre lettre il disait : « Il ne se passe pas de jour que je ne voie couler des larmes en abondance. Tous les pauvres affligés viennent me dire leurs peines. J'ai sur les bras de jeunes personnes de vingt ans, des enfants de dix, sept et cinq ans abandonnés, délaissés ; et il me faut pourvoir à leur existence. Je ne sais où donner de la tête. Hier, tous nos parloirs et une partie de la cour étaient remplis de pauvres demandant du pain. Hélas! que de misères dans ce Paris, où l'on dépense tant d'argent inutilement! »

Quelque temps après, il écrivait : « De tous les points de la France on me demande des places ; il semble vraiment que j'ai des places au service de tout le monde. Hélas! je n'ai que de la misère à soulager. Le nombre des pauvres, et surtout des pauvres honteux, s'accroît d'une

CHAP. III. — SA CHARITÉ ENVERS LES PAUVRES. 215

manière effrayante. J'en ai tous les jours l'âme malade. Je vais me trouver bientôt à bout de finances, si la Providence ne me vient en aide. Hier, j'allai faire une visite; on me donna 4,000 fr. Mais qu'est-ce que cela pour entretenir l'innombrable multitude de mes pauvres? Les loyers sont hors de prix. On a détruit 36,000 logements pour percer des rues et élargir les communications, de sorte qu'on ne trouve plus où se loger. Les propriétaires élèvent sans mesure le prix des loyers, et les pauvres, ne pouvant plus payer, tombent sur moi. C'est affreux. Ajoutez à cela qu'en province on croit qu'on ne manque de rien à Paris. En conséquence, les pauvres y pleuvent de toutes parts par les chemins de fer. Ils viennent chercher des places, et, n'en trouvant pas, ils ont recours au curé de Saint-Sulpice, qui paie pour les faire retourner d'où ils viennent. »

Il écrivait encore : « Mon âme a pris des habitudes de tristesse qui ne supportent plus la joie. Tous les jours, je vois des pleurs, j'entends des cris, je reçois des plaintes... Ce sont les pauvres dont le nombre se double et se triple. Je ne sais plus que devenir, que faire cet hiver. Deux mille francs par mois, c'est une goutte d'eau dans la mer. Oh! que c'est triste!... Comment ferai-je vivre mes pauvres? Cette idée me poursuit le jour et la nuit. Toutes les fois que quelqu'un m'aborde, j'éprouve un saisissement; je me dis : *Encore une misère! comment y remédier?* Et en effet, personne ne me parle guère que pour cela : les pauvres pour demander, les riches pour recommander telle ou telle personne dans le besoin. »

Si la vue de tant de souffrances contrista le cœur de M. Hamon, elle ne le découragea point. Il sentit qu'il y avait là pour lui un grand devoir à remplir, et il se mit résolument à l'œuvre.

Impuissant à soulager par lui-même des besoins si nombreux, il fit appel à la charité de ses paroissiens, et cet appel fut entendu. D'abondantes aumônes lui furent remises, et les sommes qu'il distribua aux indigents en bons de pain, en vêtements, en linge, en médicaments, s'élèvent à un chiffre à peine croyable. Il lui est arrivé de donner dans une semaine jusqu'à huit cents francs.

La Providence lui fit trouver, pour l'aider à distribuer ses aumônes, un auxiliaire infiniment précieux dans la personne de la sœur Louise, supérieure de la maison de charité tenue, rue de Vaugirard, par les filles de Saint-Vincent-de-Paul. Nous croirions nous rendre coupable, si nous ne faisions mention dans la vie de M. Hamon de cette digne coopératrice de ses charités.

La sœur Louise, que sa position mettait en rapport continuel avec les pauvres, prenait des informations exactes sur les misères à soulager. Elle rendait compte de tout à M. le curé, et, de concert avec lui, elle procurait aux familles nécessiteuses les secours les plus indispensables. La bourse du bon curé subvenait à toutes les dépenses.

Cette bourse était un sac de toile auquel, conformément à la pieuse pratique de M. Olier, il avait attaché une image de la Sainte-Vierge. Cela s'appelait le *dépôt des pauvres*. Le sac se vidait souvent, et par moments on ne savait trop comment on le remplirait. Mais le saint prêtre avait en la Providence une confiance inébranlable; cette confiance, qui ne l'a jamais trompé, lui a fait faire des miracles.

CHAP. III. — SA CHARITÉ ENVERS LES PAUVRES.

Quelquefois néanmoins le secours se faisait attendre. Assez souvent, quand, à la fin du mois, la sœur Louise envoyait à M. le curé les mémoires des fournisseurs, il était absolument sans ressources. Il s'en allait alors trouver la confidente de ses charités et de ses embarras : « Sœur Louise, disait-il en l'abordant, je suis tout chagrin ; il me faudrait telle somme, et je n'en ai pas le premier centime. — Soyez tranquille, monsieur le curé, reprenait la bonne sœur ; vous savez bien que la Providence ne vous a jamais manqué ; elle viendra encore à votre aide. » Toujours en effet, dans ces moments difficiles, Dieu, après avoir fait sentir, en se cachant, le besoin de son secours, s'est montré d'une manière éclatante. Des personnes charitables apportaient des sommes considérables au bon curé qui, tout joyeux, s'empressait de les faire parvenir à la sœur Louise.

Dans une de ces pénibles circonstances, tandis que M. Hamon se préoccupait d'un embarras financier dont il ne voyait pas l'issue, une personne amie lui remit de la part d'un inconnu un billet de mille francs. Plus joyeux qu'un avare à qui un hasard inattendu eût fait rencontrer un trésor, il baise avec transport le bienheureux billet, en s'écriant : « O bonne Providence! » Ce trait fut rapporté au donateur qui, profondément touché, envoya un autre billet de mille francs. En témoignage de sa reconnaissance, le saint prêtre lui adressa, quelques jours après, la lettre suivante :

« Monsieur, je serais inconsolable d'avoir tant tardé à vous remercier de votre double et généreuse offrande, si je ne m'étais dit que ce n'était pas à moi-même que le don avait été fait, mais à Jésus-Christ dans la personne de ses pauvres. Avec un tel donataire, jamais la reconnaissance n'est en retard.

« Le don est écrit dans le cœur de Notre-Seigneur en caractères ineffaçables. Vous l'y lirez avec délices toute l'éternité, enchâssé dans l'or pur de la charité.

« Là vous verrez que les pauvres qui reçoivent nos aumônes sont nos bienfaiteurs, puisqu'ils nous valent, en échange d'un peu d'or corruptible, des biens si grands. C'est nous qui sommes leurs obligés, et qui, en conséquence, devons les traiter avec respect et affection.

« Recevez, Monsieur, ma reconnaissance de m'avoir admis en participation de votre bonne œuvre, etc. »

La charité, quelque étendue qu'elle soit, doit pourtant avoir des limites, et souvent on est obligé, sous peine de se trouver en face de l'impossible, de résister à des sollicitations indiscrètes. Le bon curé se trouva plusieurs fois dans cette nécessité, dure pour son cœur ; mais nous devons nous hâter de dire que presque toujours, pour peu qu'on insistât, il était vaincu dans la lutte. Les pauvres le savaient, et rarement un premier refus les décourageait.

Un jour que M. Hamon, déjà revêtu de son surplis, se préparait à quitter la sacristie pour se rendre au chœur, une pauvre femme, dont l'extérieur annonçait la misère, s'approcha de lui d'un air suppliant, et lui exposa de son mieux sa pénible situation. Le terme de son loyer était échu ; le propriétaire en réclamait le prix, et elle était hors d'état de le satisfaire. Par malheur, ce n'était pas la première fois qu'elle s'adressait à M. Hamon pour le même objet : « Je ne puis pas, lui fut-il répondu. C'est toujours à recommencer. Je vous ai dit, il y a un mois, que c'était la dernière fois. Ainsi c'est inutile. » La pauvre femme se retira alors en pleurant. Mais bientôt elle revint, et tirant M. le curé par son surplis : « Monsieur le curé, lui dit-elle, je vous en prie ! — Je ne puis pas ; laissez-moi, je vous dis que je ne puis pas. » Ainsi repoussée, la suppliante se retira encore en sanglotant ; puis hasardant une troisième instance : « Monsieur le curé, dit-elle en saisissant de nouveau le bord du surplis, vous voulez donc que je meure de faim, ou que je couche dans la rue. » A ce cri suprême, M. Hamon ne répondit rien ; la violence qu'il se faisait se révéla par les larmes qui coulaient de ses yeux. Il était vaincu.

Ce trait, qui rappelle celui de la chananéenne, se renouvela plus d'une fois dans la vie du saint prêtre.

Il y avait cependant une circonstance dans laquelle il se montrait inflexible : c'était lorsqu'on lui demandait l'aumône au confessionnal. Craignant avec raison que certains pauvres ne fussent conduits au saint tribunal uniquement par le désir d'être secourus, et ne fissent ainsi du sacrement de pénitence un moyen d'exciter la compassion, il avait posé en règle au presbytère que l'aumône en pareil cas serait invariablement refusée. Cette règle si sage, et qui d'ailleurs était une des traditions de M. Olier, a toujours continué d'être suivie à Saint-Sulpice.

Sa charité avait parfois de merveilleuses délicatesses.

Vers la fin de l'année 1855, le rédacteur d'un journal légitimiste recommanda à un jeune prêtre de la communauté une famille noble de la paroisse, réduite à la plus extrême misère. Ému de pitié au tableau de cette détresse, le prêtre crut que, pour y subvenir convenablement, une aumône ordinaire ne serait pas suffisante, et, sans hésiter, il donna mille francs. M. Hamon apprit bientôt, par la famille secourue, cet acte de générosité de son vicaire : « Mon ami, lui dit-il la première fois qu'il le rencontra, j'ai aujourd'hui un reproche à vous adresser. Vous avez eu tort, vu la modicité de vos ressources, de donner une telle somme. C'est au curé de la paroisse à secourir les misères qui exigent de si onéreux sacrifices. Soyez donc désormais plus raisonnable. Tout en vous laissant devant Dieu le mérite de votre bonne action, je vous rends vos mille francs. »

Les sommes qu'il a distribuées aux pauvres sont incalculables. Il donnait en gros, et encore plus peut-être en détail. Quand l'argent lui manquait, ce qui arrivait souvent, il empruntait. Pendant l'hiver de 1856, un ecclésiastique de Paris vint réclamer son concours pour soulager quelque misère. Le charitable curé n'avait absolument plus rien. Il va frapper à la porte du vicaire qui logeait à côté de lui, et lui demande cinq francs à emprunter, promettant qu'il les lui rendra le lendemain.

Non content de solliciter en faveur des indigents la charité de ses paroissiens, il s'imposait à lui-même, pour leur venir en aide, de nombreuses privations.

Nous avons dit à quel point son vestiaire était réduit. Le désir d'économiser pour les pauvres n'avait pas moins de part que l'amour de la simplicité à l'extrême dénument qu'il y pratiquait.

Il alla jusqu'à se dépouiller pour vêtir les membres souffrants de Jésus-Christ. Un jour, ayant remarqué qu'un pauvre, dont il fut accosté dans la rue, était mal chaussé, il l'invita à le suivre au presbytère, et lui donna ses propres souliers.

Ses affaires et son ministère le contraignaient souvent à sortir et parfois à parcourir de grandes distances. Il aurait pu profiter du bénéfice des voitures de place, dont l'usage est aujourd'hui si général à Paris ; son âge et ses nombreuses occupations étaient une raison plus que suffisante pour autoriser cet adoucissement. Mais la bourse des pauvres en eût souffert. Or, pour les pauvres, il n'était aucun sacrifice que M. Hamon ne fût disposé à faire. Aussi, sauf de très-rares exceptions, il allait à pied, même par les plus mauvais temps. Des accidents, qui plus d'une fois mirent sa vie en danger, ne purent le déterminer à abandonner cette pratique.

Dans une des dernières assemblées générales de la compagnie de Saint-Sulpice auxquelles M. Hamon ait assisté, il se disposait un jour, après la séance du matin, à revenir d'Issy à Paris. Il était onze heures. Un de ses confrères le pressa de rester à dîner au séminaire : « C'est impossible, répondit-il ; je dois dire à midi une messe d'enterrement. — Mais alors vous avez une voiture. — Une voiture ! Comment donc ? Et mes pauvres ? »

Quand il reçut la décoration de la Légion-d'Honneur, il alla faire à l'Empereur sa visite de remercîment. « J'avais, dit-il, mes gants, neufs de deux ans, une belle ceinture qu'un de ces messieurs m'avait prêtée. Puis j'ai pris une voiture, pour n'être pas crotté ; mais je suis revenu à pied. »

Il n'était pas possible qu'il se fît lui-même le distributeur de toutes ses aumônes, et il dut se servir pour cela d'intermédiaires dévoués ; nous avons dit déjà quelle précieuse coopératrice de sa charité il trouva dans la sœur Louise. Mais son respect et son amour pour les pauvres le portaient à les secourir par lui-même autant qu'il le pouvait.

Chaque mercredi il se rendait à la maison de charité de la rue de Vaugirard, et là il faisait, de sa propre main, l'aumône aux pauvres réunis.

Il allait même les visiter dans leurs tristes réduits, pour se rendre compte de leur misère, leur témoigner l'intérêt affectueux qu'il leur portait, et leur donner quelques avis utiles. Il se transporta un jour dans une mansarde où gisait, dans le dénûment le plus absolu, un pauvre vieillard qui avait été spécialement recommandé à sa sollicitude. Il ouvre, et quelle n'est pas sa surprise et son émotion lorsqu'il reconnaît son vieux maître d'écriture de la Mayenne! Inutile de dire qu'à partir de ce moment le bon vieillard ne fut plus abandonné, et qu'il devint de la part de M. Hamon l'objet des soins les plus affectueux.

Sa charité pour les pauvres était donc tout autre chose que cette compassion superbe et dédaigneuse qui prodigue son or et qui refuse son cœur, qui, en jetant son aumône à l'indigent, croirait s'abaisser en lui témoignant l'intérêt que réclame sa misère. C'était la tendresse d'un père pour ses enfants. Non seulement il voyait en eux des malheureux dignes de pitié, mais des frères en Jésus-Christ qu'il devait aimer. Le fait suivant en fournit une nouvelle preuve.

Il s'entretenait un jour à la sacristie avec une dame de haut parage, lorsque se présenta une pauvre femme, le visage tout rongé par un ulcère affreux. Un employé voulut l'éloigner ; mais, heureusement pour elle, le charitable curé l'avait aperçue. Il s'approche d'elle avec un air compatissant, écoute le récit de ses misères, s'entretient longuement avec elle, et enfin, lui ayant accordé ce qu'elle demandait, il revient à la grande dame, qu'il avait quittée brusquement, et qui attendait patiemment que la pauvre indigente eût eu son audience, et eût reçu les consolations de son pasteur. « Ce jour-là, dit un témoin de cette scène, j'ai compris ce que c'est que d'aimer vraiment les pauvres, et jamais, depuis, ce souvenir ne s'est effacé de mon esprit. »

Pour conclure cet exposé des soins charitables prodigués aux pauvres par M. Hamon, nous reproduisons une lettre dans laquelle il rend compte de trois des principales institutions créées par lui dans la paroisse, pour le soulagement des malheureux :

« Il y a d'abord, dit-il, l'œuvre des dames de charité qui se rassemble une fois le mois sous la présidence de M. le curé, et avec l'assistance d'une sœur de charité. Cette bonne sœur, qui connaît tous les pauvres par elle-même ou par ses compagnes, assigne à chaque dame quatre ou cinq pauvres à visiter pendant le mois, et lui délivre des bons de pain et de viande à leur remettre. Puis la dame va porter ces bons, demande si on est marié à l'église, si les enfants vont au catéchisme et à l'école, si on a quelques besoins particuliers, comme de vêtements, de chaussures, de chemises, de gilets de flanelle, etc., si on va à la messe et à l'instruction, si on fait ses pâques, si on est heureux ou malheureux.

« A la réunion, la dame rend compte de sa visite. On prend note des besoins signalés, et on y satisfait autant que possible.

« Ces bons de pain, de viande, ou de bois en hiver, sont imprimés sur une carte qui désigne le marchand chargé de remettre les choses indiquées. Ce marchand, au bout d'un mois, remet les bons par lui reçus à la sœur, qui les lui paie avec l'argent recueilli dans des sermons de charité, ou fourni au besoin par M. le curé. J'en ai par an pour plus de 25,000 fr.

« Quand une famille a un malade, ce malade passe de l'œuvre des dames de charité dans celle des pauvres malades.

« C'est là l'œuvre la plus intéressante. Les dames qui en font partie vont voir le malade, non pas une, mais plusieurs fois, selon la gravité et la longueur de la maladie ; examinent ses besoins ; lui portent du sucre et autres douceurs que leur remet la sœur de charité ; lui parlent du salut ; lui demandent s'il ne serait pas bien aise de voir un prêtre qui le consolerait et l'encouragerait ; préparent ainsi les voies au ministre de la religion, qu'elles avertissent ensuite.

« A la réunion mensuelle, elles rendent compte du nombre de visites qu'elles ont faites, des bons qu'elles ont remis, des dispositions des malades, des sacrements qu'elles ont fait administrer. M. le curé les exhorte à redoubler de zèle pour cette œuvre admirable qui sauve tant d'âmes : pas un homme du peuple ne meurt sans sacrements. On fait à ces dames une petite lecture dans le *Traité des vertus de saint Vincent de Paul*, par Abelly, et on leur assigne, s'il y a lieu, de nouveaux malades à visiter.

« Elles rendent compte aussi, comme les dames de

CHAP. III. — SA CHARITÉ ENVERS LES PAUVRES.

charité, des besoins physiques du malade ou de la famille, et on y remédie autant qu'on le peut.

« Nous tirons beaucoup de gilets de flanelle, de chemises, de caracos, de jupons, de bas, du *Vestiaire de la Providence.* »

Ce *Vestiaire de la Providence*, auquel M. Hamon fait ici allusion, est une des plus touchantes inspirations de sa charité. Frappé du concours que pourrait lui fournir le travail des dames de la paroisse pour procurer aux pauvres et aux malades les vêtements dont ils avaient besoin, le zélé pasteur avait institué une sorte d'ouvroir charitable qui devint bientôt une œuvre considérable. Tous les vendredis, d'une heure à quatre, environ soixante dames, des plus considérables de la paroisse, se réunissent dans une grande salle attenante à l'église de Saint-Sulpice, afin de coudre pour les pauvres. On y fait pendant une demi-heure une lecture édifiante, suivie de la récitation de deux dizaines de chapelet. Le reste du temps, on converse à voix médiocre. La plus admirable charité règne entre ces dames : « C'est, dit M. Hamon dans une de ses lettres, comme une famille de sœurs. »

Cette œuvre, qui a produit et qui produit encore les plus précieux résultats, était pour le saint prêtre l'objet d'une prédilection spéciale. Il en parlait avec transport ; il aimait à la visiter, et les paroles qu'il adressait dans chacune de ses visites, aux dames qui en faisaient partie, étaient toujours pour ces pieuses ouvrières des pauvres un puissant encouragement.

CHAPITRE IV

Zèle pastoral de M. Hamon.

En s'appliquant avec un empressement si dévoué au soulagement des misères corporelles, M. Hamon n'oublia pas qu'il était avant tout le pasteur des âmes. Sanctifier son immense troupeau, en faire disparaître le péché, ramener à la pratique de la religion ceux qu'il en voyait éloignés, tel fut toujours le principal et le plus cher objet de sa sollicitude.

Quelque bonne qu'elle fût, la paroisse de Saint-Sulpice offrait à cet égard au digne curé de nombreux sujets de tristesse. Mais la grandeur du mal ne le découragea pas, et pour y apporter remède, il mit en œuvre tous les moyens que son zèle put lui inspirer.

Une des difficultés que présente le ministère dans les grandes villes et surtout à Paris, c'est l'espèce d'impossibilité où se trouve le prêtre de se mettre en rapport direct avec chacune des âmes dont il est chargé, et de remplir ainsi le premier devoir du pasteur, qui est de connaître ses brebis. Combien d'hommes vivant dans l'éloignement, et peut-être dans la haine de la religion, s'en rapprocheraient, s'ils pouvaient voir le prêtre, lui parler, et s'assurer par eux-mêmes qu'il est tout autre qu'on ne le leur a dépeint! Pour un grand nombre, le prêtre est un personnage odieux, qu'ils ne connaissent que par les affreuses peintures que leur en ont faites les journaux et les romans impies, qu'ils n'ont jamais vu que de loin, mais que, pour cette raison-là même, ils abhorrent. Leurs préjugés tomberaient le plus souvent, s'ils pouvaient se mettre en rapport avec lui.

Frappé de cette considération, M. le curé de Saint-Sulpice se détermina, dès le début de son ministère, à voir, le plus qu'il pourrait, ses paroissiens, et il commença une visite générale de la paroisse. Il y trouva des consolations, au prix desquelles la peine et la fatigue ne lui parurent rien. Voici un trait qu'il aimait à raconter.

En entrant dans chaque maison, il se faisait donner par le concierge la liste des familles qui l'habitaient, et il les visitait toutes très-exactement. Un jour, au moment de sortir, il lui vint en pensée de demander si aucun oubli n'avait été fait. « Il y a bien, lui fut-il répondu, un autre ménage dans les étages supérieurs ; mais ce sont des gens dont la situation n'est pas bien régulière. — Je veux ignorer cela, » réplique M. le curé. En disant ces mots, il remonte l'escalier, va frapper à la porte qu'on lui a signalée, et se trouve en présence d'une famille composée du père, de la mère et de plusieurs enfants. Il se nomme, fait connaître avec simplicité l'objet de sa visite, et exprime, avec cette bonté franche et expansive qu'il savait mettre dans ses paroles, le désir qu'il a de connaître tous ses paroissiens pour leur être utile. Jetant ensuite un regard affectueux sur les enfants, il leur adresse quelques mots aimables, les encourage à répondre aux soins dont ils sont entourés, et félicite les parents à leur sujet. Le bon curé avait trouvé le chemin du cœur : « Monsieur, dit le père, sous le poids d'une émotion manifestement partagée par la femme, votre visite me fait le plus grand plaisir ; elle me touche profondément et me fait prendre la résolution de rentrer dans mon devoir. Je vous promets qu'au plus ôt notre position sera régularisée, et que vous trouverez désormais en nous de bons paroissiens. » C'était le salut qui était entré dans cette demeure avec le saint pasteur.

Pour continuer le bien opéré par cette première visite, M. Hamon puisa dans sa charité une inspiration excellente. Il y a des circonstances dans la vie où, quelque impie que l'on puisse être, il est difficile que l'on n'accueille pas volontiers les avances du prêtre ; ce sont celles où il apporte les consolations que la religion offre à l'homme dans le malheur. Toutes les fois donc que la mort visitait une famille, ou qu'une grande infortune était venue l'atteindre, M. le curé s'y rendait à la première nouvelle qu'il en apprenait. On était généralement heureux de le recevoir, et ces visites établissaient entre le pasteur et le troupeau des relations précieuses dont plus d'une fois M. Hamon eut lieu de se féliciter.

La prédication, sous toutes les formes, devait être et fut en effet entre ses mains un instrument de zèle des plus puissants et des plus efficaces. Par ses soins, la parole de vie fut dispensée aux pieux paroissiens de Saint-Sulpice avec une sorte de profusion. Tous les âges, toutes les conditions y eurent part.

Conformément aux traditions anciennes établies par M. Olier, les élèves du séminaire étaient chargés des catéchismes de la paroisse. M. Hamon, à son arrivée, trouva cette œuvre importante dans un état de prospérité qui ne laissait rien à désirer ; tout ici se borna donc pour lui à donner des encouragements, soit aux enfants, soit à leurs catéchistes ; témoignant en toute rencontre l'intérêt qu'il portait aux progrès des uns et aux travaux des autres ; présidant, toutes les fois que l'occasion s'en présentait, les fêtes des catéchismes, heureux de prendre la parole dans ces circonstances.

Nous dirons plus tard ce qu'il fit pour procurer aux enfants de sa paroisse le bienfait d'une éducation chrétienne. Il parle avec bonheur dans ses lettres d'un autre moyen de sanctification que son zèle lui inspira d'employer, afin de les attirer à Dieu : ce fut de leur donner des retraites pour les préparer à leur première absolution. « Nous avons eu, écrivait-il en 1863, une retraite des enfants de sept à douze ans. Il y en avait dix-huit cents qui se tenaient comme de petits anges, et nous avons fait la fête de la première absolution, comme on fait celle de la première communion. Il y a eu une consécration à la Sainte-Vierge qui a été ravissante. Cela nous a valu le retour de plusieurs parents éloignés des sacrements, les uns depuis dix ans, les autres depuis trente et cinquante ans. » L'année suivante, le nombre des enfants qui prirent part à la retraite fut de deux mille.

Dès le commencement de son ministère paroissial, il régla qu'il y aurait tous les dimanches quatre sermons : deux le matin, à six et à dix heures, et deux le soir, à quatre et à huit heures, et il eut la consolation de voir qu'à chaque fois l'église se remplissait de fidèles. Sans doute, dans ces nombreuses prédications, le zèle de ses coopérateurs lui offrait un puissant concours ; mais il y prenait une part considérable, et, loin de se décharger sur les autres de cet important ministère, il était au contraire toujours prêt à se substituer à ses confrères lorsque la nécessité l'exigeait. Plusieurs fois, averti au moment même du sermon que le prédicateur était malade ou empêché, il n'hésita pas à monter en chaire à sa place, et grâce à la grande facilité dont il était doué, il ne fut jamais, dans ces circonstances, au-dessous de sa tâche.

La parole fut toujours un des côtés brillants de M. Hamon et le moyen qu'il employa avec le plus de succès dans tous ses ministères. Devenu curé de Saint-Sulpice, il parut, sous ce rapport, plus remarquable encore. Il eut souvent occasion de parler dans des circonstances solennelles, de se faire entendre à des auditoires de choix, de donner de grands sermons; il savait alors s'élever jusqu'à l'éloquence. C'était le véritable orateur chrétien avec son autorité douce et grave, la solidité de son enseignement, la pureté et la noblesse de son langage, l'ampleur et la majesté de ses formes. Mais ce qui mérite surtout d'être signalé comme le véritable type du genre, c'est sa parole pastorale, cette parole qu'il prodiguait en toutes rencontres et sous toutes les formes : en chaire, de l'autel, pour bénir un mariage, dans une cérémonie funèbre, en présence d'une réunion pieuse, dans une fête de confrérie, dans les catéchismes, à l'occasion d'une distribution de prix, devant des ouvriers, etc.

Dans les innombrables allocutions qu'il prononça en ces diverses circonstances, on chercherait sans doute en vain les formes étudiées de l'art oratoire, que pourtant il savait si bien exploiter au besoin ; mais on y sent l'accent pénétré et ému d'une âme que le zèle dévore. Le cœur du pasteur et du père s'y épanche avec effusion pour prier, conjurer, exhorter.

Était-il contraint d'adresser des reproches, il le faisait avec une délicatesse parfaite. Un jour de grande fête, il remarque que l'église regorge de fidèles accourus pour prendre part à la solennité. Touché de ce beau spectacle, il ne peut s'empêcher d'exprimer la joie qu'il en éprouve ; il félicite chaleureusement ses paroissiens ; puis, changeant tout à coup de ton : « Mais, bien-aimés frères, ajoute-t-il, où étiez-vous les dimanches précédents ? Aujourd'hui vous remplissez l'église ; d'où vient que d'ordinaire mes regards attristés aperçoivent tant de places vides ? »

Souvent il se trouvait contraint de demander de l'argent pour subvenir à ses innombrables œuvres. C'est là, comme on le sait, un refrain qui, à force d'être répété, finit bientôt par devenir monotone et fatigant. Mais l'excellent curé savait mettre dans ses demandes tant de bonhomie, et pourtant au besoin tant d'adresse, que toujours, à sa parole, les bourses s'ouvraient en même temps que les cœurs. Étant un jour monté en chaire : « Ne craignez rien, dit-il ; je ne viens pas aujourd'hui vous demander de l'argent. — Sourire de l'auditoire. — Je viens seulement vous présenter quelques observations dont plusieurs parmi vous pourront faire leur profit. » Là-dessus, il leur raconta le fait récent d'un legs considérable fait en faveur de la maison des Petites-Sœurs-des-Pauvres ; et partant de là il présenta et développa une suite de considérations propres à déterminer les riches à ne pas oublier les pauvres dans leur testament. Cette leçon si délicatement donnée ne fut pas perdue.

M. Hamon acquit donc, par sa parole, une grande puissance sur ses paroissiens. Loin de se lasser de l'entendre, on le voyait toujours avec plaisir monter en chaire ; il eut jusqu'à la fin le don d'intéresser et de toucher.

Il ne faut pas croire au reste que, pour être familiers et simples, ses discours fussent négligés. Nul ne porta plus loin que lui le respect de la parole de Dieu. Toutes les fois qu'il avait à parler en public, fût-ce en présence de l'auditoire le plus humble, il se préparait, et le plus souvent il écrivait. Les notes qu'il a laissées, et que nous avons entre les mains, en font foi. Nous y retrouvons non seulement des sermons, mais un grand nombre d'allocutions écrites tout au long de sa main.

Ces allocutions, parfaitement appropriées aux circonstances, étaient toujours très-goûtées ; assez souvent des applaudissements enthousiastes et plusieurs fois répétés témoignaient de la satisfaction de l'auditoire, et toujours elles laissaient dans les âmes de salutaires impressions. Une d'elles donna lieu à un incident assez singulier que nous allons rapporter.

Parlant un jour devant un cercle d'ouvriers, il avait montré dans cette institution une garantie contre les fatales influences du *théâtre*, du *cabaret* et de l'*atelier*.

Le discours ayant été sténographié et publié à son insu, fut lu dans un atelier où se trouvaient réunies plusieurs centaines d'ouvriers, et y produisit une certaine émotion. On résolut d'aller en corps demander compte à M. le curé

CHAP. IV. — ZÈLE PASTORAL DE M. HAMON.

de Saint-Sulpice des paroles, injurieuses à l'atelier, qu'il avait prononcées. Cependant, sur l'avis qu'avec tant de monde on ne pourrait jamais s'entendre, il fut résolu qu'on se contenterait d'envoyer au presbytère une députation de dix ouvriers.

Les délégués se présentent, sont reçus avec affabilité, et exposent l'objet de leur mission : « Nous venons, monsieur le curé, dit l'un d'eux, en notre nom et au nom de nos camarades, vous adresser une plainte. Vous avez, dans un discours, signalé les fatales influences du théâtre, du cabaret et de l'atelier. Volontiers nous passons condamnation sur le théâtre et sur le cabaret ; mais l'atelier, c'est autre chose. Quelle fâcheuse influence peut-il avoir? L'ouvrier gagne sa vie à l'atelier; il ne peut souffrir qu'on en parle mal.

« — Mes amis, répondit M. Hamon, bientôt, j'en suis sûr, nous allons être d'accord. Dites-moi, lorsqu'à l'atelier on parle de la religion, que se passe-t-il? »

Il fallut bien convenir qu'on ne parlait guère de la religion que pour s'en moquer, et que le mieux serait de n'en rien dire.

« — Et quand la conversation tombe sur les mœurs, quels propos se permet-on? — Ah! monsieur le curé, ça ne se répète pas. — Eh bien! mes amis, nous sommes d'accord. Vous convenez avec moi qu'à l'atelier la religion et les mœurs sont indignement outragées. Lorsque j'ai parlé de sa fâcheuse influence, je n'ai pas voulu dire autre chose. »

Les pauvres délégués, ne sachant que répliquer, se regardaient les uns les autres avec embarras.

M. Hamon en devina la cause : « Vous vous préoccupez, n'est-ce pas? de la réponse que vous porterez à vos camarades. Eh bien! dites-leur que je veux m'expliquer avec eux sur tout cela. Qu'ils se réunissent tel jour, telle heure, dans telle chapelle ; je m'y trouverai aussi, et j'espère que je les satisferai. »

Les ouvriers sont fidèles au rendez-vous. M. le curé leur parle avec bonté et simplicité, et ses auditeurs émerveillés proposent de dresser procès-verbal des explications données.

« Bien volontiers, leur fut-il répondu, mais à la condition que vous me communiquerez votre compte-rendu, afin que je m'assure qu'il est exact. »

Cela parut raisonnable, et quelques jours après, les ouvriers revenaient avec le procès-verbal qu'ils avaient rédigé.

« Ce rapport est bien, leur dit M. Hamon, après l'avoir lu. Mais, tenez, mes bons amis, quoique excellents ouvriers, vous n'avez pas l'habitude de tenir la plume. J'ai fait de mon côté un compte-rendu de notre séance ; lisez-le, et voyez s'il vous convient. »

Les ouvriers le lisent, n'ont pas de peine à reconnaître qu'il vaut beaucoup mieux que le leur, et l'adoptent à l'unanimité.

M. le curé de Saint-Sulpice aimait les ouvriers, et les ouvriers l'aimaient. Sa parole simple et sympathique leur convenait, et toujours ils l'écoutaient avec plaisir. Aussi ne négligeait-il aucune occasion de leur parler. Chaque année il leur donnait une retraite, et cette retraite était toujours pour lui pleine de consolation.

« Notre retraite d'ouvriers m'a fatigué, écrivait-il en 1853, mais cette fatigue m'est bonne... J'ai prêché tous les jours, et jamais je n'ai prêché tant à mon aise. Point de coiffes dans cette immense nef de Saint-Sulpice; uniquement des hommes qui semblaient dévorer toutes mes paroles. Parmi eux de grands seigneurs, comtes et barons.

« La communion générale a été magnifique. A deux, nous avons donné la communion pendant trois quarts d'heure. Nous avons eu beaucoup de retours et de conversions....

« Je suis enchanté de nos hommes. La retraite les a tous réjouis, et l'un d'eux disait naïvement à un monsieur qui lui en parlait : *Ah! monsieur, voilà une retraite dont il sera parlé dans toute l'Europe.* »

Les membres de la conférence de Saint-Vincent-de-Paul étaient de zélés et puissants auxiliaires de l'apostolat de M. Hamon auprès des ouvriers. Plus d'une fois, d'intéressantes conversions furent la récompense de leurs efforts.

Un des associés les plus actifs de cette œuvre incomparable visitait une famille ouvrière composée du père, de la mère et d'un garçon d'environ quinze ans. Tout ce monde était absolument étranger aux pratiques religieuses; le garçon n'avait pas encore fait sa première communion et n'avait même jamais fréquenté aucun catéchisme. Le charitable visiteur fut bientôt initié à ces tristes détails, et croyant reconnaître dans le jeune homme de bonnes dispositions, il lui proposa de l'instruire et de le préparer à s'approcher de la table sainte. L'offre fut acceptée; on convint d'une heure commode, et, de part et d'autre, on se montra fidèle au rendez-vous. Les jours et les semaines s'écoulèrent ; le catéchiste poursuivit son œuvre avec un zèle au-dessus de tout éloge ; enfin, jugeant le jeune homme convenablement préparé, il lui proposa de le conduire à M. le curé, qui devait prononcer sur son admission à la sainte communion. Jusque-là le père et la mère du garçon avaient écouté silencieux, et sans avoir l'air de prendre grand intérêt aux leçons données à leur fils. Mais lorsqu'il fut question d'aller trouver M. le curé : « Monsieur, dirent-ils, nous voulons y aller aussi. Nous avons suivi attentivement tout ce que vous avez dit à notre enfant. C'est la vérité, nous y croyons, et nous désirons nous confesser et communier. » Le catéchiste émerveillé conduisit cette triple conquête au presbytère de Saint-Sulpice. A ce spectacle, le bon curé fondit en larmes, embrassa le jeune homme, et après s'être assuré que ces braves gens étaient suffisamment instruits de leur religion, il les confessa et les admit à la table sainte, heureux et consolé de compter une famille chrétienne de plus dans sa paroisse.

C'est au confessionnal que le bien commencé du haut de la chaire s'achève et se perfectionne. M. Hamon le savait ; aussi, pénétré de l'importance du ministère qui s'y exerce, il se fit une règle inviolable de se mettre entièrement à la disposition des pénitents qui voulaient s'adresser à lui. Il en résulta pour lui une fatigue considérable, qui fut notablement augmentée par l'obligation où il se vit de confesser le soir, jusqu'à une heure de la nuit souvent assez avancée.

« En étudiant ma paroisse, disait-il un jour à un évêque de ses amis (1), j'ai reconnu qu'un très-grand nombre de

---

(1) Mgr Bouvier, évêque du Mans.

fidèles sont dans l'impossibilité absolue de se confesser pendant le jour, à raison de leurs travaux, de leurs affaires, des exigences de leurs charges et de leurs emplois. Je me suis donc offert à confesser le soir, convaincu que par là je multiplierais beaucoup les confessions dans la paroisse. Mes prévisions ont été justifiées au-delà de mes espérances, et Dieu a béni ce ministère. Je n'ai pas encore confessé une seule fois le soir, sans avoir eu à remercier Notre-Seigneur d'un ou de plusieurs retours. »

Il disait un jour son bréviaire devant son confessionnal. Une femme s'approcha et lui dit : « Mon père, en vous voyant, j'ai pensé à Notre-Seigneur attendant la Samaritaine, et je viens vous prier de me confesser. Je n'y pensais pas en entrant à l'église. »

Une autre fois, après une journée très-occupée, il entra le soir, selon sa coutume, au confessionnal et y demeura jusqu'à onze heures trois quarts. Il n'avait pu encore dire ses complies, et il s'apprêtait à les dire, lorsqu'une autre Samaritaine se présente et le prie de l'entendre. Après un instant de perplexité, M. Hamon crut qu'il valait mieux la remettre au lendemain, et lui fit promettre de revenir. Par malheur, elle ne revint pas. « Si je l'avais prévu, disait-il plus tard, j'aurais renoncé à complies pour ce jour-là. »

L'expérience journalière qu'il avait du bien qu'on peut faire aux âmes par le moyen du confessionnal le portait à conseiller fréquemment à ses jeunes vicaires l'exercice de ce ministère. L'un d'eux, prêtre excellent, d'une piété angélique et d'un zèle tout de feu, qui est maintenant devant Dieu, lui exprimait, à son entrée dans la communauté, la crainte de n'être pas assez occupé : « Allez, lui dit le bon curé, réciter votre bréviaire dans la chapelle où est votre confessionnal. Vous n'y serez pas sans travail. » La prédiction se vérifia ; la vue d'un prêtre qui semblait les attendre déterminait souvent des pénitents à se confesser. Plus d'une fois même des personnes étrangères à la paroisse profitèrent de l'occasion qui leur était offerte, pour se réconcilier avec Dieu.

Quelque consolantes qu'elles fussent pour M. Hamon, ces confessions du soir lui étaient très-pénibles. Les longues veilles dont elles lui imposaient la nécessité contrariaient toutes ses habitudes, et la fatigue qui en résultait, jointe à toutes celles qu'entraînait son laborieux ministère, lui causait parfois un véritable épuisement. Obligé de se coucher très-tard, il ne s'en levait pas moins le lendemain pour l'oraison de la communauté. Aussi éprouvait-il un besoin continuel de sommeil, et parfois il y succombait. Cet accident lui était notamment assez ordinaire pendant les sermons qu'il entendait. « Malgré la fatigue, écrivait-il, je me porte bien ; j'éprouve seulement le besoin de dormir, surtout quand je suis au sermon. Aussi, un malin, qui m'écrivait dernièrement que les sermons de notre prédicateur sont trop longs, m'en donnait pour preuve *qu'on dormait même à mes côtés.* Il ne voulait pas me dire ouvertement que je dormais moi-même. » On savait cela dans la paroisse, et on en plaisantait quelquefois, mais personne ne songeait à s'en scandaliser. Le bon curé convenait lui-même de cette faiblesse involontaire, et il aimait à raconter à ce sujet l'anecdote suivante :

Le prédicateur de la station de carême à Saint-Sulpice s'était parfois, dans l'ardeur de son zèle, un peu égaré sur le terrain de la politique. Le gouvernement s'en émut et en fit des plaintes à Mgr Sibour, archevêque de Paris, qui s'empressa de mander à l'archevêché le prédicateur et M. le curé de Saint-Sulpice. Il adressa au premier une assez verte réprimande, lui représenta les inconvénients que pouvaient avoir les imprudences de son langage ; puis, se tournant vers M. Hamon : « Monsieur le curé, lui dit-il, j'en charge votre responsabilité, et je vous impose l'obligation de m'avertir dorénavant, s'il y a lieu. — Oh ! Monseigneur, s'écria alors l'accusé, en ce cas, je n'ai rien à craindre ; à peine l'exorde commencé, M. le curé s'endort pour ne se réveiller qu'à la vie éternelle. » Jusque-là le visage de l'archevêque et de ses deux interlocuteurs avait été sérieux et grave ; mais cette saillie inattendue produisit une détente générale ; on rit de tout son cœur, et l'on se sépara bons amis (1).

Le zèle de M. le curé de Saint-Sulpice à remplir le ministère de la confession eut à surmonter d'autres épreuves que celle des longues veilles. Il lui fallut souvent une grande dose de patience pour supporter les importunités de quelques pauvres âmes dévorées de scrupules qui le harcelaient de leurs interminables récits et le fatiguaient de leurs redites. M. Hamon les recevait avec douceur, les écoutait jusqu'au bout sans émotion, leur

(1) Il paraît que l'habitude de dormir au sermon était ancienne chez M. Hamon. Le cardinal de Cheverus l'avait remarquée ; et un jour que M. Hamon se plaignait devant lui de ne pouvoir dormir la nuit : « Mon cher, lui dit le cardinal avec une aimable gaîté, puisque vous ne pouvez fermer l'œil de la nuit, et que les sermons vous endorment, j'irai vous faire une exhortation quand vous vous mettrez au lit. »

répétait pour la centième fois, avec le même calme que la première, les solutions déjà données, discutait leurs doutes et leurs scrupules, comme si c'eût été l'unique occupation qu'il eût eue sur la terre.

« Comment vous dire, nous écrit une de ses pénitentes, les actes de charité et de patience que je lui voyais pratiquer dans ces longues séances du confessionnal ! Lorsque j'étais à Paris, j'allais le trouver tous les huit jours au saint tribunal, et chaque fois, jusqu'à ces derniers temps, j'y trouvais des personnes dont une surtout restait une heure au moins, et revenait encore après. Il ne la renvoyait pas, et gardait toujours cette pauvre âme qui lassait la patience de ceux même qui, comme moi, ne la voyaient qu'une fois la semaine. Une de mes amies, lasse d'attendre, lui dit : *Monsieur le curé, renvoyez donc tout à fait cette scrupuleuse. — Mon enfant,* répondit le bon curé, *vous avez bien peu de charité.* » Ce trait ne rappelle-t-il pas l'ineffable douceur et l'angélique patience de saint François de Sales ?

Au reste, il avait reçu de Dieu un don tout spécial pour la conduite des âmes. Ses paroles portaient avec elles la lumière et la consolation : « Il avait toujours, nous disait une âme qui a beaucoup profité sous sa direction, la parole du besoin. Le bon Dieu lui donnait pour la direction des lumières que je n'ai vues en nul autre. Dans une circonstance décisive de ma vie, il me dit : *Prenez ce parti ; la volonté de Dieu est là.* J'obéis, quoique la chose, humainement parlant, me parût bien obscure et bien incertaine. Toute la suite m'a démontré quel service il avait rendu à mon âme. » Ces paroles nous découvrent à la fois et l'exquise sagesse qui caractérisait les conseils donnés par M. Hamon, et l'ascendant qu'il savait prendre sur les âmes pour s'en faire écouter et obéir.

Sans être rigoriste, il savait, dans sa direction, maintenir la sévérité des règles. Mais, praticien expérimenté, en même temps que théologien exact, il tempérait au besoin, pour le plus grand bien des âmes, la rigueur des principes, ou plutôt il les combinait entre eux de manière à les rendre applicables. Il ignorait, en ce qui concerne l'essentiel des devoirs de la vie chrétienne, ces transactions que la faiblesse arrache à certains directeurs. Mais quant aux observances de pure surérogation, il s'accommodait avec un tact parfait aux besoins et aux attraits des âmes, exigeant d'elles d'autant plus qu'il les trouvait plus généreuses.

Contrairement à la pratique des confesseurs qui, sévères d'abord, finissent quelquefois par fermer les yeux sur les plus déplorables relâchements, il se montrait dans les premiers temps doux et facile, évitant tout ce qui aurait pu effaroucher la faiblesse d'âmes encore peu affermies, et sur lesquelles il n'avait pas l'ascendant nécessaire. Mais quand, par la confiance qu'il leur inspirait, il s'en était rendu maître, quand surtout il reconnaissait en elles ces attraits de grâce qui sont la marque caractéristique des âmes que Dieu appelle à la perfection, laissant de côté les ménagements, il leur retranchait sans pitié ce qu'il avait cru devoir tolérer d'abord, et de sacrifice en sacrifice, il les conduisait au dépouillement complet de toutes choses et d'elles-mêmes.

Rarement les travaux du bon prêtre demeurent sans

fruit. Ceux que M. Hamon entreprit pour la sanctification de sa paroisse, de concert avec les pieux collaborateurs que la Providence lui avait associés, en produisirent d'infiniment consolants.

Dès l'année 1854, il écrivait à l'une de ses parentes : « J'ai été pendant près de dix jours sans pouvoir entrer dans ma chambre, que pour me coucher fort tard et me lever de grand matin, tant le travail pressait. Au milieu de ces grands travaux, une chose est venue me consoler. Le nombre des communions qui se sont faites l'année dernière dans la paroisse dépasse très-notablement celui des années précédentes. J'espère que le bon Dieu en aura été glorifié. » Il eut également la consolation de constater que les offices de la paroisse étaient de plus en plus fréquentés.

De temps en temps aussi des retours à la religion venaient réjouir le cœur du saint prêtre : « Le bon Dieu bénit nos travaux, dit-il dans une lettre, et l'on revient à la religion avec une parfaite bonne volonté. Hier, c'était un juif; avant-hier, c'était un protestant. Ma préoccupation en ce moment est de former une réunion d'hommes capables d'instruire ces néophytes, car notre ministère ne nous permet pas les instructions de détail. Nous avons cela pour les femmes, mais nous ne l'avons pas pour les hommes. »

Ces conversions si consolantes pour M. Hamon se produisaient parfois dans des milieux où l'on n'est guère accoutumé à les rencontrer.

On vint l'appeler un jour pour confesser un malade. Il se rend au lieu indiqué, et se trouve en face de la voiture

CHAP. IV. — ZÈLE PASTORAL DE M. HAMON.

d'un saltimbanque, dans laquelle on l'invite à monter. Le saltimbanque, malade à l'extrémité, était couché sur un misérable grabat, dans un coin de cette étrange demeure. Il attendait avec impatience le charitable pasteur qui, heureux des excellentes dispositions de ce pauvre homme, s'empresse de lui donner les consolations de son ministère et le laisse comblé de joie. Racontant plus tard cette scène : « J'ai ce jour-là, disait-il, administré à la même personne cinq sacrements : le baptême, la pénitence, l'eucharistie, le mariage et l'extrême-onction. Quand j'eus terminé, le saltimbanque, pour me témoigner sa reconnaissance, me donna *une poignée de pied !* » C'est que le malheureux, doublement manchot, n'avait pas de mains.

M. Hamon, à l'exemple du grand apôtre, se considérait donc comme étant le débiteur de tous, et, dans son immense troupeau, il n'y avait pas une seule âme pour la sanctification de laquelle il ne fût disposé à s'imposer les plus pénibles sacrifices. Mais, quoiqu'elles lui fussent toutes également chères, il attachait une importance toute spéciale à la conversion de celles dont le retour à la religion pouvait être un salutaire exemple. Dieu lui ménagea, en ce genre, plusieurs consolations qui durent être infiniment douces à son cœur.

En 1853, il eut le bonheur d'administrer les derniers sacrements au savant chimiste Orfila, et de le préparer à mourir. Le jour des obsèques, il rendit témoignage en ces termes des sentiments chrétiens dans lesquels cet homme illustre avait terminé sa vie : « Lorsqu'un homme d'un grand savoir quitte cette terre, chacun s'occupe de le louer pour ce qu'il a fait de plus remarquable. La plus grande gloire de M. Orfila, la seule que nous devions rappeler ici, sera de s'être souvenu à la fin de sa vie de l'éducation chrétienne qu'il avait eu le bonheur de recevoir. C'est dans la plénitude de sa raison et de sa connaissance, et plusieurs jours avant sa mort, qu'il a voulu appeler un prêtre, ministre de ce Dieu crucifié sur l'image duquel il collait respectueusement ses lèvres à ses derniers moments ; et ce témoin peut dire hautement avec quelle foi et quelle reconnaissance cet homme si distingué recevait sur son lit de douleur les consolations de la religion qui avait béni son enfance. »

Presque dans le même temps, une autre illustration de la science, M. Augustin Thierry, rendait hommage à la religion par un retour auquel le digne curé de Saint-Sulpice eut une large part.

Cet homme célèbre, que l'on a appelé à juste titre le prince des historiens modernes, habitait depuis plusieurs années la paroisse de Saint-Sulpice. Il y vivait très-retiré dans une maison modeste du boulevard Montparnasse où, quoique aveugle et paralytique, il se livrait, autant que ses forces le lui permettaient, aux études historiques qui avaient fait l'honneur et les délices de sa vie. M. Hamon comprit qu'il y avait là une conquête glorieuse pour la religion à entreprendre, et croyant que son titre de pasteur justifiait suffisamment sa démarche, il se présenta chez son éminent paroissien.

M. Augustin Thierry le reçut avec une grâce parfaite, lui ouvrit son cœur, et cette première visite amena entre le savant et le prêtre une suite de relations de plus en plus intimes qui eurent pour résultat la conversion du premier, et la promesse de se réconcilier avec Dieu par la réception des sacrements. C'est ce que M. Hamon lui-même atteste dans un discours prononcé le jour des obsèques de l'illustre défunt, et qui trouve ici naturellement sa place :

« Messieurs, dit-il, au milieu des pompeux éloges qui retentissent de toutes parts à la gloire de M. Augustin Thierry, la religion a aussi son mot à dire dans cette lugubre cérémonie. Plus d'une fois l'illustre défunt a bien voulu épancher son cœur dans le mien, et je dois à sa mémoire de révéler ces communications intimes dont il m'a fait le confident, parce qu'elles l'honorent plus que tous les éloges. Dès notre première entrevue, il tint à me faire sa profession de foi ; je me le rappelle encore avec bonheur : « L'office de la raison, me dit-il, est de nous « démontrer que Dieu a parlé aux hommes par Jésus-« Christ ; et une fois ce grand fait démontré par l'histoire, « la raison n'a plus droit de discuter ; son devoir est « d'apprendre par l'Évangile et par l'Église ce que Dieu a « dit, et de le croire ; c'est le plus noble usage qu'elle « puisse faire de ses facultés. » Et cette déclaration de principes, si claire et si catholique, M. Thierry ne la dissimulait à personne. Un jour, un homme qui se croyait habile en histoire se permit de dire en sa présence que la papauté était une institution humaine qui remontait au quatrième siècle : « Vous vous trompez, reprit aussitôt le « véritable historien, la papauté remonte jusqu'à saint « Pierre, et par saint Pierre à Jésus-Christ, le divin fon-« dateur de l'Église. »

« Heureux de telles paroles, je cultivai avec délices cet

homme éminent, non autant que je l'aurais voulu, mais autant que me le permettait mon ministère, et toujours je le trouvai également ferme dans sa croyance. Plusieurs fois je lui parlai de ses ouvrages avec cette liberté qu'autorisait la douceur de son commerce : « J'y ai mêlé des « erreurs, me dit-il ; on m'a fait peine en imputant à hos- « tilité malveillante pour la religion ce qui n'était que « l'effet de mon ignorance, mais je veux employer ce qui « me reste de vie à les corriger. » Nobles paroles, Messieurs, qui sont à elles seules un magnifique éloge. M. Thierry n'était pas de ces petits esprits, infatués d'eux-mêmes et de la renommée, qui croiraient descendre en disant : Je me suis trompé. Il comprenait que la vérité a des droits imprescriptibles, supérieurs à tous les misérables intérêts de l'amour-propre, et que l'homme n'est jamais plus grand que quand il est dans le vrai, je me trompe, que quand il a le courage d'y rentrer après en être sorti. Un jour il reçoit de la province un livre intitulé : *Erreurs de M. Augustin Thierry* ; il se le fait lire ; il est ravi, et il écrit à l'auteur (1), un de ces ecclésiastiques qui, dans un presbytère de campagne, savent être des hommes érudits, une lettre de remercîments et de félicitations : de remercîments pour le bienfait de la vérité que lui ont apportée ces pages savantes, de félicitations pour le remarquable mérite de celui qui l'a censuré. Ravi moi-même de si nobles sentiments, j'allai à mon tour féliciter et remercier avec effusion l'homme éminent qui donnait au monde un si bel exemple. « Ma lettre vous étonne, me répondit-il ;

---

(1) M. l'abbé Gorini.

« Dieu souffre bien qu'on censure ses ouvrages qui sont
« parfaits ; pourquoi ne trouverais-je pas bien qu'on cen-
« sure les miens qui sont défectueux ? »

« A la suite de ces communications, si consolantes pour le cœur d'un prêtre, je proposai à M. Augustin Thierry de tirer les conséquences de ses croyances, de passer de la foi à la pratique et d'honorer ses cheveux blancs par l'accomplissement courageux de tous les devoirs que la religion impose. « Je vous comprends, me répondit-il ; déjà je suis
« membre des conférences de Saint-Vincent-de-Paul, je
« viens en aide aux malheureux qui m'implorent ; mais je
« sens que Dieu me demande autre chose, qu'il faut me
« réconcilier avec lui par les sacrements. Eh bien ! je vous
« le promets, je me confesserai, je communierai (1). » Et voilà qu'à ma grande surprise il récite, avec un accent de foi que je n'oublierai jamais, les paroles que l'Église adresse à Jésus-Christ présent dans l'Eucharistie : *Adoro te, supplex, latens Deitas, quæ sub his figuris verè latitas, tibi se cor meum totum subjicit, quia te contemplans totum deficit* (2).

« Malheureusement, Messieurs, le mal, survenant comme un coup de foudre, a arrêté ce noble dessein digne d'une si belle intelligence, et nous n'avons pu lui administrer les derniers sacrements qu'avec une douloureuse incertitude

---

(1) M. Augustin Thierry était si bien disposé, que le lendemain il envoya M. Wallon, membre de l'Institut et son ami, chez M. le curé de Saint-Sulpice, pour lui dire qu'il persévérait dans les sentiments qu'il lui avait exprimés et dans la résolution de se confesser.

(2) « Prosterné devant vous, je vous adore, ô Dieu vraiment caché sous ces figures ; mon cœur se soumet entièrement à vous ; car je sens que mon esprit s'égare en contemplant vos grandeurs. »

s'il avait la conscience de nos paroles et de notre ministère ; mais il n'en demeure pas moins certain que M. Augustin Thierry croyait à nos mystères, au précepte divin de la confession et à la nécessité de se réconcilier avec Dieu par les sacrements.

« Puisse cette leçon n'être pas perdue pour la France et pour le monde ! Nous ne sommes plus, Messieurs, aux temps de déplorable mémoire, où l'on voyait dans l'irréligion une gloire, dans l'incrédulité une force d'esprit, dans la foi une faiblesse : les sciences humaines, en se développant, n'ont fait que jeter un nouveau jour sur leur sœur aînée, la science de la religion, et nous assistons à la réalisation de cette parole d'un homme célèbre, que la demi-science fait les incrédules, que la vraie science fait les croyants. Écoutez donc Augustin Thierry qui vous crie du fond de sa tombe : « Soyez chrétiens, non
« seulement en théorie, mais en pratique ; et plus
« vous serez chrétiens, plus vous serez honorables, plus
« vous serez vraiment grands, plus vous serez dignes d'être
« Français, c'est-à-dire le premier peuple du monde. »

« Oui, Messieurs, soyons chrétiens, soyons-le sans délai, parce que la mort survient à l'improviste : tel remet au lendemain ses projets de conversion, qui le lendemain n'est plus ; soyons-le sans respect humain, parce que le respect humain est une lâcheté indigne d'un grand cœur ; soyons-le dans nos propres intérêts, parce que la religion, céleste compagne de notre passage à travers le monde, a seule le secret d'en adoucir les amertumes : fille du ciel, seule elle peut nous en ouvrir les portes au sortir de la vie et nous introduire dans l'éternel séjour où le cœur goûte un bonheur parfait, où l'esprit voit dans la lumière de Dieu toute lumière et possède toute science. »

En présence d'un témoignage si authentique et si solennel, il est impossible de douter que M. Augustin Thierry ne soit revenu à des sentiments véritablement chrétiens (1).

L'année qui suivit sa mort, celle de M. le baron Thénard (1857) vint offrir à M. le curé de Saint-Sulpice une occasion nouvelle de montrer que la pratique de la religion n'est point incompatible avec la véritable science. Une assistance d'élite s'était rendue dans l'église de Saint-Sulpice, pour rendre les derniers devoirs au savant que la France pleurait. M. Hamon lui adressa, avant l'absoute, l'allocution suivante :

« Permettez-moi, Messieurs, d'interrompre un instant cette lugubre solennité par quelques paroles que mon cœur ne peut retenir captives. D'autres diront la belle intelligence et les nobles travaux de l'illustre défunt : pour moi, la religion et ma reconnaissance m'obligent à dire qu'il y avait dans le baron Thénard quelque chose de

---

(1) En preuve des sentiments religieux dont cet écrivain fut animé dans les derniers temps de sa vie, nous pouvons ajouter aux faits qui précèdent le trait suivant :

Un jeune ecclésiastique, non encore promu au sacerdoce, et que son mérite a élevé depuis à une dignité éminente dans l'Église de France, avait reçu de ses supérieurs la mission d'aller faire une lecture à M. Thierry. Il se présente et demande à l'historien quel sera l'objet de la lecture. « Lisez-moi, lui fut-il répondu, les prières de la messe. » Chaque jour, tant que dura la maladie du grand historien, il se fit lire les mêmes paroles, qu'il écoutait toujours dans l'attitude du plus profond recueillement, et qui offraient à sa piété plus d'intérêt que les plus beaux textes.

meilleur encore que le grand esprit et les vastes connaissances qui honorent une académie savante ; il y avait un cœur profondément chrétien, dans lequel ne pouvaient trouver entrée ni cette insouciance de Dieu et de l'éternité, une des plus grandes plaies de notre époque, ni cette religiosité vague qui est une chimère, ni cette séduction de la gloire qui avait pu l'abuser autrefois, disait-il, mais dont il était depuis plusieurs années pleinement détrompé, parce qu'il en sentait tout le vide.

« Le baron Thénard avait une foi intelligente qui lui montrait au ciel un Dieu à honorer, en lui-même une âme immortelle à sauver ; il avait une foi éclairée qui lui faisait voir, dans la divine autorité de l'Église, la règle sûre et toute faite de ses croyances et de ses mœurs ; mais par dessus tout, il avait une foi pratique qui ne lui permettait pas d'être inconséquent avec lui-même, de croire d'une manière et de vivre d'une autre.

« Comprenant que jamais l'homme n'est plus raisonnable que quand il laisse diriger sa faible raison par la raison divine, dont l'enseignement de l'Église est l'expression authentique ; que jamais il n'est plus grand que quand il s'abaisse devant Dieu, il soumettait son esprit à tous les dogmes, comme sa volonté à tous les préceptes ; chaque dimanche, il venait se confondre avec le simple peuple, assister à nos saints offices, les yeux et le cœur fixés sur le livre de la prière, et, à nos grandes fêtes, il communiait. Il n'était pas de ceux qui disent : Je me confesserai à la mort. Il avait trop d'esprit pour livrer ainsi à l'aventure ses destinées éternelles ; il avait trop de cœur pour se faire de la santé et de la vie, ces deux grands bienfaits du ciel, une raison de fouler provisoirement sous les pieds les commandements de Dieu et de l'Église ; et certes, bien lui en a valu : s'il eût raisonné comme le monde, combien grande eût été sa déception ! car la mort est venue le frapper tout à coup, sans qu'il ait pu articuler une seule parole au prêtre accouru près de sa couche. Mais, grâce à sa prudence chrétienne, il était prêt : quelques jours seulement avant le coup fatal, il avait de nouveau, en pleine santé, purifié sa conscience au tribunal sacré, avec la simplicité du plus humble pénitent.

« Voilà, Messieurs, des faits que j'aime à dire bien haut, parce qu'ils sont à la fois une gloire pour celui qui n'est plus, une leçon pour ceux qui lui survivent et une garantie de son bonheur éternel pour ceux qui l'aiment.

« A ces paroles, que la religipn m'inspire, la reconnaissance m'oblige à ajouter une autre louange : c'est que jamais je n'ai fait appel à sa belle âme en faveur du malheureux, qu'il ne se soit empressé d'y répondre ; c'est que le plus souvent même il n'a pas attendu mon appel, il a été délicat jusqu'à le prévenir ; c'est que jamais la sœur de Saint-Vincent-de-Paul, la dame de charité n'a frappé à la porte de son cœur sans en remporter une généreuse aumône ; c'est que bien souvent j'ai découvert des pauvres obscurs qu'il secourait dans le secret, content que Dieu seul connût le bienfait, parce que de Dieu seul il en attendait la récompense. J'aime donc à le proclamer bien haut : en perdant le baron Thénard, je perds un des meilleurs soutiens de mes pauvres, et dans la douleur que cette perte me cause, ce m'est une consolation de dire ma reconnaissance aussi bien que la louange de ce vrai chrétien, de cet homme éminemment bon que j'ai toujours trouvé secourable au malheur. J'avais besoin, Messieurs, d'épancher mon cœur devant vous, après l'avoir épanché devant Dieu dans ce saint sacrifice ; et vos cœurs, j'en suis sûr, me pardonneront cet épanchement. »

Un autre savant, également paroissien de Saint-Sulpice, mais qui n'avait pas, comme M. Thénard, le bonheur d'être chrétien, tomba dangereusement malade. Averti de l'accident, M. le curé se rendit chez lui et obtint d'être admis. L'accueil fut très-sympathique. On témoigna même à M. Hamon le plaisir que causait sa visite; on l'invita à s'asseoir, et une conversation des plus amicales s'établit aussitôt. Les circonstances semblaient donc favorables, et le charitable visiteur crut enfin pouvoir aborder la grande question. Mais quelle ne fut pas sa tristesse, lorsque le malade, l'interrompant, lui dit d'un ton de voix très-net et très-accentué : « Monsieur le curé, assez sur ce chapitre ; ne me parlez pas de cela ! — Hé quoi ! monsieur, réplique alors le saint prêtre, vous n'avez donc pas fait votre première communion ? » C'était le mot qu'il fallait dire. A ce souvenir subitement évoqué, le malade est ému ; ses larmes coulent : « Vous me rappelez là, s'écrie-t-il, les plus douces consolations de ma vie. — Ce sont ces mêmes consolations que je vous apporte, reprend M. Hamon, et dont je veux vous faire jouir encore. » La cause était gagnée, et le savant était redevenu chrétien.

M. le curé de Saint-Sulpice n'eut pas la même consolation au sujet d'un autre paroissien dont il désirait ardemment le retour à Dieu, mais qu'il s'efforça vainement de ramener à la pratique de la religion. Nous voulons parler de

M. Sainte-Beuve. Cet écrivain avait cependant pour le digne curé une grande estime. Quelques rapports s'établirent entre l'un et l'autre, et plus d'une fois des paroles échappées au spirituel critique purent faire naître dans l'âme de son pasteur l'espérance d'une conversion. Nous pouvons citer en preuve l'anecdote suivante, que nous tenons de la bouche d'un témoin oculaire.

M. Hamon allait un jour, accompagné d'un de ses vicaires, visiter une communauté religieuse. Il fut accosté au coin de la rue Montparnasse par un monsieur à la figure à la fois fine et débonnaire, qui, par son vêtement noir et son visage entièrement rasé, ressemblait plus à un ecclésiastique qu'à un homme de lettres. C'était M. Sainte-Beuve. Il salua respectueusement M. le curé, s'informa de sa santé, et, après quelques moments d'entretien, ajouta ces paroles que nous reproduisons textuellement : « Je ne suis pas aussi incrédule qu'on le dit. Je vous considère comme mon curé, et si Dieu me retire de ce monde avant vous, c'est de vous que je veux recevoir mon passeport. » Lorsque l'homme de lettres se fut retiré, M. Hamon dit à son vicaire qui ne le connaissait pas : « Voilà M. Sainte-Beuve, un de mes plus sceptiques paroissiens. Je voudrais bien qu'il réalisât dès à présent le vœu qu'il forme pour ses derniers moments ; mais je ne l'espère guère. » Le pressentiment du bon curé devait malheureusement se vérifier. A cette époque, il est vrai, M. Sainte-Beuve était loin encore des sentiments anti-religieux qui ont si tristement marqué la fin de sa carrière, et ont fait de sa mort et de ses funérailles un déplorable scandale. Mais un scepticisme railleur et sensuel avait dès lors profondément ravagé cette âme autrefois chrétienne, et M. Hamon, qui le connaissait, n'eut pas de peine à deviner à quelles conséquences une telle disposition devait enfin aboutir.

Entre les moyens que sut employer le zèle pastoral de M. le curé de Saint-Sulpice, pour entretenir la ferveur dans l'âme de ses paroissiens, nous ne devons pas omettre la dévotion des pèlerinages, qu'il ne cessa d'encourager. Il était en cela dans les traditions de ses prédécesseurs, et spécialement de M. Olier, auquel Dieu donna un attrait tout spécial pour cette pieuse pratique.

La paroisse de Saint-Sulpice fit, sous la direction de M. Hamon, un grand nombre de pèlerinages qu'il serait superflu de décrire ici en détail, bien que tous aient été pleins d'édification.

Dans celui de Notre-Dame de Boulogne (août 1857), cinq cents paroissiens accompagnèrent le vénérable curé. Ils portaient avec eux un cœur d'une grande richesse qu'ils devaient déposer dans l'église du pèlerinage, comme un monument de la consécration de la paroisse de Saint-Sulpice à la très-sainte Vierge. M. Hamon nous a laissé lui-même dans une de ses lettres le récit sommaire de ce qui s'y passa :

« Notre pèlerinage de Notre-Dame de Boulogne m'a guéri. On ne peut rien imaginer de plus beau, de plus édifiant. Tout le clergé de Boulogne, avec Mgr l'évêque d'Arras, nous a reçus à la gare au chant du *Magnificat*, auquel ont répondu, en sortant des wagons, nos cinq cents pèlerins.

« Nous nous sommes rendus en procession à la cathédrale, en chantant les litanies de la sainte Vierge. Là, je suis monté en chaire, j'ai consacré la paroisse, et fait à la sainte Vierge l'offrande de notre magnifique cœur, que nous avons ensuite suspendu au mur. Il y produit un très-bel effet.

« Le samedi, à une heure de l'après-midi, nous sommes allés recevoir les pèlerins anglais avec leurs évêques, et nous les avons conduits à la cathédrale, où il y a eu sermon français et sermon anglais. Le dimanche, procession qui à duré cinq heures.... »

Mais c'était surtout à Chartres, à Chartres, la ville de la sainte Vierge, que M. Hamon aimait à conduire ses paroissiens. On se préparait au pieux voyage, comme à une grande fête; la route était sanctifiée par des exercices religieux; on se rendait, dans un religieux recueillement, à la vieille cathédrale, d'où, après avoir communié avec une ferveur exemplaire et avoir recueilli les paroles que le digne pasteur était heureux, dans ces circonstances, d'adresser à ses paroissiens, on revenait plus pénétré d'amour et de confiance envers Marie, plus résolu à mener une vie vraiment chrétienne, plus fort contre les séductions du péché.

Une brochure, publiée à Chartres pour rendre compte des pèlerinages de 1859, parle en ces termes de celui de Saint-Sulpice :

« Le lundi 12, une des plus grandes et des plus célèbres paroisses de Paris, Saint-Sulpice, rendait, à son tour, ses hommages à Notre-Dame de Chartres. Ce sont, on le sait, les enfants de M. Olier qui la régissent; de M. Olier qui fit son premier essai d'institution de séminaire dans notre ville, où il habita quelque temps, et qui si souvent, dans la suite, revint épancher son cœur devant celle pour qui il avait conçu une piété si vive et si profonde.

« Il ne faut donc pas s'étonner qu'un de ses plus dignes successeurs dans la cure de Saint-Sulpice, M. l'abbé Hamon, dont le nom, les vertus et les talents sont connus de toute la France, ait songé à diriger ses ouailles vers le sanctuaire encore tout rempli du souvenir du saint fondateur de sa congrégation. Ce deuxième pèlerinage, qui a été accueilli avec le même cérémonial et le même empressement que les autres, se distinguait, comme tout ce qui touche à Saint-Sulpice, par un caractère particulier de simplicité, mais de simplicité accompagnée d'une ardente et manifeste ferveur. Nulle bannière, nulle oriflamme, nul éclat extérieur quelconque, à ce point — qui le croirait ? — que le pasteur d'un troupeau si opulent descendit de wagon, et s'avança jusque sur la place de la gare, sans porter l'étole, insigne de sa dignité, et, dans son humilité, ne consentit qu'à grande peine à recevoir celle que l'archiprêtre de la cathédrale s'empressa de détacher de ses épaules pour la lui offrir.... Des prêtres en foule, soit de Paris et de Chartres, soit même de diocèses étrangers et lointains, comme de Rennes, d'Angers, de Besançon, de Montpellier, de Marseille, grossissaient le cortége du pèlerinage. Nul autre n'en a tant amené à sa suite.

« Mgr l'évêque, qui se glorifie d'avoir reçu l'éducation cléricale au séminaire de Saint-Sulpice, s'est fait une joie, on le conçoit, de célébrer la sainte messe en cette circonstance, et il s'est bien gardé d'omettre cette marque de gratitude envers ses anciens maîtres.

« A l'évangile, nous avons vu, non sans émotion, le vénérable M. Hamon prendre le chemin de la chaire, pour adresser lui-même à ses paroissiens une de ces instructions solides et fortes, comme on en faisait autrefois.

« En lui, il ne faut pas chercher l'orateur précisément. C'est un pasteur, un pasteur de l'Église primitive, qui a conservé à ses discours toutes les formes anciennes. Son langage est grave, bien déduit, bien enchaîné, allant droit à son but. Mais ne croyez pas qu'il soit sans élégance. Le mot propre, l'expression toujours juste est déjà une grande élégance. Mais M. Hamon en connaît d'autres, et, en l'écoutant, on sent qu'on a affaire à un homme habitué à écrire et à très-bien écrire. Puis il sort de cette âme pastorale des accents pleins de naturel et de sentiment, de ces accents qui ne partent point de la tête, mais d'une source plus chaude, et qui produisent inévitablement leur effet. Un père, quand il est vraiment père, est toujours éloquent : *Pectus est quod disertum facit.*

« M. le curé a parlé sur les avantages des pèlerinages; et une chose qui nous a frappé, c'est le respect visible, l'attention marquée, l'espèce d'avidité avec laquelle ses ouailles, habituées pourtant à entendre sa parole, la recueillaient, comme si elle avait été neuve pour elles.

« Presque tout le pèlerinage a communié, et je ne sais vraiment si ce *presque* n'est point de trop. Saint-Sulpice n'a pas démenti à Chartres sa réputation universellement avouée de paroisse la plus pieuse de Paris.... »

CHAPITRE V

Création des écoles. — Chapelle des Œuvres.

A peine installé dans la cure de Saint-Sulpice, M. Hamon conçut un projet grandiose et vraiment digne de son zèle.

Les écoles catholiques de la paroisse étaient absolument insuffisantes et ne pouvaient contenir qu'un petit nombre d'enfants. D'un autre côté, on ne possédait pas de local où l'on pût réunir convenablement les membres des différentes œuvres, ce qui nuisait au fonctionnement et au développement de ces œuvres. Il s'agissait, pour obvier à ce double inconvénient : d'acquérir un terrain spacieux ; d'y construire de vastes écoles où les enfants de Saint-Sulpice pussent recevoir une éducation chrétienne ; d'élever près de ces écoles une chapelle destinée à servir de lieu de réunion aux œuvres de la paroisse.

L'utilité du projet n'était pas douteuse ; mais il fallait pour le réaliser d'immenses ressources ; pouvait-on espérer de les trouver ? Plein de cette confiance qui fait des prodiges, encouragé d'ailleurs par les pressantes sollicitations de ses paroissiens, M. Hamon résolut de mettre la main à l'œuvre. Mais pour ne rien négliger de ce que la prudence prescrivait en pareille circonstance, il forma une commission composée de laïques pieux et influents, à laquelle il soumit son projet, pour qu'il fût par elle discuté et examiné. La commission se réunit ; M. le curé prit la parole et n'eut pas de peine à faire comprendre que la création d'un vaste établissement pour les écoles et pour les œuvres était urgente. Mais il s'adressait à des hommes versés dans la pratique des affaires, et accoutumés à se régler sur le principe élémentaire qu'il ne faut commencer une entreprise qu'après s'être assuré qu'on aura de quoi en couvrir les frais. Aussi de toutes les bouches sortit la même objection : « Et les ressources ? — Oh ! pour les ressources, répondit le saint prêtre, j'ai la confiance que la Providence et la charité des paroissiens y pourvoiront. » Cette réponse fut accueillie comme une pieuse illusion ; chacun parla en sens divers ; enfin, après une discussion assez longue, on se sépara sans avoir rien conclu.

« Vous voyez bien, dit M. Hamon à l'un des membres resté seul avec lui dans la salle, qu'avec des commissions, nous n'aboutirons à rien ; il vaut mieux nous confier en Dieu et agir. » En effet, à partir de ce moment, la commission ne se réunit plus.

Ce début peu encourageant n'arrêta pas le zélé pasteur. Au mois de juin 1857 il publia, sous le titre d'*Appel du curé de Saint-Sulpice à ses paroissiens et autres personnes bienfaisantes, pour la fondation de grandes écoles catholiques*, un écrit chaleureux, apostillé par Mgr l'archevêque de Paris, afin de provoquer la charité en faveur de l'œuvre.

« Au milieu des magnificences de Paris, y était-il dit, il est d'affreuses misères que n'observe pas l'œil du passant, parce que ce sont des misères morales, mais qui ne peuvent échapper ni à l'œil ni au cœur du prêtre, plus préoccupé des âmes que de la matière.

« 1º Pour commencer par le premier âge, nos pauvres enfants du centre de la paroisse, après avoir eu pour salle d'asile une sorte de cave étroite, humide, insalubre, arrivés à l'âge de s'instruire, manquent d'écoles qui puissent les contenir tous ; et plusieurs sont réduits à la triste alternative, ou de demeurer ignorants, ou d'aller puiser l'instruction à l'école protestante qui vient de s'élever au milieu de nous.

« 2º Après la première communion, jetés pour apprendre un état dans des ateliers où, selon l'expression de l'un d'eux, *on n'entend parler du matin au soir que contre les mœurs, contre Dieu et contre toute autorité*, que peuvent-ils devenir ? Encore, si on pouvait les réunir chaque dimanche, leur faire entendre la messe avec une instruction religieuse, leur donner de bons conseils, recevoir la confidence de leurs périls spirituels, les confesser au besoin, et leur offrir, après les exercices religieux, d'innocents délassements ! Ce serait le moyen de corriger le mal de l'atelier et de prévenir le danger de la taverne ou de la barrière. Mais, hélas ! un local nous manque, et nous pouvons recueillir au plus trois cents apprentis sur mille à quinze cents.

« 3º Entrés dans l'état d'ouvrier, ils pourraient être maintenus dans le bien par l'œuvre de Saint-François-Xavier, par l'œuvre dite de la *Sainte-Famille*, par la réunion des ouvriers chrétiens à certains jours ; mais, d'une part, nous n'avons pas de maison pour cette réunion, aussi précieuse à la religion qu'à l'ordre public, et, de l'autre, l'église souterraine de Saint-Sulpice, où se réunissent les membres de l'œuvre de Saint-François-Xavier et de la Sainte-Famille, est beaucoup trop petite, de sorte qu'un grand nombre d'ouvriers sont privés de ces moyens de conservation.

« 4º Parmi ces ouvriers, il en est de quarante à cinquante ans qui n'ont pas encore fait la première communion. Attirés par le désir d'apprendre la lecture, l'écriture et le calcul, ils viennent, après les travaux du jour, aux classes du soir, où les bons Frères des écoles chrétiennes, en leur apprenant ces choses, leur enseignent en même temps la religion et les disposent à la première communion. Mais, hélas ! encore ici le local nous manque, et plusieurs fois nous avons eu la douleur de voir ces pauvres ouvriers entassés dans les salles d'une manière compromettante pour leur santé.

« En présence de besoins qui sont si urgents au point de vue religieux et social, nous avons cherché un local qui fût assez vaste pour être approprié à ces diverses nécessités, et pût servir comme d'un grand centre d'œuvres catholiques. Nous l'avons trouvé ; mais il faudrait 400,000 fr., tant pour l'achat que pour les frais d'appropriation !

« Cette somme est considérable sans doute ; mais aussi peut-il être œuvre plus belle, d'une actualité plus vraie et d'une portée plus grande ? Au moment où un prosélytisme ennemi de l'Église réunit ses efforts contre nous, qui ne trouve écrit dans son cœur le devoir de lui opposer un redoublement de zèle pour les intérêts sacrés du catholicisme ? Qui ne comprend que, les croyances religieuses étant les seules sauvegardes de l'ordre, de la morale et de la paix des États, il faudrait ne pas aimer son pays pour les laisser se corrompre ou s'affaiblir parmi nous ? Qui ne sent surtout combien ce mal serait plus grave à Paris qu'ailleurs ; à Paris, où rien d'important ne se passe qui n'ait son retentissement par toute la France et quelquefois par tout le monde ; à Paris, d'où les ouvriers, venus de tous les points de l'empire, vont si souvent reporter dans la province les doctrines et les mœurs de la capitale ?

« D'après ces graves motifs, nous venons, au nom de la religion qu'on attaque, au nom des âmes qui se perdent, faire appel à tous les cœurs catholiques. Nous ne sollicitons pas d'argent en ce moment ; nous nous bornons à demander aux personnes de bonne volonté l'engagement de payer chaque année la somme qu'il leur plaira de fixer, pendant cinq ou dix ans, à moins qu'on ne préfère s'engager à payer tout en une seule fois. Les plus petites offrandes, comme les plus grandes, seront reçues avec reconnaissance ; et quand le montant des souscriptions aura garanti le succès de l'œuvre, nous prierons messieurs les souscripteurs de payer la somme à laquelle ils se seront engagés. »

Ce ne fut point en vain que M. Hamon compta sur les ressources de la charité. L'argent lui vint de tous côtés, et au bout de quelques mois les recettes pour les écoles se montaient à 100,000 fr. Il crut alors pouvoir, sans témérité, commencer l'entreprise, et au mois de mars 1858 il achetait pour le prix de 285,000 fr. une grande propriété sur laquelle devaient s'élever les constructions projetées. Ce chiffre indiquait assez que le devis primitif serait très-notablement dépassé, et cependant les souscriptions reçues étaient loin encore de l'atteindre : « Je suis endetté, écrivait-il le 25 mars 1858, pour 185,000 fr. Si mes paroissiens ne me les donnent pas, je leur proposerai ou de me gar-

CHAP. V. — CRÉATION DES ÉCOLES. 263

der en payant, ou de me laisser mettre en prison pour dettes. »

M. Hamon savait bien qu'il n'avait rien à craindre sous ce rapport.

Le lendemain du jour où il avait annoncé du haut de la chaire l'achat définitif, M. le docteur Fizeau, un excellent paroissien, lui apportait 4,000 fr. Peu de temps après, un monsieur d'un extérieur fort simple lui en remit 75,000.

Un samedi, tandis qu'il était dans sa chambre de la sacristie, une dame vient le trouver, suivie de sa domestique. M. le curé la fait asseoir, et pendant qu'elle lui parle, la domestique dépose sur la table quinze rouleaux de mille francs en or. Cette généreuse bienfaitrice n'était pas de Saint-Sulpice, et, malgré les instances de M. Hamon, elle refusa de dire son nom.

Quelques mois plus tard, un passant, qui ne faisait que traverser Paris, vint lui apporter 40,000 fr.

Le ministre des cultes lui-même désira contribuer à la bonne œuvre, et envoya, comme témoignage de sympathie, 1,000 fr.

Il n'y eut pas jusqu'à un juif qui, dans son admiration pour l'œuvre entreprise par M. le curé de Saint-Sulpice, ne voulût y contribuer aussi par un don de 1,000 fr.

Quelquefois les secours vinrent si à propos qu'il fut difficile de n'y pas reconnaître une disposition particulière de la Providence.

« Je suis toujours, écrivait le bon curé le 23 décembre 1859, dans mes embarras ; mais la Providence est admirable. L'autre jour, j'avais tout épuisé pour faire aux anciens propriétaires un paiement de 15,000 fr. Voilà qu'aussitôt après on m'apporte deux mémoires, l'un de 1,500, l'autre de 240 fr. Que faire? Je sors pour faire une visite sans aucune intention de demander de l'argent; on me donne 220 fr. Je rentre, et le concierge me remet une lettre sans signature qui contenait un billet de banque de 1,000 fr. et un autre de 500 fr. Je vais à l'instant payer mes deux mémoires, et je rentre tout content et bénissant Dieu de ne rien devoir. On dit qu'il n'y a pas dans Paris de propriétaire qui paie ses ouvriers aussi exactement que moi. La Providence me donne toujours au moment précis ce qu'il faut : *Sit nomen Domini benedictum!* »

Un jour, il devait payer 80,000 fr., et il n'en avait que 10,000 en caisse. Les appels qu'il avait faits étaient demeurés stériles, et M. Hamon ne voyait absolument aucun moyen de se procurer les 70,000 fr. qui lui manquaient. L'embarras était donc des plus graves. Inquiet et agité, le bon curé va à l'église pour y faire sa visite au saint-sacrement. Au bout de quelques instants, on vient lui dire qu'il est demandé à la sacristie. Il s'y rend et y rencontre un homme qu'il n'avait jamais vu : « Monsieur le curé, lui dit, en l'abordant, cet inconnu, j'ai entendu parler des bonnes œuvres que vous faites; je viens m'y associer pour ma faible part, en vous demandant une prière pour moi et pour les miens. » En même temps, il lui remet un pli cacheté et se retire sans vouloir dire son nom. M. Hamon ouvre le pli avec une émotion qui se devine aisément. Il contenait en billets de banque une somme considérable qui lui permit de faire honneur à sa dette.

Ainsi, l'action de la Providence et la bénédiction qu'elle versait sur les œuvres du digne curé devenaient pour lui sensibles et palpables, et, en augmentant sa confiance, l'encourageaient à poursuivre, malgré les obstacles, ses charitables entreprises.

Toutefois, quelque abondantes que fussent les offrandes, elles ne suffisaient pas à couvrir les énormes dépenses qu'entraînait l'œuvre des écoles. M. Hamon dut se faire frère quêteur. A Saint-Louis-d'Antin, à la Madeleine, à Saint-Roch, à Saint-Thomas-d'Aquin, il sollicita dans de chaleureuses allocutions la charité des fidèles, et jamais il ne le fit en vain.

Pendant ce temps, les édifices projetés se construisaient avec rapidité. Il y avait deux ans à peine que le projet avait été conçu, et dans les premiers mois de 1859 tout était terminé. La dépense avait été de 530,000 fr. Quelques mois plus tard, il ne restait plus à payer qu'une dette insignifiante, qui ne tarda pas être couverte.

Le bon curé ne se possédait pas de joie. Il était venu à bout de construire une chapelle ou plutôt une église magnifique, assez grande pour contenir deux mille personnes, et, tout auprès, de superbes écoles où douze cents enfants pourraient aisément se loger. Il voulut inaugurer cette belle création par une cérémonie digne de l'œuvre, et le 31 mars 1859, Son Em. le cardinal Morlot, archevêque de Paris, sur l'invitation de M. Hamon, vint lui-même bénir le nouvel établissement. Il était assisté de Mgr Mazenod, évêque de Marseille, et de Mgr de Pompignac, évêque de Saint-Flour. Un nombreux clergé et un immense concours de fidèles rehaussèrent l'éclat de cette solennité. M. le curé de Saint-Sulpice prononça à cette occasion un discours remarquable, dans lequel il exposa, avec son éloquence ordinaire, les motifs qui lui avaient fait concevoir cette grande entreprise, et les précieux résultats qu'il attendait, pour le bien de sa paroisse, de sa réalisation.

Tout pourtant n'était pas fait encore. Les écoles étaient construites, mais il fallait les peupler. Ce fut l'objet d'une longue négociation entamée par M. Hamon avec M. Haussmann, préfet de la Seine. Il s'agissait d'obtenir de celui-ci qu'il consentît à prendre à loyer quatre classes, pour les substituer aux écoles insuffisantes et insalubres que les Frères de la doctrine chrétienne tenaient sur la paroisse. Quoique le cardinal, le ministre des cultes et plusieurs membres du conseil municipal fussent favorables à ce projet, la chose néanmoins souffrit quelque difficulté. Enfin le bon curé obtint ce qu'il demandait. Le 24 octobre 1859, il écrivait : « Hier, j'ai signé le bail passé entre le préfet de Paris et moi, pour neuf ans. Je lui loue quatre classes huit mille francs. Dès hier soir, six étaient remplies; on m'a prié d'en céder deux provisoirement, en attendant un nouveau bail. »

Ces écoles sont, sans contredit, une des plus belles œuvres que M. Hamon ait faites dans la paroisse de Saint-Sulpice, un des plus précieux legs qu'il ait laissés à ses successeurs. Elles furent, on peut le dire, une création de son zèle pastoral, puisque, sans aucune ressource personnelle, il les fit, en quelque sorte, sortir de rien.

Ajoutons que si elles font honneur à sa charité, elles n'en font pas moins à l'habileté de l'architecte, M. Douillard. C'est le témoignage que lui a rendu le digne curé et que nous nous faisons un devoir de reproduire ici : « Je remercie l'architecte intelligent et dévoué dont je voudrais dire bien haut le mérite et le zèle à toute épreuve, si son œuvre seule ne le louait pas mieux que toutes mes paroles. Il a compris et exécuté ma pensée : la grâce sans luxe, la noblesse dans la simplicité, l'économie sans parcimonie, tout ce qui est convenable et rien au-delà (1). »

CHAPITRE VI

Établissement des Petites-Sœurs des Pauvres.

L'admirable institut des Petites-Sœurs des pauvres, l'une des plus touchantes inspirations de la charité chrétienne dans notre siècle, qui en a produit tant d'autres, comptait déjà deux établissements à Paris. Le premier avait été fondé rue Saint-Jacques, en 1849 ; l'autre fut commencé en mars 1851, et eut pour premier siége une maison de la rue du Regard. Ce dernier se trouvait sur la paroisse de Saint-Sulpice, mais sans pourtant lui appartenir.

M. Hamon désirait ardemment avoir à sa disposition un asile de vieillards dirigé par ces excellentes Sœurs. Dès 1853, un plan de réalisation fut conçu sans pouvoir aboutir. Il s'agissait d'une maison qui serait fondée avec le concours simultané de l'Impératrice et de M. le curé de Saint-Sulpice. L'Impératrice donnait 4,000 fr. par an,

---

(1) Discours prononcé pour la bénédiction des écoles.

M. le curé 20,000 fr. d'une seule fois. Mais celui-ci, voyant qu'on ne voulait lui accorder que quarante lits, se désista et déclara qu'il préférait fonder à lui seul une maison uniquement destinée aux pauvres de la paroisse.

L'entreprise présentait des difficultés sans nombre ; la dépense surtout devait être énorme, et les ressources faisaient défaut. Mais la création des écoles avait appris à M. Hamon qu'avec l'aide de Dieu, il pouvait réaliser l'impossible. Il essaya donc encore de faire ce miracle, et, comme la première fois, il y parvint.

Mais s'il était hardi dans ses entreprises, il n'était pas téméraire. Sa règle invariable était de ne jamais devancer la Providence, et d'attendre en paix les indications qu'elle ne manquerait pas de lui donner, si elle voulait qu'il agît : « L'expérience m'a appris, dit-il, que la Providence veut avoir l'initiative de toutes les œuvres saintes et durables. »

Cette initiative providentielle, sur laquelle il comptait pour commencer l'œuvre des Petites-Sœurs des pauvres, ne se fit pas longtemps attendre ; il va nous apprendre lui-même comment elle se déclara.

« Un soir, au sortir de l'église, une vénérable dame, qui est maintenant au ciel, m'accoste et me fait confidence qu'elle tient à ma disposition, pour fonder une maison des Petites-Sœurs des pauvres, une somme de 20,000 fr., fruit de ses épargnes pendant les vingt années de son veuvage. Le dimanche suivant, j'annonce ce fait à mes paroissiens, et le lendemain, une autre dame, que Dieu conserve encore pour le bonheur des pauvres, vient me remettre 10,000 fr. pour la même œuvre, en me disant, avec un accent d'humilité qui me saisit, combien elle était confuse de ne pouvoir me donner davantage. Je l'encourageai à supporter cette humiliation en paix ; et levant les yeux au ciel, je dis : *Dieu, père des pauvres, je reconnais et j'adore vos desseins. Comme je ne me suis point jeté en avant de votre Providence, je ne resterai pas en arrière. Votre volonté m'est manifeste ; je vais me mettre à l'œuvre...* »

Bientôt, en effet, une grande maison fut achetée et appropriée, impasse Royer-Collard. Douze pauvres y furent d'abord installés. Puis, grâce à l'ingénieuse charité des Petites-Sœurs qui, en utilisant tous les recoins, trouvent le moyen de dilater l'espace, le nombre des pensionnaires augmenta de jour en jour, et finit par s'élever au chiffre de cent quatorze.

La maison était comble et, à la grande douleur de M. Hamon, on fut contraint de répondre par un refus aux nombreuses demandes d'admission qu'on recevait chaque jour, lorsqu'on apprit que, se trouvant sur le parcours d'une des nouvelles percées décrétées par le gouvernement, elle allait être démolie.

Loin de voir là un contretemps, il conclut de l'arrêt porté contre sa maison que la Providence voulait pour les pauvres une demeure plus grande et plus commode, et qu'il devait travailler à la leur procurer.

Le premier problème à résoudre était de trouver un emplacement convenable. Dès le début, il songea à un vaste jardin attenant aux écoles, parfaitement approprié à la destination qu'il avait en vue. La ville de Paris en avait fait récemment l'acquisition dans le dessein d'y établir un service municipal, et il crut qu'on ne refuserait pas de l'échanger contre l'immeuble dont il allait être exproprié. Il en fit la proposition à M. le préfet ; mais, contre son attente, celui-ci lui répondit par un refus formel. Le bon curé insista, en faisant valoir l'importance de l'œuvre qu'il voulait créer ; le cardinal Morlot, archevêque de Paris, voulut bien joindre ses sollicitations aux siennes. Tout fut inutile, et la chose paraissait désespérée lorsque, à force de recherches, M. Hamon réussit à trouver un terrain bien plus convenable pour le service municipal que celui dont il demandait la cession. Un ingénieur chargé par le préfet de faire un rapport à ce sujet fut de l'avis de M. le curé. M. le préfet se rendit enfin, et l'échange s'effectua.

On avait donc un emplacement ; mais pour y bâtir une maison, il fallait des fonds. La Providence se chargea, comme toujours, de les procurer.

Une grande dame vint trouver M. le curé et lui offrit 4,000 fr. pour la fondation d'un lit dans la future maison. Ce fut un trait de lumière pour le digne pasteur. Il fit part de l'offre à ses paroissiens, en leur insinuant d'imiter cet exemple, et, peu de jours après, trente nouveaux lits étaient fondés. Il avait donc une somme de 120,000 fr. Avec cela, il crut pouvoir commencer les travaux, et il les poussa aussi loin qu'il lui fut possible de le faire, sans dépasser les limites d'une sage discrétion. Il parvint ainsi à loger deux cent cinquante vieillards.

Toutefois, il manquait à l'édifice deux ailes qui devaient le compléter, et, malgré tout le désir qu'il avait d'achever l'œuvre commencée, M. Hamon dut laisser pendant cinq ans les choses en cet état. Enfin, en 1867, il reçut une lettre anonyme contenant, à destination des Petites-Sœurs, quarante-deux billets de mille francs. Cette somme lui sembla suffisante pour commencer l'aile gauche qui, au moyen de nouvelles ressources inopinément survenues, s'acheva en quelques mois.

Restait l'aile droite, dont la construction devait être bien plus coûteuse. Une personne charitable, étrangère à la paroisse, donna 20,000 fr. ; il en fallait encore au moins le double. Mais, encouragé par cette généreuse offrande, M. Hamon prit le surplus à sa charge, et la maison des Petites-Sœurs fut enfin terminée.

Parvenu à la fin de cette longue et laborieuse entreprise, il voulut que la bénédiction de la maison qu'il venait d'élever se fît avec une grande solennité. Il invita Mgr Darboy à présider la cérémonie, qui eut lieu, en présence d'un grand concours, le 14 janvier 1869.

Le vénérable curé y lut un rapport du plus grand intérêt, véritable chef-d'œuvre, que nous voudrions pouvoir reproduire ici en entier. Dans une suite de tableaux extrêmement attachants, il y montre comment les pauvres vieillards trouvent dans l'asile, construit par la Providence, le logement, la nourriture et le bien-être, comment aussi, grâce aux soins dont on les entoure, ils sont tous *bons enfants* et bons chrétiens.

Après avoir raconté avec un charme inexprimable de quelle manière il a pu parvenir à élever la maison que la religion allait consacrer :

« Vous pouvez la voir aujourd'hui, Messieurs, ajouta-t-il, et l'étudier dans toutes ses parties. Vous reconnaîtrez que tout y est simple, mais de bon goût, parfaitement approprié aux divers besoins du service, et harmonisé de manière à former un bel ensemble. Tout y est pour l'utilité, presque rien pour le plaisir de l'œil. C'est la gloire de l'architecte, M. Douillard. Malgré cela, la critique s'obstine à répéter : *C'est un palais*.

« Sans doute, Messieurs, quand il y a tant de misères à soulager, ce serait mal de déployer ici un luxe coûteux. Mais si cette maison ne semble un palais qu'à force de bon goût et de bonne ordonnance de chacune de ses parties, sans qu'il en coûte davantage, je dirai: tant mieux qu'elle ressemble à un palais.

« Est-ce que le vieillard qui souffre et s'éteint n'est pas déjà assez malheureux par sa position ? Il faut n'avoir pas de cœur pour trouver à redire qu'on le recueille dans une demeure agréable, qui réjouisse son cœur attristé et console son âme abattue. Il n'a plus que quelques moments à vivre ; qu'au moins, pendant ses derniers moments, il voie qu'on l'aime, qu'on l'estime, qu'on l'honore. Qu'au moins on dore pour lui l'horizon de la vie à l'instant où il est près de la quitter, et qu'il meure content.

« C'est un palais, dit-on ; tant mieux. Ce n'est pas trop pour l'éminente dignité du pauvre dans l'Église, si noblement célébrée par Bossuet, pour certains pauvres surtout, déchus d'une position aisée, dont le souvenir poignant est si imparfaitement compensé par les quelques agréments de ce séjour ; ce n'est pas trop pour apprendre au pauvre qu'on le respecte, et lui apprendre par là à se respecter lui-même par une vie morale, à s'honorer par la pratique du bien. Malheur à l'homme à qui on a fait perdre le respect de soi, en le traitant sans égards : vil à ses propres yeux, il ne sait plus rougir ; il se dégrade, s'avilit et descend sans honte l'échelle du vice jusqu'à ses dernières profondeurs. »

La maison des Petites-Sœurs des pauvres fut constamment, avec celle des écoles, l'œuvre de prédilection de M. Hamon. Il en parlait avec bonheur, et l'on sentait en l'entendant que son cœur était là. Une de ses plus douces récréations, tandis qu'on la construisait, était d'aller chaque jour visiter le chantier ; dès qu'il avait un moment de loisir, il y courait. Il lui fallait pour cela traverser la cour des écoles, et quelquefois c'était le temps de la récréation. Alors les sept cents enfants auxquels il avait donné un asile, et qui l'aimaient comme on aime un père, se précipitaient sur lui, et ne consentaient à le laisser partir qu'après qu'il les avait tous embrassés.

Plus tard, quand les Petites-Sœurs et leurs vieillards furent installés, ses visites furent plus fréquentes encore. Il aimait à conduire lui-même, dans ce bel établissement, les personnes honorables qui le venaient voir, et trouvait un indicible contentement à le leur faire parcourir en détail.

Il faisait plus encore. Plusieurs fois l'année, il se rendait à la maison des Petites-Sœurs des pauvres, escorté de quelques pieux paroissiens, invités par lui. Là, ceint d'un tablier, il servait à table les vieillards, émus et attendris de tant de charité. C'était un spectacle digne d'admiration de voir le vénérable curé remplissant cet office d'humilité. Il parcourait, avec un visage radieux, le réfectoire des pauvres dont il s'était fait le serviteur, les aidait à attacher leur serviette, veillait attentivement à ce que rien ne leur manquât, et montrait à les servir l'empressement et la tendresse d'une mère.

Aussi Petites-Sœurs et vieillards avaient pour lui une affection et un respect qui ne se peuvent dire. Tout était en fête dans la maison quand il y paraissait ; et aujourd'hui encore, le souvenir du bon curé s'y conserve entouré d'une auréole de vénération qui grandit de jour en jour au lieu de diminuer.

Au reste, il ne fut pas le seul à donner cet admirable exemple de charité et d'humilité, et son initiative eut d'illustres imitateurs. Écoutons l'excellent curé lui-même racontant ces traits délicieux que seule la religion peut inspirer. Après avoir décrit les merveilleuses industries des Petites-Sœurs pour procurer à leurs chers pauvres la nourriture de chaque jour, il ajoute :

« Mais, comme dans les grandes familles il y a parfois des repas extraordinaires, qu'accompagne la joie plus vive du foyer domestique, la Providence suscite de temps en temps de bonnes âmes qui donnent aussi à nos pauvres de vrais galas dignes des meilleures tables, où figurent, après une soupe copieuse, le bœuf avec entrée, le rôti avec légumes, la crème avec gâteau, la bière avec le vin, et le café suivi de la liqueur.

« Tantôt ce sont des mères de famille qui se cotisent ensemble pour payer un beau dîner, et qui viennent le servir de leurs propres mains avec leurs chers enfants, qu'elles forment ainsi à l'amour des pauvres, à la compassion pour le malheur, à toutes les nobles et saintes expansions de la charité. C'est un spectacle digne du ciel que ces mères chrétiennes faisant les portions au milieu du réfectoire, et ces petits enfants allant les porter avec une allégresse toute sainte à chaque convive émerveillé et reconnaissant.

« Tantôt ce sont des hommes qui désirent obtenir de Dieu quelque grâce spéciale, ou le remercier de grâces obtenues. Ainsi l'on vit, il y a quelques années, Mgr de la Bouillerie, évêque de Carcassonne, venir, le jour même de son sacre, servir un dîner à nos pauvres, de ces mêmes mains qui venaient de recevoir l'onction épiscopale, et allaient de là verser tant de bénédictions sur les peuples. Ainsi on voit de temps en temps de nobles dames et des hommes de haut rang venir ceindre le tablier de la Petite-Sœur, et servir à nos pauvres, avec une gaîté charmante, que partagent tous les convives, le repas commandé par eux plusieurs jours à l'avance. Oh ! comme on se retire content de la bonne œuvre ! aucune jouissance ne vaut ces délicieuses et saintes parties de plaisir. Ainsi l'on voit encore parfois les nouveaux mariés, le jour ou le lendemain de la noce, venir appeler les bénédictions du ciel sur leur union, en la plaçant sous l'aile de la charité, sous la sauvegarde de la prière des Petites-Sœurs et de leurs pauvres, qui porte toujours bonheur. Jamais il ne s'effacera de la mémoire de mon cœur, le sentiment que j'éprouvai, lorsqu'un jour, venant visiter nos chers vieillards, j'aperçus la rue voisine et la cour encombrées de magnifiques équipages. « Qu'est ceci, demandai-je ? — C'est, me dit-on, qu'un riche seigneur a marié sa fille ce matin ; et tous les gens de la noce sont venus, au sortir de l'église, servir aux pauvres le dîner qu'ils avaient commandé la veille. » Je m'approche, et je trouve en effet le nouveau marié et la nouvelle mariée avec leurs parents et amis, tous ceints, par dessus leurs beaux habits, du tablier de la Petite-Sœur, et servant joyeusement aux pauvres un dîner splendide.

Ils ne peuvent manquer d'être bénis de Dieu, ceux qui ont ainsi sanctifié le premier jour de leur alliance. Heureux qui possède à un si haut degré l'intelligence de la charité! *Beatus qui intelligit super egenum et pauperem.* »

Les asiles ouverts par les Petites-Sœurs aux pauvres vieillards ont pour but principal le soulagement corporel de ces malheureux. Mais, en atteignant ce but, ils en atteignent un autre plus important encore, celui d'en faire de bons chrétiens.

Parmi ceux que l'on recevait dans la maison de M. Hamon, un grand nombre, sous l'influence du milieu déplorable où leur vie s'était écoulée, avaient perdu la foi ; quelques-uns joignaient à l'éloignement de toute pratique religieuse une hostilité déclarée contre les prêtres, et arrivaient imbus des préjugés les plus absurdes. Mais, presque toujours, sans même qu'on tentât directement de les ramener à des pensées meilleures, ils revenaient au bout de peu de temps de leurs préventions, et se portaient d'eux-mêmes à l'accomplissement de leurs devoirs de chrétiens.

M. Hamon eut un jour un exemple frappant de ces retours spontanés que le spectacle du dévoûment des Petites-Sœurs et la reconnaissance pour leurs soins charitables provoquaient parmi les pauvres qu'elles recueillaient.

Un vieillard infirme vint le trouver au presbytère et lui demanda l'aumône.

« Mon aumône, lui dit M. le curé, sera pour vous un médiocre soulagement. J'ai quelque chose de mieux à vous donner : allez chez les Petites-Sœurs des pauvres ; avec un mot de ma part, elles vous recevront, et là rien ne vous manquera.

« — Non, fut-il répondu, plutôt mourir que d'aller chez ces nonnes qui me feraient confesser. Monsieur le curé, ajouta-t-il, en levant la tête avec fierté, j'ai beaucoup lu dans ma vie ; et quand on a beaucoup lu, on en sait, et on ne se confesse pas.

« — Mon ami, j'ai lu beaucoup plus que vous, et c'est pour cela que je me confesse. Mais, au reste, je vous l'affirme, jamais, chez les Petites-Sœurs, on ne vous parlera de confession. Je vous dirai même un secret : c'est que si vous ne vous confessez pas, on aura encore plus soin de vous que si vous vous confessez. »

La conclusion de ce dialogue fut que le libre-penseur se décida à suivre le conseil de M. Hamon. Les Petites-Sœurs l'accueillirent comme le savent faire ces anges de la charité. Les égards qu'on a pour lui le confondent ; et, ce qui le surprend encore davantage, c'est de ne trouver dans la maison que des chrétiens, et des chrétiens beaucoup plus instruits que lui.

De ce nombre était un rédacteur de journal, qui n'avait gagné à ce métier que la misère, et qui même, forcé par la maladie d'y renoncer, s'était estimé heureux d'obtenir une place chez les Petites-Sœurs. Un jour que le supérieur général était venu faire la visite de la maison, cet homme, qui ne manquait pas de talent, voulut complimenter le vénérable visiteur ; et, dans son discours, il fit ressortir éloquemment la divinité du christianisme, seul capable d'élever les âmes au degré d'héroïsme dont les Petites-Sœurs donnaient chaque jour l'exemple. Notre philosophe écoute avec avidité. Bien préparé comme il l'était par tout ce qu'il avait vu dans la maison, il est touché jusqu'aux larmes. Il va à M. Hamon qui se trouvait présent, lui prend la main qu'il arrose de ses larmes, et proteste qu'il est décidé à se confesser. Il se confessa en effet, et manda aussitôt après ses gendres, ses filles et leurs enfants : « Il y a quinze ans, dit-il à M. le curé, que je leur avais juré une haine éternelle ; mais, en me réconciliant avec Dieu, j'ai compris qu'il fallait me réconcilier avec eux. Je viens de les embrasser, et de leur dire que je les aimais et voulais les aimer toujours. » Depuis ce moment jusqu'à sa mort, ce bon vieillard fut l'édification de tous, tenant habituellement le crucifix en main et proclamant qu'il devrait aux Petites-Sœurs le paradis.

CHAPITRE VII

Œuvres diverses.

Nous devions mentionner à part les deux grandes créations des écoles et de la maison des Petites-Sœurs des pauvres. Nous allons, dans ce chapitre, présenter le tableau de plusieurs autres œuvres qui ont signalé la vie pastorale de M. Hamon.

Lorsqu'il prit possession de la cure de Saint-Sulpice, il y avait dans la paroisse un grand nombre d'associations pieuses et d'établissements charitables. Il les encouragea, leur donna son concours le plus dévoué, en présida, autant qu'il put, les réunions, adressa, toutes les fois qu'il en eut l'occasion, aux membres qui les composaient, des félicitations et des exhortations chaleureuses. Par suite de l'impulsion puissante qu'il leur donna, toutes ces institutions reprirent une nouvelle vie.

Parmi celles à la fondation desquelles il donna son concours, il est juste de signaler spécialement, comme une des plus utiles, l'œuvre de Notre-Dame des étudiants.

Les jeunes gens qui suivent les cours publics de droit et de médecine forment à Paris une classe nombreuse, et tout particulièrement digne d'intérêt. Éloignés de leurs familles, qui ne peuvent exercer sur eux qu'une surveillance très-imparfaite, ils sont pour ainsi dire livrés sans défense à toutes les séductions du mal, et se voient exposés chaque jour, pour l'intelligence et pour le cœur, à des périls sans nombre.

Frappés de cette situation, deux prêtres de la communauté de Saint-Sulpice conçurent le projet de fonder, sous le titre de *Notre-Dame des étudiants*, une œuvre spéciale destinée à maintenir la jeunesse des écoles dans la pratique des devoirs de la vie chrétienne. M. le curé donna à cette bonne pensée son plein assentiment, fournit avec empressement à ses deux vicaires les moyens de la réaliser, et les nomma l'un supérieur, l'autre directeur de l'œuvre.

Il fallait d'abord un lieu de réunion, une chapelle. Un assez vaste local, situé dans la partie transversale qui réunit les deux tours de l'église Saint-Sulpice, au-dessus du péristyle, fut consacré à cet usage. Le 6 décembre 1863, M. Hamon en fit la bénédiction solennelle, et c'est là que l'œuvre a grandi et s'est développée.

On a voulu que la liberté la plus entière présidât aux réunions. Point d'inscriptions ; point d'ordre ou d'avis. Tout se borne à exhorter affectueusement, et à attirer par tous les moyens que le zèle et la charité suggèrent.

Il ne se fait aucune quête dans la chapelle. On ne demande pas même, pour les chaises, la faible rétribution communément exigée dans les églises. Les dons spontanément offerts sont néanmoins acceptés.

La chapelle est exclusivement consacrée aux étudiants. C'est leur chapelle, et tout ce qu'elle renferme est leur propriété. Ce sont eux aussi qui remplissent tour à tour les fonctions qu'exige l'accomplissement des cérémonies sacrées, et, sans réclamer aucun concours étranger, ils se font avec bonheur enfants de chœur, sacristains, organistes, chantres.

Depuis le 1er novembre jusqu'au 1er juillet, il y a réunion, tous les dimanches et jours de fête, de neuf heures à dix heures.

On y entend d'abord la sainte messe, pendant laquelle tous les jeunes gens chantent, à l'unisson ou en partie, des motets ou des cantiques soigneusement préparés d'avance. On attache une grande importance à ce que ces chants soient bien exécutés. Au début, il fallut se contenter pour l'accompagnement d'un simple harmonium ; mais M. Hamon fit dans la suite placer un bel orgue dans la chapelle.

Après la messe a lieu un entretien donné par le supérieur ou le directeur de l'œuvre. Il dure environ vingt-cinq minutes, et roule sur les principaux points de la doctrine chrétienne ; c'est une sorte de cours d'instruction religieuse appropriée aux besoins des jeunes gens dont se compose l'auditoire. Aux jours de fête, on substitue à l'entretien une exhortation pieuse.

Le tout se termine par une bénédiction avec le saint ciboire, ou par un salut solennel du saint-sacrement.

Modeste dans ses commencements, comme tout ce que produit l'esprit de Dieu, l'œuvre de Notre-Dame des étudiants ne tarda pas à prospérer et à grandir; on vit bientôt des centaines de jeunes élèves de droit et de médecine se presser dans la chapelle du péristyle. Chaque dimanche, plusieurs de ces jeunes gens s'approchent de la table sainte, et aux jours de fête il y a presque communion générale.

L'œuvre consacre d'ordinaire un des dimanches du mois de mai à honorer d'une manière spéciale la sainte Vierge, patronne de l'œuvre. C'est la grande fête de l'année. L'autel est ce jour-là orné avec plus de magnificence; la gracieuse image de la divine mère de Dieu, présentant son fils à l'amour de la pieuse assistance, se montre entourée de lumières et de fleurs; les chants sont exécutés avec plus de soin, et la musique instrumentale vient s'ajouter aux voix pour fêter avec une solennité exceptionnelle Notre-Dame des étudiants.

On ne saurait dire quels heureux fruits ces réunions produisent dans les écoles, et combien de jeunes gens ont été et sont encore, par leur assiduité à les fréquenter, préservés du danger des mauvaises doctrines et des séductions innombrables qu'ils rencontrent à Paris presque à chaque pas.

Recueillons pour terminer cette exposition quelques paroles dites sur l'œuvre par M. Gaston Grandgeorges, un de ses membres les plus assidus, dans un rapport lu au Cercle catholique du Luxembourg, en 1871 :

« Nous n'avions pour retremper nos forces que les grandes conférences de Notre-Dame, trop rares pour atteindre complètement notre but, lorsqu'un de nos meilleurs amis, M. l'abbé de la Foulhouze, eut la bonne pensée de créer à Saint-Sulpice une chapelle spéciale sous le vocable de Notre-Dame des étudiants. Là, tous les dimanches, après la messe, un prêtre de la communauté de Saint-Sulpice donne aux jeunes gens des écoles des instructions aussi solides qu'éloquentes sur les principaux points du dogme, de la discipline ou de la morale; elles avivent le souvenir de leçons que nous avons reçues plus jeunes et que nous avons trop oubliées; elle nous font pénétrer le vrai sens des formules théologiques, si souvent dénaturé par l'interprétation légère du monde; elles éclairent pour nous les récits évangéliques d'une lumière nouvelle; enfin elles développent devant nous les merveilleux degrés de la hiérarchie catholique. Tous ceux d'entre vous qui ont entendu ces leçons pleines d'autorité, de mesure et de tact, peuvent dire comme moi tout le bien qu'elles font à l'âme. Ces réunions sont bonnes, messieurs; il n'y faut pas manquer, et, d'ailleurs, elles ont un charme pénétrant; on y est à l'aise au milieu de tant d'amis; on y prie avec plus de recueillement, et on en sort toujours plein de joie et de force. Vous le savez, messieurs, cette institution de Notre-Dame des étudiants est indépendante du cercle; elle appartient à toute la jeunesse des écoles, et pourtant j'ai cru devoir vous en parler, d'abord parce qu'elle s'adresse surtout à nous, qu'elle nous offre un enseignement inestimable, ensuite parce que j'éprouvais le besoin de remercier en votre nom notre vénéré pasteur, M. le curé de Saint-Sulpice, du bienveillant patronage qu'il accorde à cette œuvre. »

Toutes les classes, toutes les conditions, tous les âges étaient l'objet de la sollicitude du charitable pasteur. Il avait réuni chez les Petites-Sœurs les pauvres vieillards sans secours et sans asile; il parvint à soulager de la même manière une autre infortune non moins digne d'intérêt, en fondant sur la paroisse un orphelinat. Un grand nombre de petits enfants privés de père ou de mère y furent recueillis et y reçurent, avec les soins temporels que réclamaient leur position, le bienfait d'une éducation chrétienne.

Mais dans sa parfaite intelligence des devoirs d'un curé, M. Hamon comprit qu'il y avait un objet qui devait, plus que tous les autres, exciter son intérêt: c'était la fréquentation de l'église et l'assistance régulière aux offices et aux exercices pieux qui s'y pratiquent. Là en effet est le foyer de la vie paroissiale, la condition essentielle de la conservation de l'esprit chrétien et des pratiques religieuses, le principe fécond d'où jaillissent les œuvres. La paroisse de Saint-Sulpice ne le cédait sous ce rapport à aucune autre; les offices y étaient suivis avec un empressement qui comblait de joie le cœur du pieux curé.

Il s'appliqua à maintenir ces excellentes traditions, à les développer même, en attirant à l'église un nombre plus grand encore de fidèles.

Plusieurs s'excusaient de ne pas se rendre aux pressantes sollicitations qu'il leur faisait entendre sur ce point, en alléguant l'impossibilité où ils étaient de supporter, pendant les mois d'hiver, la rigueur du froid. Tout en gémissant sur les habitudes de mollesse et de bien-être qui nous envahissent, et nous rendent incapables des moindres sacrifices, surtout quand il s'agit de Dieu et de la religion, il crut qu'il devait condescendre à cette exigence, et enlever ainsi tout prétexte aux négligents. Il conçut donc le dessein de faire chauffer son église au moyen d'un calorifère, conformément à ce qui se pratiquait déjà en plusieurs églises et édifices publics de Paris.

Il s'agissait d'une somme de 60,000 fr. seulement pour les frais de premier établissement, sans parler de la dépense journalière du combustible, estimée à 25 fr. M. le curé proposa la chose au conseil de fabrique, en offrant un appoint de 18,000 fr., montant présumé d'une souscription qu'il avait ouverte dans la paroisse. Quelque lourde que lui parût cette charge, ajoutée à toutes les autres, le conseil accepta, et le calorifère fut installé. Le bon curé se félicite, dans une lettre datée du 30 mai 1856, du résultat obtenu par cette amélioration : « Nous avons eu il y a trois jours, dit-il, notre conseil de fabrique. On a pu constater, au moyen du produit des chaises, notablement supérieur à celui des années précédentes, que le nombre des fidèles qui fréquentent l'église s'est beaucoup augmenté. Nul doute que ce résultat ne doive être attribué au calorifère, qui y élève tellement la température que, même au milieu de l'hiver, on n'a jamais froid. »

Pourtant, cette installation, dont M. Hamon se félicitait, devait être pour lui, quelques années plus tard, l'occasion d'une grande tristesse. Dans la matinée du 8 janvier 1858, une effroyable détonation se fit tout à coup entendre : le calorifère faisait explosion. Cinq personnes qui entendaient la messe furent tuées sur le coup ; un plus grand nombre d'autres furent blessées plus ou moins grièvement. M. le curé était à la sacristie lorsqu'on vint lui annoncer le douloureux accident. Il accourut sur le lieu du désastre, où un affreux spectacle s'offrit à ses regards. Ce fut pour lui une occasion nouvelle de révéler sa charité. Il prit soin des blessés et fit même à plusieurs, désormais hors d'état de gagner leur vie, des pensions viagères.

Non content d'avoir rendu par l'établissement d'un calorifère le séjour de l'église supportable en toute saison, M. le curé de Saint-Sulpice voulut encore, pour y attirer plus efficacement les fidèles, donner au culte divin une splendeur digne de sa grande et belle paroisse. Il est reconnu que les offices de Saint-Sulpice, à raison surtout du concours du séminaire, sont ce qu'il y a de plus beau en ce genre à Paris, et peut-être dans la France entière. D'autres églises peuvent posséder plus de richesse, plus de ressources artistiques ; nulle autre ne présente, soit pour les cérémonies, soit pour le chant, plus d'ampleur, de gravité, de majesté. L'art n'y est pas oublié sans doute, mais c'est un art véritablement chrétien, tel qu'il convient à l'expression des mystères divins que la liturgie met sous nos yeux.

Néanmoins, M. Hamon, en prenant possession de la paroisse, crut que, pour arriver à la perfection à laquelle on pouvait légitimement prétendre, il y avait quelque chose à faire. Le personnel du chœur était insuffisant et laissait à désirer sous le rapport de la composition. S'inspirant de l'expérience des hommes les plus compétents, M. le curé proposa à son conseil de fabrique un projet de réorganisation qui fut accepté, nonobstant le surcroît de dépenses qu'il entraînait. Il réussit ainsi à doter son église d'un chœur de chantres et de musiciens qui, pour l'interprétation des mélodies sacrées, peut servir de type et de modèle.

C'est également à lui qu'on doit l'installation de l'orgue d'accompagnement que possède l'église de Saint-Sulpice.

Mais il a tout particulièrement droit à la reconnaissance de ses paroissiens et de tous les amis de l'art chrétien, pour la restauration du grand orgue, due à son initiative et à ses persévérants efforts.

Le grand orgue de Saint-Sulpice, l'une des œuvres les plus remarquables du célèbre facteur Cliquot, avait subi depuis son inauguration, le 17 mai 1781, de nombreuses avaries. En 1857, six ans après que M. Hamon eut pris possession de la cure, une grande réparation était devenue, de l'aveu de tous, absolument nécessaire. M. Cavaillé-Coll, déjà connu par plusieurs travaux de premier ordre, notamment par la construction des belles orgues de la basilique de Saint-Denis et de Saint-Vincent-de-Paul, fut jugé le plus propre à exécuter cet important travail. Il y avait d'ailleurs, comme paroissien de Saint-Sulpice, une sorte de droit. L'illustre facteur comprit, à la première proposition qui lui fut faite, que la Providence lui offrait une occasion exceptionnelle d'appliquer en grand les perfectionnements dus à son génie, et qui ont transformé dans ces derniers temps la fabrication de l'orgue. Il proposa son plan, dans lequel il ne s'agissait plus d'une simple réparation de l'œuvre de Cliquot, mais d'une réfection complète, qui ne laisserait subsister de l'orgue existant que les matéiaux propres à être employés de nouveau. Un mécanisme perfectionné devait être substitué à l'ancien ; une meilleure disposition des jeux permettrait de les multiplier, de manière à donner à l'instrument une puissance et une étendue extraordinaires.

Le projet parut à tous fort beau et digne de la paroisse de Saint-Sulpice. Mais ici encore, bien plus que pour le calorifère, se posa la terrible question de la dépense, qui devait être double ou triple de celle qu'eût entraînée une simple réparation.

On hésita longtemps, et bien des objections furent faites. Une aussi forte dépense était-elle suffisamment motivée ? Fallait-il, pour une simple question d'art, s'imposer de tels sacrifices ? Un orgue de moindre importance n'atteindrait-il pas également bien le but proposé ?

Ces difficultés étaient sérieuses et firent impression. Toutefois, M. Hamon n'en fut pas ébranlé. Il se fit l'avocat du projet de M. Cavaillé. L'ascendant qu'il avait su conquérir sur les membres de son conseil de fabrique surmonta toutes les résistances, et la restauration fut décidée.

L'orgue de Saint-Sulpice est la plus grande œuvre qui soit sortie des ateliers de M. Cavaillé-Coll. Commencé en 1857, et terminé cinq ans plus tard, ce bel instrument excita l'admiration de tous les connaisseurs. Il comprend cent jeux, cent dix-huit registres, vingt pédales de combinaisons et six mille sept cent six tuyaux. Cinq claviers, sans compter le clavier de pédales, sont mis à la disposition de l'artiste, pour utiliser les immenses ressources harmoniques qu'il présente.

« Le grand orgue de Saint-Sulpice, soumis par M. Cavaillé à notre examen, est-il dit dans le rapport lu à la société d'encouragement par M. Lissajous, nous offre, dans un ensemble monumental, le type le plus complet des progrès réalisés par cet artiste dans la construction des orgues. »

Le rapporteur décrit ensuite toutes les parties de ce gigantesque travail, puis il ajoute : « En résumé, vos comités n'hésitent pas à reconnaître que l'orgue de Saint-Sulpice est un chef-d'œuvre de dispositions intérieures, un modèle sous le rapport de la puissance, de la distinction et de la variété des timbres. Dans cet immense travail, toutes les difficultés ont été vaincues avec autant d'habileté que de bonheur... »

Le jugement de la commission chargée de l'examen des travaux, et présidée par M. le baron Séguier, de l'Académie des sciences, n'est pas moins favorable.

« La commission, est-il dit dans le rapport, a reconnu unanimement que l'orgue de Saint-Sulpice, non seulement ne le cède en rien aux instruments les plus complets et les plus renommés d'Europe, mais encore leur est de beaucoup supérieur, sous le rapport de la puissance, de la pureté et de la variété des sons, aussi bien que sous le rapport de la perfection du mécanisme et des proportions exceptionnelles de l'instrument. »

Enfin Adolphe Hessé, le plus célèbre organiste d'Allemagne, publia, au retour d'un voyage artistique en France, en Angleterre et en Belgique, un écrit inséré dans le *Journal de Breslau,* où il parle en ces termes de l'orgue de Saint-Sulpice :

« Je dois déclarer que de tous les instruments que j'ai

vus et touchés, celui de Saint-Sulpice est le plus parfait, le plus harmonieux, le plus grand, et réellement le chef-d'œuvre de la facture moderne. »

Nous l'avons dit déjà, M. Hamon, dont l'initiative et la persévérance ont doté l'église de Saint-Sulpice de cet orgue incomparable, n'était pas musicien. Mais, comme toutes les âmes élevées, il avait le sentiment et l'amour des belles choses. Pénétré du rôle important que remplit l'orgue dans la liturgie sacrée, frappé de l'éclat et de la beauté que ce merveilleux instrument ajoute à la majesté des divins offices, il ne crut pas qu'ici la magnificence pût être taxée de prodigalité. Tout le monde, il est vrai, ne fut pas d'abord de son avis; mais le bon sens public a fini par lui donner raison, et aujourd'hui la paroisse de Saint-Sulpice est fière, à juste titre, du bel orgue qu'elle possède et qui fait l'admiration de tous les étrangers.

L'inauguration du chef-d'œuvre de M. Cavaillé-Coll eut lieu le 29 avril 1862, en présence d'une nombreuse réunion d'artistes et de savants. Tous n'eurent qu'une voix pour combler d'éloges l'éminent facteur, dont le merveilleux talent n'avait encore rien produit d'aussi parfait.

Un petit incident qui se produisit dans le cours de la cérémonie fournit au bon curé le moyen de conduire à terme, le plus heureusement du monde, un autre projet dont il poursuivait depuis quelque temps la réalisation.

On se plaignait beaucoup dans la paroisse de l'incommodité que le bruit des voitures et des omnibus circulant autour de l'église occasionnait aux fidèles, durant les saints offices, et surtout pendant les prédications. M. le curé transmit au préfet de la Seine ces justes réclamations et sollicita, pour les rues adjacentes à son église, au lieu du pavage ordinaire, le pavage en asphalte. Sa démarche était demeurée sans résultat ; mais le jour où l'orgue fut inauguré, tandis que les auditeurs attentifs et silencieux ne voulaient pas perdre une seule note des belles harmonies qui se faisaient entendre, il se produisit dans la rue un tel bruit de voitures, que l'un des voisins de M. Hamon, homme influent dans l'édilité parisienne, ne put dissimuler un assez vif mouvement d'impatience : « Vous voyez, dit M. le curé qui s'en aperçut, combien il serait important qu'on accédât à ma demande, en supprimant le pavé autour de notre église. — C'est absolument indispensable, » répondit l'honorable interlocuteur. Quelques jours après, la chose était faite, et l'église Saint-Sulpice jouissait de la faveur accordée déjà aux établissements publics de Paris.

L'ornementation du lieu saint fut aussi l'une des préoccupations du zélé pasteur. Ses fabriciens, tout pénétrés pour lui de cette vénération que la sainteté commande, ne lui pouvaient rien refuser ; de plus, la charité des fidèles lui accordait toujours un généreux concours. C'est ce qui arriva spécialement pour l'œuvre des lampes du saint-sacrement.

Autrefois, sous l'inspiration de M. Olier, de pieux paroissiens de Saint-Sulpice avaient offert sept lampes d'argent qui devaient brûler nuit et jour dans la chapelle où reposait le très-saint sacrement. C'était un souvenir du chandelier à sept branches placé devant l'arche d'alliance, et des sept esprits que saint Jean vit devant le trône de Dieu. M. Hamon, désireux de marcher sur les traces de son prédécesseur, et pénétré comme lui d'une tendre dévotion pour la divine eucharistie, voulut rétablir un si pieux usage. Il proposa au prône cette bonne œuvre, et bientôt, au moyen des souscriptions qu'il reçut, il put la mettre à exécution.

En l'année 1863, la Providence lui permit de réaliser une autre entreprise au succès de laquelle il consacra longtemps ses soins et sa sollicitude; nous voulons parler de l'acquisition d'un presbytère.

Lorsque la communauté des prêtres de Saint-Sulpice fut rétablie, elle dut se contenter, pour se loger, d'une maison de louage, où les douze membres qui la composaient purent à peine s'installer tant bien que mal; assez incommode d'ailleurs, mal aérée, et presque sans issue. Ce ne pouvait être qu'un provisoire, et tout le monde avait hâte de le voir finir. Plusieurs projets furent successivement proposés, étudiés et rejetés. Enfin, après une longue et laborieuse négociation, à laquelle M. Hamon, secondé par l'un de ses confrères, prit la principale part, la ville de Paris consentit à acheter, pour en faire le presbytère de Saint-Sulpice, l'ancien hôtel de la Trémouille, grande et belle maison située rue de Vaugirard, à l'angle de la rue Férou. Écoutons M. Hamon décrivant, avec cette naïveté charmante qui le caractérise, les magnificences de cette nouvelle demeure :

« Depuis six jours que nous sommes dans notre nouveau presbytère, il me semble que je vais faire le double et le triple de travail. Jusqu'ici, j'ai toujours tremblé de froid tous les hivers, et cela me glaçait les facultés. Mais dans le palais enchanteur où la Providence nous a placés, j'avance dix fois plus à l'ouvrage. Depuis deux jours, j'ai écrit trente-quatre lettres, sans préjudice de mes autres occupations pastorales. C'est qu'ici nous sommes dans un paradis terrestre. Grandes et belles fenêtres sur le Luxembourg, dont les arbres et la verdure sont une fabrique d'air toujours pur. Exposition au midi. Calorifère qui maintient dans nos chambres une température printanière. Appartements de quinze pieds de hauteur et de grande dimension, où chaque poitrine aspire toute la portion d'air qu'il lui faut. Avec cela, on ne pense pas qu'on a un corps, et l'âme est tout entière aux fonctions intellectuelles... Admirez la Providence : nous avons donné une maison aux pauvres, et nous recevons d'elle, en récompense, une maison aussi confortable que nous le pouvions désirer.

« La ville de Paris nous a acheté ce bel hôtel, rue de Vaugirard, 50 ; c'est l'ancien hôtel de la Trémouille, la plus belle maison de la paroisse. Il nous a fallu bien négocier pour cela ; mais enfin la victoire est remportée, et nous voilà installés... Priez le bon Dieu, qui nous traite en enfants gâtés, de nous faire la grâce d'embellir cette maison des vertus de M. Olier et de ses premiers prêtres. »

Quelques années plus tard, M. Hamon complétait cette œuvre du presbytère par l'acquisition d'une maison située au chevet de l'église Saint-Sulpice, et destinée à une maîtrise et à une salle de catéchisme.

C'est ainsi que la divine Providence, bénissant la droiture et la simplicité du vénérable curé, lui accorda de mener à bonne fin toutes ses entreprises et toutes ses œuvres. Pourtant, ceux qui l'ont connu savent qu'il n'était pas un homme d'affaires, et surtout un homme de finances. Il connaissait à peine la valeur de l'argent. Étranger à toute finesse et à tout artifice, il mettait sa confiance en

Dieu beaucoup plus que dans les moyens humains, qu'il n'eut garde cependant de négliger. Dans tout ce qu'il réalisa, il sut toujours concilier ce double élément de succès. Hardi à entreprendre, lorsque l'indication providentielle lui semblait manifeste, il ne fut jamais téméraire dans l'exécution, n'avançant qu'au fur et à mesure que les ressources se présentaient. En procédant ainsi, il pouvait parfois se heurter contre l'insuccès, mais il était du moins à l'abri de ces catastrophes financières que subirent plus d'une fois, dans des circonstances analogues, des hommes plus habiles peut-être que M. Hamon, mais qui ne surent pas comme lui tempérer et régler le zèle par la prudence.

M. le curé de Saint-Sulpice a conçu et exécuté, pendant les vingt-trois ans qu'il a gouverné cette paroisse, les plus grandes œuvres qu'un curé puisse réaliser. C'est par millions qu'il faut compter les sommes qu'il a employées. Il a été mêlé à des négociations difficiles et compliquées ; il a dû contracter parfois des emprunts onéreux ; dans les nombreux achats qu'il a faits, dans les traités passés avec les architectes et les entrepreneurs, il a souvent engagé sa signature pour des sommes considérables. Il a su se tirer de ce dédale d'affaires et d'entreprises, non seulement sans se compromettre, mais avec un succès dont les financiers les plus expérimentés pourraient être fiers.

Ce n'est pas à dire pourtant qu'il n'ait eu à traverser des moments de pénibles angoisses. La perspective du sort réservé aux débiteurs insolvables le poursuivait parfois, et, en quelques circonstances, il put se croire à la veille de le subir.

On sait que les entrepreneurs, prévoyant les réductions de l'architecte, ont l'habitude d'enfler plus ou moins leurs mémoires, afin que, la réduction faite, ils ne soient pas en perte. M. Hamon, encore peu initié aux secrets de la bâtisse, ignorait cet usage. Il reçut un jour, tandis qu'il faisait construire ses écoles, le mémoire d'un des principaux entrepreneurs. Il l'ouvre et se hâte de chercher le total. Quelle ne fut pas sa stupéfaction lorsqu'il vit que ce total dépassait notablement la somme portée au devis de l'architecte! A l'instant celui-ci est mandé. Il entre : « Ah! monsieur, lui dit en le voyant le bon curé, serait-il possible qu'un curé de Saint-Sulpice eût le chagrin de se voir conduire à Clichy (1)? » En même temps il lui remet le fatal mémoire. Un peu déconcerté d'abord, l'architecte le parcourt, puis, riant de bon cœur : « Rassurez-vous, dit-il, monsieur le curé; vous n'irez point à Clichy. D'abord, vos paroissiens ne le permettraient pas. Et puis, il n'y aura pas lieu. Le mémoire est un peu enflé; vous verrez que, réduit, il ne dépassera pas la somme que nous avons fixée. »

Si cette anecdote ne prouve pas que M. Hamon fût encore à cette époque bien versé dans la pratique des affaires, elle prouve du moins avec quelle prudence il procédait dans ses dépenses, mesurant exactement les entreprises sur la quotité des ressources, et s'arrêtant dès qu'il ne voyait plus jour à se procurer les fonds nécessaires.

---

(1) Prison pour dettes.

CHAPITRE VIII

M. Hamon et le gouvernement impérial.

La haute position que M. Hamon occupait à Paris, son mérite personnel, l'importance des œuvres qu'il créa ou auxquelles il donna son concours, durent naturellement attirer sur lui l'attention du gouvernement, et le mettre, en plus d'une circonstance, en rapport avec les autorités constituées.

Fidèle imitateur de l'Église qui, uniquement préoccupée du soin des âmes, accepte les gouvernements établis, et demeure étrangère aux agitations de la politique, il ne cessa de prêcher le respect des lois et d'en donner l'exemple.

Mais s'il ne fut pas un homme d'opposition, il fut encore moins un adulateur servile du pouvoir. Il ne repoussa point les marques d'estime que lui donna plus d'une fois l'Empereur et son gouvernement; il accepta le concours qui lui vint de ce côté dans l'accomplissement de ses œuvres; mais on ne peut lui imputer d'avoir provoqué ces faveurs par des moyens indignes de son caractère.

En plusieurs circonstances, sa position exigea qu'à l'exemple de ses collègues il rendît au pouvoir quelques hommages publics; il le fit de bonne grâce, toutes les fois que de telles démarches ne compromettaient aucune des saintes causes qu'il avait mission de défendre. En dehors de là, et lorsque le devoir prescrivait l'abstention, il se montra inflexible, et l'on n'eut jamais en ce genre aucune faiblesse à lui reprocher. Il ne recula pas même, quand le devoir l'exigea, devant la perspective de la disgrâce et de la persécution.

Peu de mois après le coup d'état qui prépara le rétablissement de l'empire, M. le curé de Saint-Sulpice fut invité par les autorités municipales à bénir solennellement un nouveau marché récemment construit sur la paroisse. On devait en même temps y installer un buste de Louis-Napoléon, et les dames de la halle conçurent le projet d'apporter en grande pompe le buste dans l'église, de sorte qu'on aurait pu supposer que c'était lui et non le marché qui était l'objet de la cérémonie. M. Hamon déclara nettement que cela ne lui paraissait pas convenable, et qu'il ne pourrait se prêter à ce qu'on demandait de lui que sur un ordre de l'archevêque. Cet ordre ne vint pas. Le buste fut donc placé dès la veille au-dessus de la fontaine du marché, et le lendemain, le cortége s'étant rendu à l'église pour y entendre la messe, M. Hamon prononça un discours sur la cérémonie qui allait avoir lieu. Il en expliqua le sens, déclarant nettement que la bénédiction qu'il allait donner s'appliquait, non au buste, mais au marché.

« Il paraît, dit-il, rendant compte de cette cérémonie, que les dames de la halle ont été contentes de moi, car elles m'ont donné cinquante francs pour mes pauvres, et — ce qui vaut mieux — elles m'ont envoyé des gens à confesse, en les assurant que j'étais un brave homme qui leur avait bien dit leurs devoirs. »

Tout s'était parfaitement passé, et l'on pouvait croire

que l'incident n'aurait pas d'autre suite. Il n'en fut rien. Les journaux s'emparèrent du fait, et le racontèrent chacun à son point de vue. Plusieurs dénaturèrent calomnieusement la conduite et les paroles de M. Hamon, qu'ils présentèrent sous un jour odieux. Les choses en vinrent au point que les ministres, prenant au sérieux les mensonges débités par la presse, délibérèrent en conseil sur les mesures à prendre contre M. le curé de Saint-Sulpice.

« Après le conseil, écrit celui-ci, le ministre des cultes, M. Fortoul, m'a envoyé son secrétaire me demander un exposé par écrit de ce qui s'était passé, afin que, le vendredi suivant, le conseil prononçât avec connaissance de cause. Je l'ai fait, et depuis, je n'ai entendu parler de rien. Toutefois, mes paroissiens continuent d'affirmer que je vais être exilé. Quelle bonne fortune ce serait pour moi d'aller en Belgique terminer la vie de saint François de Sales et me reposer un peu! Mais malheureusement il n'en sera rien. Ne croyez pas que cette affaire me donne de l'inquiétude; je ne fais qu'en rire. Deux conseils de ministres de France consacrés à parler de moi; c'est en vérité me faire trop d'honneur! »

Quelques années plus tard, en 1859, un autre incident provoqua encore contre lui le mécontentement du ministre des cultes. Voici le fait tel qu'il nous est raconté par M. Hamon lui-même :

« La semaine dernière, dit-il, les comédiens de Paris étaient réunis à Saint-Sulpice pour le convoi d'une actrice, ma paroissienne. Je me permis de leur adresser quelques paroles qui ne leur plurent pas. Ils se sont plaints au ministre d'État, qui a porté plainte au ministre des cultes.

Celui-ci à son tour l'a portée à l'archevêque (1), qui a répondu que j'avais bien fait. Et comme M. Rouland se plaignait encore, je lui ai écrit, et il m'a adressé en réponse une lettre honnête, mais où perce son improbation. »

Nonobstant ces petits nuages, l'Empereur et ses ministres eurent toujours pour M. Hamon une considération particulière, et il ne tint qu'à lui d'en éprouver les effets.

Dans les derniers mois de l'année 1854, Mgr Bouvier, évêque du Mans, de docte et sainte mémoire, mourut à Rome. Malgré son grand âge, le pieux évêque avait voulu se rendre dans cette ville, pour porter ses hommages aux pieds du Souverain-Pontife, et se joindre à ses collègues que la proclamation du dogme de l'Immaculée-Conception y avait réunis en grand nombre. Cette mort soulevait une question déjà plusieurs fois agitée, mais dont, jusqu'à ce moment, le gouvernement avait écarté la solution : la création à Laval d'un évêché distinct de celui du Mans. Le département de la Mayenne, qui la désirait ardemment, fit de vives instances auprès du ministère. Celui-ci crut avoir trouvé un expédient, pour maintenir le *statu quo* auquel il ne voulait rien changer, en donnant pour successeur à Mgr Bouvier le curé de Saint-Sulpice. Né dans le département de la Mayenne, M. Hamon était cher à ses compatriotes, qui honoraient en lui une des gloires de leur pays. Sa nomination à l'évêché du Mans ne pouvait donc que leur être agréable, et l'on espérait qu'elle compenserait

---

(1) Mgr Morlot.

à leurs yeux, au moins en partie, la faveur qu'ils sollicitaient.

Heureux de sa combinaison, M. Fortoul se rend au presbytère de Saint-Sulpice, demande M. le curé, et après les premiers compliments : « Monsieur le curé, lui dit-il, j'ai ordre de l'Empereur de présenter demain à sa signature le décret qui vous nomme évêque du Mans. » Un peu abasourdi de cette brusque ouverture, M. le curé conjura le ministre de différer ; puis il lui développa divers motifs qui devaient, selon lui, écarter la pensée de le faire évêque. Alors s'engagea entre le ministre et le curé une discussion assez longue, à l'issue de laquelle M. Hamon, voyant qu'il ne gagnait rien sur l'esprit de son interlocuteur : « Après tout, monsieur le ministre, ajouta-t-il, j'ai un supérieur ; je ferai ce qu'il me dira. » Cette parole parut à M. Fortoul un consentement implicite ; il sortit du presbytère satisfait de sa négociation, ne doutant pas qu'il ne lui fût facile d'obtenir du supérieur de Saint-Sulpice le oui, duquel désormais tout dépendait.

Il ne connaissait pas M. Carrière.

Justement effrayé des inconvénients qui ne manqueraient pas de se produire si le premier prêtre de la compagnie, appelé à la direction de la cure de Saint-Sulpice, acceptait l'épiscopat, l'inflexible supérieur opposa aux instances du ministre un refus calme, mais obstiné.

Cette résistance, à laquelle il ne s'attendait pas, déconcerta M. Fortoul, sans toutefois le décourager. Il fit entrer dans ses vues le nonce et cinq ou six évêques alors présents à Paris, et tous ensemble concertèrent leur plan pour livrer à M. Carrière un siège en règle. Efforts inutiles.

On revint alors à M. Hamon, dont l'invariable réponse fut toujours : « Que mon supérieur dise : *Allez,* et j'irai ; sans cela, non. » Il n'ignorait pas que sur ce terrain il était invincible. « Comment voulez-vous, lui dit un jour le ministre un peu impatienté, que j'aille dire à l'Empereur que ses ordres les plus formels sont venus échouer contre un mur d'airain qu'on appelle M. Carrière ? »

Il en fut pourtant ainsi. Dans la lutte engagée entre l'Empereur qui voulait, et M. Carrière qui ne voulait pas, celui-ci l'emporta. Un instant on eut l'idée de faire intervenir le Pape, espérant qu'en présence d'une telle autorité toute résistance serait impossible ; mais le gouvernement, pour des considérations politiques, recula devant l'emploi de ce moyen suprême, et l'affaire fut définitivement abandonnée.

Durant toutes ces négociations, M. Hamon, saintement soumis aux ordres et à la conduite de la Providence, continuait avec un calme parfait d'accomplir ses fonctions pastorales. Mais les paroissiens de Saint-Sulpice ne partageaient pas sa tranquillité. Justement attristés à la perspective de perdre leur digne curé, ils le conjuraient avec larmes de ne pas les abandonner. Aussi, quand on apprit que la négociation avait échoué, et que M. Hamon demeurait curé de Saint-Sulpice, la joie fut universelle. Inutile d'ajouter que le refus qu'il avait fait d'être évêque produisit le meilleur effet sur les prêtres et sur les laïques, et fut pour tous un sujet de grande édification. Mis en relief par cette circonstance, il devint de plus en plus dans la paroisse et au dehors l'objet de la vénération et de la confiance.

Cependant, déçu dans ses espérances, et de plus en plus pressé par les habitants de Laval de leur donner un évêque, le gouvernement se décida enfin à faire la séparation demandée, et en même temps que Mgr Nanquette, curé de Sedan, succédait au Mans à Mgr Bouvier, Mgr Wicart, évêque de Fréjus, devenait premier évêque du nouveau siége.

Quelques mois après l'installation de ce dernier, M. Hamon le rencontrait à Paris, et rendait compte en ces termes à sa belle-sœur de leur entrevue et de ses sentiments au sujet de l'épiscopat refusé :

« Le jour du *Te Deum* (1), j'ai causé avec l'évêque de Laval. Chère sœur, que de peines et d'embarras m'épargne la solution de cette affaire ! D'ailleurs, la volonté de Dieu est claire, et dès lors, nous devons aimer cette disposition et la préférer à toute autre. Si j'eusse voulu dire oui, je serais depuis longtemps évêque ; mais j'aurais compromis mon salut, je me serais créé des remords pour toute la vie, et je ne puis en vérité que bénir le bon Dieu qui m'a fait la grâce de n'avoir pas même la tentation de céder à des vues ambitieuses. »

Ce ne fut pas au reste la seule fois que le gouvernement jeta les yeux sur M. le curé de Saint-Sulpice pour l'élever à l'épiscopat. Dans un entretien intime qu'il eut, peu de jours après les événements dont nous venons de parler, avec M. Carrière, celui-ci lui déclara que c'était la troisième tentative pour le faire évêque, qu'il avait été gran-

---

(1) Il s'agit apparemment du *Te Deum* chanté à l'occasion de la conclusion de la guerre de Crimée.

dement question de lui pour Chartres, mais que l'on avait réussi à détourner tous ces coups.

Il paraît même que, nonobstant le refus péremptoire qu'il venait d'opposer au témoignage d'estime dont il avait été l'objet de la part de l'Empereur, celui-ci conservait encore l'espoir de vaincre enfin ses résistances.

Lorsque, deux ans plus tard, Mgr Sibour mourait assassiné, comme on s'entretenait un jour devant Napoléon III de cet horrible attentat : « Voilà, dit-il, un exemple qui peut avoir des imitateurs. Pour prévenir le coup, je vais nommer un archevêque qui soit aimé du peuple : c'est le curé de Saint-Sulpice. »

La mort de Mgr Darcimoles, archevêque d'Aix, qui arriva bientôt après, remit encore sa promotion sur le tapis. Une pétition signée des noms les plus illustres le demanda au ministre pour archevêque.

Mais il ne semble pas qu'aucun de ces projets ait été poursuivi d'une manière sérieuse, et M. Hamon continua jusqu'à la fin de gouverner sa paroisse.

Ne pouvant réussir à lui faire accepter une mitre, l'Empereur, pour lui témoigner le cas qu'il faisait de son mérite, voulut que du moins il fût décoré de la croix de la Légion-d'Honneur. En effet, le 17 août 1858, M. Rouland, ministre de l'instruction publique et des cultes, lui notifiait en ces termes sa nomination au grade de chevalier :

« Monsieur le curé, j'ai l'honneur de vous annoncer que, par décret du 13 de ce mois, rendu sur ma proposition, l'Empereur vous a nommé chevalier de l'ordre de la Légion-d'Honneur.

« En vous accordant cette distinction, Sa Majesté a voulu dignement récompenser le zèle infatigable que vous apportez, monsieur le curé, dans l'exercice de la pieuse mission qui vous est confiée. Je me félicite d'avoir pu m'associer à cet acte de justice, auquel applaudiront tout le clergé de Paris et les nombreux ecclésiastiques dont vous avez autrefois dirigé les études.

« Agréez, monsieur le curé, l'assurance de ma considération la plus distinguée.

« *Le Ministre de l'instruction publique et des cultes,*
« Rouland. »

Cette fois, il n'y avait pas moyen de décliner l'honneur. Il accepta la décoration qui lui était offerte d'une manière si gracieuse et si bienveillante, et alla en personne en remercier l'Empereur et le ministre. Toutefois, sa modestie ne lui permit que bien rarement de paraître en public avec cette marque de distinction ; il crut devoir au début la porter dans certaines circonstances solennelles, mais bientôt il s'en abstint complètement.

CHAPITRE IX

M. Hamon dans ses rapports avec le clergé de Paris.

Lorsque M. Hamon vint à Paris, il était déjà connu de la manière la plus avantageuse du clergé de ce grand diocèse. Loin de diminuer, l'estime que ses confrères dans le sacerdoce avaient conçue de lui grandit de jour en jour, et le vénérable curé de Saint-Sulpice occupa bientôt dans leurs rangs une position toute exceptionnelle.

Mgr Sibour qui l'avait appelé, ainsi que les trois successeurs de ce prélat sur le siége de Paris, rivalisèrent en quelque sorte entre eux pour lui donner les marques les plus honorables de leur considération et de leur estime, et nul ne songea à les taxer en cela de partialité ou d'injustice.

En 1853, il fut nommé chanoine honoraire de la métropole.

Un an auparavant, et presque à son entrée dans la cure de Saint-Sulpice, la confiance de l'archevêque lui confia les fonctions importantes et délicates de *modérateur du cas de conscience* (1), que M. Carrière avait jusque-là remplies, mais qu'il dut résigner après sa nomination à la charge de supérieur général.

M. Hamon parut pour la première fois en qualité de modérateur dans la conférence du jeudi 12 février 1852. La réunion, qui se tint dans l'église de la Madeleine, était nombreuse et distinguée. L'archevêque y présidait, ayant à ses côtés Mgr Garibaldi, nonce apostolique. Dans la discussion du cas de conscience, qui fut vive et animée, le modérateur se montra théologien exact et instruit, en même temps que

(1) La conférence du cas de conscience a été établie à Paris par Mgr Affre. A des époques déterminées, le clergé de la ville se réunit dans une église sous la présidence de Mgr l'archevêque, pour discuter un point de théologie pratique. La fonction du modérateur est de diriger la discussion, d'empêcher qu'elle ne s'écarte du but, et de présenter enfin, dans un résumé court et substantiel, la solution raisonnée du cas proposé.

dialecticien habile. Mais l'admiration de son noble auditoire fut surtout excitée par un discours remarquable qu'il prononça à la fin de la séance, sur la charité que les prêtres se doivent les uns aux autres. Il y déploya toutes les richesses de son éloquence, et, en particulier, ce don de parler au cœur et d'émouvoir qu'il possédait à un si haut degré. Après avoir développé avec une grande force les motifs que nous avons de nous aimer : « Messieurs, s'écria-t-il, avec un accent profondément ému, il y a aujourd'hui dans le monde tant de gens qui nous haïssent, qui nous poursuivent, qui nous veulent du mal ! N'est-il pas bien juste que nous nous dédommagions de leur haine par l'affection que nous nous porterons les uns aux autres ? » A ce cri échappé de son cœur, l'émotion fut générale, et plusieurs ne purent retenir leurs larmes.

Au sortir de la conférence, Mgr le nonce félicita l'orateur de la manière la plus flatteuse : « Déjà, lui dit-il, par la lecture de vos livres, je connaissais votre esprit ; maintenant que je vous ai entendu, je connais aussi votre cœur. »

Tout le monde partagea le jugement du nonce, et Mgr l'archevêque ne put que se féliciter du choix qu'il avait fait.

Durant tout le cours de sa vie pastorale, M. Hamon exerça, dans la conférence du cas de conscience, les fonctions dont la confiance de Mgr l'archevêque l'avait investi, et il s'en acquitta jusqu'à la fin à la satisfaction générale.

« J'étais, nous écrit un vénérable curé de Paris, un de de ses assesseurs, et, à ce titre, j'allais avant chaque séance la préparer avec lui dans sa chambre... Les conférenciers lisaient leurs travaux. Il encourageait, critiquait avec douceur et sagacité, et montrait au besoin une rare fermeté. Je me rappelle en particulier qu'il refusa absolument de laisser lire un travail dont il n'approuvait pas la doctrine.

« Quand était venu le moment des réunions solennelles, il présidait avec tact, résumait les débats d'une manière nerveuse et précise, et donnait, en terminant, une décision nette et catégorique. A peine parlait-il quelques minutes, mais c'était parfait.

« Il conserva jusqu'à la fin la même lucidité et la même netteté. Je fus obligé, à cause de l'état de sa santé, de faire les fonctions de modérateur aux deux dernières réunions. Il voulut bien, quelques jours auparavant, m'envoyer son sentiment sur les difficiles questions qui devaient y être traitées, ce qui me fut d'un très-grand secours. »

Nous avons pu constater par nous-même la parfaite justesse de ces appréciations. En parcourant les procès-verbaux des conférences du cas de conscience présidées par M. Hamon, nous avons été frappé du bon sens pratique, en même temps que de la science théologique qui caractérisent les décisions du vénérable modérateur.

Il règne parfois dans les rapports un certain vague; le résumé final précise dans une formule courte, mais nette, la vraie solution.

Parfois aussi les observations présentées soit par le contradicteur d'office, soit par les membres de la conférence, ouvrent sur le cas proposé de nouveaux horizons; le modérateur en tient compte et profite, pour rendre sa décision aussi complète que possible, des lumières que la discussion a fait jaillir.

CH. IX. — SES RAPPORTS AVEC LE CLERGÉ DE PARIS. 307

Enfin, si dans la chaleur du débat on s'écarte du but, au risque de perdre de vue le point précis de la difficulté, le modérateur y ramène les esprits, élaguant les digressions inutiles, et concentrant l'attention de la conférence sur l'objet en question.

Grâce au tact parfait et à l'exquise sagesse que M. Hamon sut déployer, il eut presque toujours le rare bonheur de voir la généralité de la conférence se ranger à son avis, quelle qu'eût été jusque-là la divergence des sentiments. Souvent même Mgr l'archevêque lui en adressa de publiques félicitations.

Toutefois, cette charge de modérateur dont il s'acquittait avec tant de succès devint pour lui, dans une circonstance, l'occasion d'une peine assez vive.

Le programme de la première conférence de 1868, tenue le mercredi 5 février, sous la présidence de Mgr Darboy, accompagné des évêques de Parium, d'Adras et de Nancy, proposait à résoudre la question difficile et scabreuse de la conduite à tenir à l'égard d'un homme *engagé dans la vie politique, qui ne veut point renoncer aux doctrines qui prévalent chez les nations modernes et qui se traduisent par la liberté des cultes, la liberté de la presse et l'intervention de l'État dans les matières mixtes.*

Homme de l'ancien temps, autant par conviction que par tradition de famille, M. Hamon n'eut jamais la moindre sympathie pour les doctrines libérales, qu'il savait d'ailleurs improuvées par le Saint-Siége. Il crut néanmoins qu'il y avait ici des ménagements à garder, que des distinctions étaient nécessaires, et que le confesseur devait tenir compte de la bonne foi qui, sur ces questions complexes, peut se trouver en beaucoup d'âmes.

Après un débat long et animé, il proposa la solution suivante que nous croyons devoir reproduire textuellement :

« 1º Le confesseur doit exiger de son pénitent qu'il se soumette à toutes les décisions passées, présentes et futures de l'Église, alors même qu'elles contrediraient les doctrines qui peuvent prévaloir chez les nations modernes ; car on n'est catholique qu'à cette condition.

« 2º En conséquence de ce principe, le confesseur doit exiger que le pénitent réprouve la liberté absolue et sans limites de livrer à la publicité de la presse toute espèce d'opinions et de doctrine, d'exercer toute espèce de culte, de faire toute espèce de mal, parce que cette liberté a été condamnée plusieurs fois par l'Église, spécialement par l'encyclique du 8 décembre 1864.

« 3º Quant à la liberté laissée au mal, restreinte en certaines limites : ou le pénitent peut empêcher le mal, sans susciter de plus graves inconvénients, ou il ne le peut pas.

« S'il le peut, il le doit. Voilà pourquoi saint Louis sévit autrefois si rigoureusement contre les blasphémateurs. Voilà pourquoi l'Angleterre et les États-Unis empêchent la profanation du dimanche. Et, en thèse générale, tout gouvernement qui n'empêche pas les outrages faits à Dieu, à la religion, à la morale, lorsqu'il le pourrait sans graves inconvénients, est énormément coupable.

« Si le pénitent est dans l'impuissance, il tolère le mal ; mais il ne doit point le favoriser. Il ne peut mettre sur le même pied le bien et le mal, la vérité et l'erreur. On doit borner la tolérance pour le mal et l'erreur à ce qu'il est impossible de ne point concéder, sans soulever de graves perturbations.

« 4º Quelles sont les limites dans lesquelles doit être restreinte, ou jusqu'où faut-il porter la tolérance ? C'est là une question dont la solution dépend des circonstances de lieux, de temps et de personnes, de la disposition des esprits, de données diverses dont l'appréciation n'est pas du ressort de la théologie et appartient plutôt à la politique. En conséquence, le confesseur ne doit point s'en établir juge, mais laisser la décision au pénitent qu'il voit dans les intentions droites et pures de servir le mieux qu'il pourra la religion et son pays. »

Les solutions données par le modérateur dans la conférence du cas de conscience, non plus que les discussions qui les préparent, ne sont pas livrées à la publicité; mais un journal, par suite sans doute de quelque indiscrétion, ayant donné un compte-rendu très-inexact de la séance du 5 février, et imputé à M. Hamon d'avoir résolu le cas proposé dans un sens absolument libéral, on crut devoir déroger à la règle ordinaire, et l'*Univers* du 22 février publia une rectification à laquelle était jointe la rédaction authentique que nous venons de rapporter.

Cette publication eut un certain retentissement. La solution de M. Hamon parut à plusieurs ne pas renfermer une réprobation assez complète des doctrines libérales. Un évêque crut même devoir en porter par la voie de la presse un jugement improbateur.

Une démarche aussi éclatante de la part d'un prélat

qu'il vénérait, et dont il se croyait l'ami, causa au vénérable curé un vrai chagrin. Il en fut d'autant plus affecté qu'en lisant les critiques dirigées contre sa solution, il constatait qu'au fond sa pensée ne différait pas de celle de ses adversaires, et que tout le débat roulait sur un malentendu qu'il eût été, lui semblait-il, facile de faire disparaître, au moyen de quelques explications.

On lui reprochait deux choses :

La première, d'avoir supposé dans le second paragraphe que l'Église n'a condamné que la liberté absolue et sans limites du mal, tandis qu'elle a condamné en réalité cette liberté en elle-même et dans son principe.

La seconde, d'avoir à tort, dans le quatrième paragraphe, exclu du domaine de la théologie et attribué à la politique le jugement sur les limites dans lesquelles la tolérance doit être restreinte.

M. Hamon répondait au premier reproche que, dans sa pensée comme dans celle de son contradicteur, la liberté du mal, à quelque degré qu'on la supposât, était condamnable en soi, ainsi que le troisième paragraphe de sa solution le suppose manifestement; qu'il n'avait voulu parler que de la tolérance légale, dont il était uniquement question, et sur laquelle il établissait : 1º que, prise dans un sens absolu, elle est inadmissible ; 2º que, prise dans un sens restreint, elle ne peut être admise qu'autant que sa suppression entraînerait trop d'inconvénients. Double assertion également incontestable.

Le second reproche lui paraissait également immérité. De quoi s'agit-il, en effet, dans le quatrième paragraphe? D'une simple question de fait. De savoir si, étant donné tel état de société, la restriction de telle ou telle liberté est possible, et si elle n'entraînera pas plus d'inconvénients que d'avantages. Or, la solution de cette question dépend d'une statistique qui appartient bien plus au domaine de la politique qu'à celui de la théologie.

M. Hamon donna, en les développant, ces explications au commencement de la conférence suivante ; mais, ennemi de la publicité, il ne crut pas devoir ouvrir dans les journaux une polémique qui, dans les circonstances présentes, lui semblait inopportune. L'incident n'eut pas d'autre suite.

La considération dont jouissait M. le curé de Saint-Sulpice, dans le clergé de Paris, le faisait d'ordinaire désigner par ses confrères pour porter la parole en leur nom dans les occasions solennelles. C'était lui qui, au commencement de chaque année, adressait à Mgr l'archevêque le compliment d'usage. Nous avons retrouvé la plupart de ces allocutions ; elles se distinguent toutes par l'à-propos, le tact et la délicatesse, et M. Hamon a su y éviter heureusement l'écueil de la banalité, si fréquente dans les pièces de ce genre.

En 1866, il prêcha, sur l'invitation très-instante de Mgr l'archevêque, la retraite ecclésiastique, qu'il avait déjà donnée à Paris dix-neuf ans auparavant. Depuis sa nomination à la cure de Saint-Sulpice, il avait dû renoncer à ce genre de ministère, que ses occupations ne lui permettaient plus d'exercer. Il accepta pourtant la nouvelle proposition qui lui fut faite, croyant voir dans la prière de son évêque une indication providentielle.

Dieu bénit son obéissance. Il retrouva, pour prêcher

cette retraite, sa force et son éloquence d'autrefois, parlant, dit un témoin, « avec une liberté toute apostolique, ne dissimulant aucune vérité, et nous faisant tous trembler à la pensée des jugements de Dieu. » Aussi, sa parole, respectueusement accueillie par ses confrères, produisit tous les fruits qu'il en pouvait attendre.

« La retraite des prêtres, dit-il dans une de ses lettres, a été très-nombreuse et très-consolante. Je n'ai jamais vu une réunion de prêtres si édifiante. »

Chaque année, il prenait part lui-même avec une régularité exemplaire à ces pieux exercices. Il y était toujours pour ses confrères le sujet d'une grande édification. Lui qui si souvent avait exhorté les prêtres, avec tant d'autorité et de talent, à la perfection sacerdotale, écoutait avec la simplicité et la docilité du plus humble retraitant la parole du prédicateur. Il se tenait partout dans une posture si modeste, si dévote, si recueillie, que sa vue seule portait dans les âmes l'onction de la piété ; on le contemplait avec admiration, et on ne pouvait détacher ses yeux de cet homme de Dieu.

Une seule fois, tandis qu'il fut curé de Saint-Sulpice, les prêtres de Paris réunis au séminaire de Saint-Sulpice pour la retraite n'eurent pas la consolation de le voir au milieu d'eux. C'était quelques mois avant sa mort, et déjà la maladie lui permettait à peine de se traîner à son église, en s'appuyant le long des murs, pour célébrer la sainte messe. Son absence toucha tout le monde ; on en parla beaucoup ; il semblait que, sans M. Hamon, quelque chose manquait à la retraite.

Objet d'admiration et de religieuse sympathie pour tout

CH. IX. — SES RAPPORTS AVEC LE CLERGÉ DE PARIS.

le clergé de Paris, il le fut particulièrement pour les membres de la conférence dite de messieurs les curés, dont il faisait partie (1). Il ne tarda pas à conquérir parmi eux un grand ascendant par sa science et par sa piété. Leur confiance en ses lumières était sans bornes, et le respect qu'ils lui portaient allait jusqu'à la vénération.

« Je fus particulièrement, nous écrit l'un d'eux, frappé de deux choses : de ce qu'il y avait de sacerdotal dans sa parole, et de la douceur de son commerce.

« Il parlait toujours comme un vrai prêtre de Jésus-Christ. Les supérieurs prenaient-ils une mesure, loin de la blâmer, il la défendait, et invitait à une affectueuse obéissance. Lors de l'abandon de la liturgie parisienne, il en coûtait à plusieurs anciens de se séparer d'un vieil ami ; M. Hamon nous aidait à faire généreusement ce sacrifice par des paroles de foi. Au reste, la vérité m'oblige à attester que, dans cette circonstance, je n'ai pas entendu sortir de la bouche d'un seul de mes confrères le moindre mot qui dépassât les limites de l'obéissance et du respect.

« Il prenait toujours le parti de la plus grande perfection.

« Un jour, on semblait craindre quelque exagération dans la conduite d'un saint prélat : *Laissez faire,* nous dit-il ; *on sera peut-être étonné, choqué même d'abord;*

---

(1) Cette conférence ne se compose pas de tous les curés de Paris, mais seulement de ceux des douze anciens arrondissements, savoir : de Notre-Dame, de Saint-Germain-l'Auxerrois, de Saint-Eustache, de Saint-Roch, de Saint-Merry, de la Madeleine, de Saint-Laurent, de Sainte-Marguerite, de Saint-Sulpice, de Sainte-Clotilde, de Saint-Nicolas-des-Champs, de Saint-Étienne-du-Mont.

puis chacun fera ses réflexions, et l'édification restera.
— On blâmait presque un bon curé qui s'était laissé faire une sorte de passe-droit et d'impolitesse : *Eh ! qu'importe tout le reste,* nous dit-il, *pourvu que la charité de Jésus-Christ règne en nos cœurs ?...*

« D'autre part, il est impossible d'être plus aimable et plus condescendant qu'il ne l'était dans ces réunions. Cet homme si mortifié prenait sans la moindre cérémonie tout ce qu'on lui offrait, et quand il nous recevait, c'était toujours dignement et presque avec magnificence.

« Nous mettions en commun, dans ces conférences, nos lumières, pour résoudre les difficultés qui se présentaient dans notre ministère, et, lors de la discussion, nous admirions, non seulement sa science et la sûreté de son jugement, mais encore plus l'extrême douceur de sa conduite à l'égard des âmes. Il adoucissait autant qu'il pouvait le chemin du salut, et toujours il penchait pour l'indulgence... »

CHAPITRE X

Dévoûment filial de M. Hamon pour le Saint-Siége.

Au milieu des tristes défaillances dont l'époque contemporaine nous offre le spectacle, il s'est produit parmi nous un grand fait dont il est impossible de n'être pas frappé, et dans lequel, il est permis de le croire, se trou-

CH. X — SON DÉVOUMENT POUR LE SAINT-SIÉGE. 315

vent renfermées les espérances de l'avenir. Nous voulons parler du mouvement qui, depuis un certain nombre d'années, porte vers Rome les esprits et les cœurs.

Les relations rendues plus faciles par la création de nouvelles voies de communication ; le besoin de s'appuyer sur le Saint-Siége plus vivement senti depuis que, par suite de nos troubles politiques, la protection de l'État est devenue moins assurée ; et par dessus tout l'action et l'influence secrètes de l'Esprit saint ont contribué à resserrer les liens qui rattachent au centre les diverses parties de l'Église. Des défiances, fruits de malentendus regrettables, se sont dissipées ; les cœurs se sont ouverts d'une manière plus complète à l'amour du vicaire de Jésus-Christ ; ses malheurs mêmes et les persécutions dont il a été l'objet ont rendu son souvenir plus présent et plus cher aux fidèles. Jamais peut-être, en aucun temps, l'autorité du Pape ne fut plus respectée ; et, chose remarquable, nous la voyons grandir et se développer au moment même où, dans la société civile, toute subordination est ébranlée et tend à disparaître.

Ce mouvement providentiel des âmes chrétiennes vers Rome trouva toujours en M. Hamon un zélé promoteur.

Lorsque, jeune directeur, il enseignait la théologie dogmatique au séminaire de Saint-Sulpice, quelques prérogatives du Saint-Siége, définies plus tard par l'Église, étaient l'objet d'ardentes controverses ; la justesse de son esprit lui fit dès lors distinguer le vrai du faux, et ce qu'il enseignait en 1820, sur l'infaillibilité pontificale, aujourd'hui encore il le pourrait défendre.

Nul plus que lui ne prit part aux douleurs et aux tristesses dont l'âme de Pie IX fut abreuvée dans le cours de son long pontificat, et il ne négligea aucune occasion de le témoigner hautement, lors même que, pour le faire, il fallait un certain courage.

Au début de l'année 1860, de douloureux pressentiments qui ne furent, hélas! que trop tôt réalisés, attristaient l'âme des catholiques. La guerre d'Italie, qui venait de finir, avait révélé aux moins clairvoyants le projet bien arrêté, dans la pensée des deux puissances victorieuses, de dépouiller le Pape de sa souveraineté séculaire. Ce qui depuis plusieurs années n'était qu'une vague menace était devenu un péril imminent.

M. Hamon fit de cette grande tristesse le sujet du discours qu'il adressa à Mgr Morlot, cardinal archevêque de Paris, au premier jour de l'an. Sans craindre le mécontentement d'un gouvernement soupçonneux et jaloux, qui s'efforçait encore de couvrir, sous les apparences de la protection et du respect, ses desseins contre Rome, il épancha librement sa peine, et fit entendre en faveur du pontife menacé un cri de douleur et d'angoisse. Ce discours fit du bruit. Le ministre, qui en comprit la portée, alla s'en plaindre à l'archevêché, comme si, à la perspective des spoliations sacriléges que préparaient au père commun des fidèles ceux qui devaient le protéger et en avaient accepté la mission, des prêtres catholiques n'avaient pas eu le droit de se dire, dans des épanchements mutuels, l'amertume et la désolation qui remplissait leur âme.

Mgr l'archevêque n'eut pas de peine à calmer les inquiétudes du gouvernement, et les nombreux témoignages de sympathie que reçut M. Hamon lui prouvèrent que sa pa-

CH. X. — SON DÉVOUMENT POUR LE SAINT-SIÉGE.   317

role avait eu de l'écho dans le cœur des catholiques. Son Excellence le nonce apostolique lui demanda une copie de son discours pour l'envoyer au Pape. Sa Sainteté le reçut avec plaisir, le fit insérer dans le journal de Rome, et chargea le prince de Mérode d'en féliciter l'auteur.

Nous nous faisons un devoir de reproduire cette pièce. Tout le monde jugera qu'elle avait sa place indiquée dans la vie de M. Hamon.

« Éminence Révérendissime, deux fois déjà nous avons versé dans votre cœur les souhaits que nous formions à l'ouverture de l'année, et chaque fois c'était avec bonheur, car l'horizon, embelli des rayons de l'espérance, nous faisait voir l'année comme un beau jour.

« Aujourd'hui les conditions sont bien changées, et nous ne vous apportons que des vœux baignés de larmes.

« Notre père commun est dans l'abaissement et dans la douleur; serions-nous ses fils, si nous ne mêlions nos lamentations aux siennes? Nous n'entendons autour de nous que gémissements sur ses augustes amertumes; serions-nous des prêtres, si nous ne partagions pas les sympathies de tous les cœurs catholiques?

« Dans cette crise, Éminence Révérendissime, nous sentons s'accroître notre attachement au Souverain-Pontife, en raison de tout ce qu'on lui fait souffrir; l'auréole de la persécution nous le rend plus cher et plus vénérable; nos cœurs s'unissent plus étroitement à sa personne sacrée, et nous voudrions pouvoir déposer à ses pieds les sentiments du clergé de Paris, comme une compensation à tant d'ingratitude et à tant de perfidies. Nous serions heureux, Éminence Révérendissime, si, par vous, cette expression de notre filial attachement parvenait jusqu'à son trône.

« Nous, dans notre humble sphère, nous suivrons la ligne de conduite que vous nous avez tracée. Vous nous avez dit une première fois: *Priez*, une seconde fois: *Priez encore*. Dociles à votre voix, nous ne ferons de notre douleur ni mystère, ni ostentation. Convaincus que notre force n'est pas de ce monde, mais qu'elle vient du ciel, nous élèverons vers Dieu la prière, messagère de notre affliction ; et ce Dieu, qui tient toutes les volontés dans ses mains puissantes, les inclinera au respect du droit et des principes d'ordre, fondement de la stabilité des États. Nous redoublerons aussi de zèle pour ramener les esprits à la foi sans laquelle l'homme est capable de tous les égarements, et les cœurs à la vertu sans laquelle, mécontent de soi et des autres, il devient trop souvent un instrument de désordre.

« Nous vous offrons ces sentiments comme l'hommage de bonne année que nous estimons devoir vous être le plus agréable. Daignez les accepter et les bénir. »

Dans presque toutes les allocutions prononcées par lui durant les années de triste mémoire où se consommait peu à peu la spoliation, l'amour de M. Hamon pour le Saint-Siége le ramène sur ces déplorables événements, lui fait exhaler sa douleur en termes pathétiques, et lui inspire les plus énergiques protestations de dévoûment sans bornes au vicaire de Jésus-Christ.

Ce fut lui qui rédigea la belle adresse au Saint-Père, par laquelle le clergé de Paris voulut couronner la retraite ecclésiastique de 1862.

Le discours qu'il adressa à Mgr l'archevêque au mois de janvier 1864 n'est qu'une expression d'attachement filial à Pie IX.

A la même époque, le général de Goyon qui, depuis cinq ans, tenait si vaillamment l'épée de la France pour protéger le Saint-Siége, avait accepté de présider une réunion des ouvriers de Saint-François-Xavier ; M. Hamon, dans les paroles de remercîment qu'il adressa à l'illustre général, exprima de nouveau l'amour dont son cœur était pénétré pour le Pontife persécuté.

Peu après, une circonstance plus touchante encore lui offrait une nouvelle occasion de le faire.

L'église de Saint-Sulpice recevait les restes d'Arthur Guillemin, zouave pontifical, mort noblement pour la cause du Saint-Père. Enrôlé dans la petite armée du général Lamoricière, le zouave Guillemin avait eu, à Castelfidardo, la poitrine transpercée par une baïonnette piémontaise. Après avoir longtemps langui dans la souffrance et dans l'épuisement, abandonné des médecins, il avait renoncé à tout espoir de recouvrer la santé, lorsque sa pieuse mère lui obtint, par l'intercession du bienheureux Labre, la grâce d'une complète guérison. Cette faveur du ciel ne le trouva point ingrat. Du consentement de sa mère, il consacra de nouveau à la défense du Saint-Siége la vie qui venait de lui être rendue, et alla rejoindre en Italie le régiment des zouaves. Cette fois, Dieu accepta son sacrifice. A Monte Libretti, après une lutte héroïque, il tomba mortellement atteint : « Laisse-moi mourir ici, dit-il à son compagnon ; crie avec moi : *Vive Pie IX!* et va combattre encore. » Ce furent ses dernières paroles.

Inspiré par cette mort sublime, M. Hamon trouva dans son cœur des accents dignes d'un tel dévoûment :

« L'église de Saint-Sulpice, s'écria-t-il, est heureuse et fière de l'honneur qui lui est fait aujourd'hui de recevoir dans son enceinte, et de glorifier par un service solennel, le héros chrétien qui a versé son sang généreux pour la défense du Saint-Siége. Saint-Sulpice aime tant le Saint-Siége, il en partage si cordialement les joies et les douleurs, il en désire si vivement l'exaltation et le triomphe, que rien de plus doux à son cœur ne pouvait lui arriver que l'honneur de rendre cet hommage public à une pareille cause !... »

Cependant, malgré le dévoûment des défenseurs du Saint-Siége et les vœux des catholiques, la spoliation sacrilége s'accomplissait. Il ne restait plus au pape que Rome et son territoire ; encore ces faibles restes de la puissance temporelle des Souverains-Pontifes étaient de jour en jour plus menacés, et l'on entrevoyait le moment où le triste drame allait avoir son dénoûment. Le déchaînement de l'impiété et le langage triomphant qu'elle faisait entendre donnaient lieu à des pressentiments plus lugubres encore. Sous l'impression de si sombres pensées, M. le curé de Saint-Sulpice, en présence de tout le clergé réuni à l'archevêché, adressa en 1867 à Mgr Darboy les paroles suivantes :

« Monseigneur, c'est toujours avec bonheur que votre clergé vient, au commencement de chaque année, vous offrir ses vœux, ses hommages, et les protestations de son dévoûment pour servir l'Église, sauver les âmes et se livrer, sous votre prudente direction, aux diverses fonctions de son saint ministère.

« Oui, Monseigneur, nous en renouvelons ici l'engagement, pendant l'année qui commence, nous continuerons, comme par le passé, à seconder votre zèle et à combattre courageusement avec vous les combats du Seigneur. Dans cette lutte du bien contre le mal, nous nous avançons, les rangs serrés par l'union fraternelle, la marche réglée par le respect pour l'ordre hiérarchique à tous les degrés, et ce bel ordre nous assurera la victoire.

« Sans doute, les temps sont mauvais. Tous les jours, des doctrines perverses, subversives de toute religion, de tout ordre et de tout droit, circulent dans les veines de la société, jetées chaque matin en pâture au pauvre peuple dans les feuilles publiques, dans de petits imprimés à bon marché. Tous les jours, ce siècle, qui s'appelle fièrement le siècle du progrès, se ravale au-dessous du paganisme, jusqu'à nier Dieu, l'âme, la Providence, la vie future ; jusqu'à oser dire : « Le temps du christianisme est passé ; ce sont de vieilles idées bonnes pour la simplicité de nos pères, idées arriérées qui ne sont plus en rapport avec le progrès moderne. » Et les mœurs, promptes à s'harmoniser avec ces abjectes doctrines, se pervertissent et descendent chaque jour davantage.

« Mais, Monseigneur, quoi qu'on dise, quoi qu'on fasse, nous ne nous laisserons pas décourager par cet arrogant langage, par cette tactique usée de s'approprier la victoire pendant la lutte, et de dire à son adversaire : *Tu es vaincu*. Non, nous ne sommes point vaincus, et le temps du christianisme n'est point passé. J'en appelle aux belles solennités que nous venons de traverser. Pendant ces jours, la religion a vu ses enfants se presser autour des tribunaux sacrés, se succéder à la table sainte des matinées entières, presque sans interruption, environner les autels pendant les saints offices, la nuit comme le jour, et nos églises se sont trouvées trop petites.

« Dans le triduum de prières prescrites par vous, Monseigneur, pour notre bien-aimé Pie IX, la foule n'a pas été moins compacte. Ç'a été pendant trois jours une manifestation éclatante de dévoûment au Saint-Siége... Et la preuve que ces sentiments étaient sincères, c'est que les mains ouvertes par le cœur ont, dans la seule paroisse de Saint-Sulpice, versé près de 10,000 fr. pour le denier de Saint-Pierre.

« De tels faits, Monseigneur, protestent hautement contre les dires de nos ennemis, et en les voyant, nous nous sommes dit : Non, la foi antique de nos pères n'est pas morte sur cette noble terre de France ; non, la grande Église de Paris ne dégénérera pas de son ancienne splendeur. Placée au fort de la mêlée, au centre même des bataillons ennemis, en spectacle à l'univers, elle se montrera toujours digne d'être proposée pour modèle à ses sœurs, les autres églises de la France et du monde. Enfin, votre clergé, Monseigneur, saura la soutenir à cette hauteur par l'exemple d'une conduite irréprochable, par les solides enseignements de sa parole, par sa charité toujours généreuse, toujours douce et bienveillante, même à l'endroit de ceux qui n'ont dans le cœur qu'amertume et que haine, par son attachement au Saint-Siége, force, amour et vie de tout cœur catholique, comme par sa déférence à son premier pasteur, en qui il vénère un chef, un guide et un père.

« Ainsi, Monseigneur, nous ferons de l'année 1867 une année heureuse, heureuse pour vous, heureuse pour l'Église, heureuse pour nous, qui ne voulons connaître d'autre bonheur en ce monde que celui de faire le bien avec vous, notre main dans la vôtre, notre cœur à Rome, et notre regard au ciel. »

Ce discours, si bien approprié aux circonstances et si conforme aux sentiments et aux préoccupations qui remplissaient alors les bons catholiques, fut écouté avec la plus sympathique attention. Les derniers mots surtout provoquèrent dans l'assistance un mouvement d'enthousiasme qui se traduisit par de chaleureux applaudissements.

Les journaux ont publié la belle allocution qu'il adressa le 1er juin 1868 à un bataillon de zouaves canadiens venus d'Amérique pour voler à la défense du Pape. Qu'on nous permette de la reproduire ici.

Ces jeunes volontaires, aussi pieux que braves, s'étaient réunis dans l'église de Saint-Sulpice pour y entendre la messe, qui fut célébrée par M. le curé.

« Messieurs, leur dit le digne pasteur, tout ému du spectacle qu'il avait sous les yeux, nous avons déjà reçu dans cette église d'autres nobles enfants du Canada, qui ont su s'arracher aux charmes du sol natal, traverser les mers, et aller offrir leur sang pour la défense du Saint-Siége. Saint-Sulpice de Montréal les avait bénis avant leur départ; Saint-Sulpice de Paris les a bénis à leur passage. Comme eux, Saint-Sulpice de Montréal vous a bénis devant son autel de Notre-Dame de Bon-Secours; comme eux aussi, Saint-Sulpice de Paris vous bénit encore. C'est que l'esprit de M. Olier plane sur les deux églises, et tout ce qui intéresse le Saint-Siége trouve toujours, dans l'une et dans l'autre, accueil empressé, amour et bénédiction.

« Soyez donc bénis comme vos devanciers, nobles enfants du Canada. Vous êtes dignes de la vieille France qui peupla vos contrées : Français par la langue, Français par vos ancêtres, vous l'êtes encore par le cœur, par la noblesse des sentiments et l'élévation du caractère ; votre démarche, Messieurs, est un grand enseignement pour le monde : elle apprend à ceux qui ne l'auraient pas compris encore qu'on pense au Canada ce qu'on pense dans toute l'Église, que Rome n'appartient pas à l'Italie. Non, Rome n'appartient pas à l'Italie, parce que la ville qui commande à l'univers ne peut appartenir à aucun autre qu'à son pontife-roi, sous peine de perdre sa liberté d'action, et, par la perte de celle-ci, son autorité même, c'est-à-dire sa vie.

« Rome n'appartient pas à l'Italie, parce qu'elle est, en vertu du dogme catholique, la reine du monde, la reine des nations. Elle le fut sous les premiers empereurs romains ; et la Providence ne la fit telle alors que pour la préparer à devenir par l'Évangile la capitale de l'univers. La rapetisser à l'Italie, c'est méconnaître ses hautes destinées, c'est méconnaître la foi catholique. Rome est une ville à part, unique dans le monde. Sa cause est la cause du monde entier. On a pu s'emparer de Naples et de Florence ; l'univers ne s'en est pas ému. On pourrait s'emparer de Berlin et de Vienne ; l'univers ne s'en émouvrait pas davantage, parce que, dirait-il, ces villes appartiennent à leurs peuples ; c'est à leurs peuples à les défendre.

« Mais pour Rome, c'est autre chose. Menacer Rome,

c'est blesser au cœur deux cents millions de catholiques, c'est attenter à leurs droits les plus sacrés, à leur conscience, à leur religion, qui est essentiellement romaine. Fénelon l'a justement dit : Tout catholique est Romain. Voilà pourquoi, au bruit de la menace de nos ennemis, tout l'univers s'est ému. Et la France, et l'Espagne, et la Hollande, et la Belgique, et l'Allemagne, et l'Irlande, et l'Écosse, tout s'ébranle et envoie au secours de Rome menacée.

« Le catholique du Canada lui-même traverse les mers, et les États-Unis d'Amérique préparent un envoi de mille hommes. Comme ce beau concert me ravit ! Je reconnais bien là l'Église catholique étroitement unie à son chef : c'est le corps dont la tête est menacée, et les membres se jettent au-devant pour la défendre ; c'est la grande famille à laquelle on veut enlever son père, et ses enfants volent au secours. Courage, dignes enfants du Canada ! jamais plus noble cause n'arma un bras d'homme ; les malheureux voudraient enlever Rome à l'Église ; c'est un dessein d'insensés qui voudraient enlever le soleil au firmament. Car Rome est la lumière qui éclaire l'univers, le foyer d'où rayonnent sur le globe les règles de la croyance et de la morale, l'autorité des évêques et des pasteurs des âmes ; c'est le centre de cette unité qui fait la force, la gloire et l'immortelle beauté de l'Église.

« Combattre pour une pareille cause, mes chers amis, c'est combattre pour un père, notre bien-aimé Pie IX ; c'est combattre pour une mère, la sainte Église ; c'est combattre pour Dieu et sa religion sainte ; c'est combattre pour le salut du monde, pour le ciel et pour la terre ; et mourir pour la défense de si sublimes intérêts serait un martyre digne d'envie.

« Continuez donc votre marche vers la ville éternelle, soldats de Dieu, nobles champions de la foi ; que l'ange du Seigneur guide vos pas ; que les flots s'abaissent et respectent votre glorieux drapeau. Arrivés au terme du voyage, montrez-vous toujours dignes de votre héroïque mission ; faites saintement une chose si sainte. Je viens d'offrir pour vous le saint sacrifice ; nous continuerons à prier pour vous ; nos vœux vous accompagneront partout ; nous combattrons avec vous par nos prières, comme Moïse sur la montagne, avec le peuple qui se battait dans la plaine, car la cause que vous défendez est la nôtre. »

Le cinquantième anniversaire du sacerdoce de Pie IX., qui fut célébré l'année suivante dans le monde entier, fournit à M. Hamon une occasion plus éclatante encore et plus solennelle de faire connaître les sentiments de piété filiale qui l'unissaient au bien-aimé Pontife.

Par ses soins une fête splendide fut organisée dans l'église de Saint-Sulpice, le 11 avril 1869. Mgr le nonce officia pontificalement. Plusieurs évêques convoqués par M. le curé s'empressèrent d'honorer de leur présence cette pieuse cérémonie. La vaste église fut trop petite pour contenir la foule des fidèles que le jubilé sacerdotal du Pontife suprême avait attirés.

Il fallait que, pour couronner la fête, une parole traduisît d'une manière éclatante les sentiments et les émotions qui agitaient toutes les âmes. Cette parole ne pouvait sortir que de la bouche et du cœur du zélé pasteur.

Après les vêpres, il monta en chaire et « épancha avec

bonheur tout ce qu'il y avait dans son cœur de respect, d'amour et de dévoûment pour le Saint-Père. »

Dans ce discours, l'un des plus beaux qu'il ait prononcés, il fit ressortir d'abord la grandeur de Pie IX, grandeur qu'il établit en mettant sous les yeux de ses auditeurs un tableau rapide, mais vif et animé, des actes merveilleux accomplis par le Pontife, de son noble et beau caractère, de l'attachement respectueux dont l'univers l'entoure. Puis, s'élevant à des conditions plus générales, et cherchant la raison de cette grandeur incomparable qui entoure la papauté, il la trouve en premier lieu dans la constitution divine de l'Église fondée par Jésus-Christ sur la primauté de Pierre et de ses successeurs, en second lieu dans le bon sens populaire, qui a toujours su et qui saura toujours discerner dans la chaire apostolique la plus grande autorité morale qui soit sur la terre pour enseigner la vérité au monde.

Quelques jours après, le vénérable curé rendait compte en ces termes du témoignage d'amour que la paroisse Saint-Sulpice venait de donner au Saint-Père :

« Nous avons eu dimanche dernier, 11 avril, une fête magnifique à Saint-Sulpice, pour le cinquantième anniversaire de Pie IX. L'église splendidement décorée ; le nonce officiant ; des communions innombrables pour le Saint-Père ; une affluence inouïe ; des chants magnifiques. Au sortir de l'église, dès que le nonce a paru, la multitude qui couvrait la place a éclaté en transports, criant : *Vive Pie IX !* agitant les chapeaux et les mouchoirs. Les larmes coulaient des yeux. On a suivi le prélat et les quatre évêques qui l'accompagnaient jusqu'au presbytère, en poussant sans interruption et avec un enthousiasme indescriptible le cri de : *Vive Pie IX !* Quand Mgr Chigi a été rentré au presbytère, une multitude de fidèles s'est encore assemblée dans la rue de Vaugirard, demandant à le voir et à être bénie par lui. Il a monté au balcon de ma chambre, et quand il s'est présenté, les cris ont retenti plus fort que jamais, et l'on s'est mis à genoux pour recevoir la bénédiction du représentant de Pie IX. Jamais on n'avait vu pareil enthousiasme. »

Le croirait-on? Après tant de preuves authentiques de son dévoûment à la chaire de saint Pierre, M. Hamon fut accusé auprès du Souverain-Pontife de demeurer attaché aux doctrines gallicanes que, durant toute sa vie, il n'avait cessé de combattre. Quelque douloureuse que fût pour lui une pareille imputation, il en aurait sans doute dévoré l'amertume en silence, ne cherchant sa consolation qu'en Dieu et dans sa conscience; mais plusieurs des principaux paroissiens de Saint-Sulpice, instruits de la chose, ne crurent pas qu'il fût possible de laisser planer un tel soupçon sur leur curé, et ils résolurent de profiter de l'occasion que leur offrait la fête du jubilé de Pie IX à Saint-Sulpice, pour les dissiper. Ils firent donc faire une copie de luxe du beau discours prononcé par M. Hamon en cette circonstance, la firent relier magnifiquement, et chargèrent l'un d'entre eux, M. le vicomte Mayol de Luppé, de rédiger la lettre qui devait y être annexée; la voici :

« Très-saint Père, au nom de la paroisse de Saint-Sulpice de Paris, je viens déposer à vos pieds le texte du discours prononcé par notre zélé pasteur, le 11 avril dernier, à l'occasion du jubilé de prêtrise de Votre Sainteté.

L'Église Saint-Sulpice, très-saint Père, grâce à l'ardeur apostolique du prêtre vénérable qui la dirige, s'est toujours fait remarquer entre toutes les églises de Paris par son empressement à célébrer les dates glorieuses de votre pontificat.

« Heureux et fiers de marcher sous la conduite spirituelle de ce vaillant apôtre, défenseur des droits et de la primauté du Pontife romain, les fidèles de cette église ont tenu à honneur d'offrir à Votre Sainteté un témoignage de l'harmonie féconde qui établit entre le pasteur et le troupeau un même dévoûment à votre chaire sacrée.

« Daignez, très-saint Père, accorder votre bénédiction à tous les membres de cette paroisse unie à votre personne sacrée par les liens du plus inviolable attachement.

« Humblement prosterné devant elle, je supplie Votre Sainteté de vouloir bien répandre les faveurs de sa bénédiction paternelle sur le plus indigne, mais le plus soumis et le plus dévoué de ses fils... »

Cette démarche ne fut pas vaine. Le 2 septembre suivant, le Saint-Père adressait à M. le curé de Saint-Sulpice, pour le remercier de son discours, un bref que nous nous empressons de reproduire :

A notre cher fils le curé de l'église Saint-Sulpice, à Paris.
« Pie IX, Pape.

« Cher fils, salut et bénédiction apostolique.

« Nous avons reçu avec plaisir le discours que vous avez prononcé dans l'église de Saint-Sulpice, et par lequel vous célébrez si éloquemment le cinquantième anniversaire du jour où, pour la première fois, nous avons offert au Dieu tout-puissant l'hostie sainte, salutaire et immaculée.

« Dans ce discours brillent de toutes parts avec un merveilleux éclat votre piété filiale, votre amour et votre respect pour nous et pour le siége de Pierre, ainsi que le zèle ardent avec lequel vous ne cessez de demander à Dieu : pour nous, de longs jours de santé, de bonheur et de paix ; pour la sainte Église, un triomphe que tant de vœux appellent.

« Ces excellents sentiments, si dignes d'un prêtre, méritent toutes sortes de louanges, et nous avons été consolé de vous les entendre exprimer. C'est pourquoi nous vous en témoignons notre plus affectueuse gratitude. Et voulant vous payer de retour, nous demandons humblement et instamment à Dieu, le dispensateur de tous les biens, qu'il vous accorde toute sorte de prospérité et de bénédiction, et qu'il vous remplisse de l'abondance de sa divine grâce.

« Comme présage de tous ces biens, et comme gage de notre spéciale tendresse, nous vous accordons, bien-aimé fils, très-affectueusement, la bénédiction apostolique.

« Donné à Rome, près Saint-Pierre, le 2 septembre 1869, la vingt-quatrième année de notre pontificat.

« PIE IX, PAPE (1). »

---

(1) *Dilecto filio parocho ecclesiæ S. Sulpitii, Lutetiam Parisiorum.*
PIUS P. P. IX.

« Dilecte fili, salutem et apostolicam benedictionem.
« Sermonem libenter accepimus a te in isto parochiali templo Sancti Sulpitii habitum quo vehementer gratularis quinquagesimum

CH. X. — SON DÉVOUMENT POUR LE SAINT-SIÉGE.

Ce bref, si flatteur pour M. Hamon, fut accueilli à Saint-Sulpice avec une grande joie. Plusieurs fois, dans la suite, Pie IX parla du bon curé en des termes qui durent faire comprendre à celui-ci que les soupçons conçus à son sujet étaient entièrement dissipés, et que si ses sentiments avaient pu un instant inspirer de la défiance au Souverain-Pontife, il n'y avait pour lui dans le cœur du père commun des fidèles, mieux renseigné, que bienveillance et qu'amour. On ne saurait dire combien l'âme de M. Hamon en fut consolée et réjouie. Les témoignages de confiance que le Saint-Père avait daigné lui adresser semblèrent redoubler encore l'attachement filial qu'il lui avait voué, et en rendre l'expression plus vive et plus touchante.

anniversarium diem qua primitus hostiam sanctam, salutarem, immaculatam omnipotenti Deo obtulimus. Quo in sermone undique enitet mirifica tua filialis erga Nos et hanc Petri cathedram, pietas, amor et observantia, ac singulare sane studium quo Deum indesinenter pro diuturna nostra incolumitate, prosperitate ac pace, et pro optatissimo Ecclesiæ sanctæ triumpho, oras et obsecras. Summopere nos delectarunt ejusmodi egregii tui sensus, qui ecclesiastico viro plane digni omnem merentur laudem. Itaque, gratissimum nostrum tibi animum profitemur, ac mutuam vicem reddere cupientes a bonorum omnium largitore Deo humiliter et enixe petimus ut prospera omnia et salutaria tibi concedat, et divinæ suæ gratiæ abundantia te repleat. Atque horum auspicem et præcipuæ nostræ charitatis pignus apostolicam benedictionem tibi, dilecte fili, peramanter impertimur.

« Datum Romæ apud S. Petrum, die 2 septembris anno 1869, pontificatus nostri, anno vicesimo quarto.

« Pius P. P. IX. »

CHAPITRE XI

Noces d'or de M. Hamon.

Le 27 mai ramenait chaque année pour M. Hamon un anniversaire soigneusement inscrit dans ses notes, et qu'il célébrait avec une piété reconnaissante. C'était à pareil jour qu'en 1820, au moment de terminer le noviciat de la Solitude, il avait reçu l'onction sacerdotale.

En 1870, cet anniversaire revenait pour la cinquantième fois, date mémorable qu'un pieux usage consacre par une fête solennelle. Ce sont les noces d'or du prêtre. Le sacerdoce est un mariage mystique que le ministre de Jésus-Christ contracte avec l'Église et les âmes. Et si dans les familles, après cinquante ans de vie conjugale, les vieux parents sont fêtés par leurs enfants et leurs petits-enfants, quoi de plus juste que la famille spirituelle du prêtre célèbre aussi la cinquantième année de son ordination ?

Un an auparavant, M. Hamon, uni à tous ses paroissiens, avait rendu ce pieux devoir au père commun des fidèles. Le moment était venu où le même hommage allait aussi lui être rendu.

Il y eut donc, le 27 mai 1870, grande fête à Saint-Sulpice ; on y célébrait, avec tout l'empressement de la piété filiale, les *noces d'or* de M. le curé.

Le vénérable pasteur gouvernait depuis dix-neuf ans cette grande paroisse ; il y avait accompli des œuvres presque miraculeuses. Sa piété, sa charité, son zèle infatigable, la réunion de toutes les qualités qui font le prêtre accompli, l'avaient entouré, aux yeux de ses paroissiens, d'une auréole de sainteté qui le rendait cher et respectable à tous. La réputation qu'il s'était acquise avait atteint son apogée, et l'on se ferait difficilement une idée de la considération extraordinaire dont jouissait alors M. Hamon.

La fête du 27 mai en fut un éclatant témoignage.

Ce jour-là, la vaste église de Saint-Sulpice se remplit comme aux plus grandes solennités de l'année. A l'innombrable multitude des fidèles vint se joindre un concours considérable de prêtres. A la tête de ces derniers, on remarquait les onze curés de Paris qui, avec M. Hamon, composaient la conférence dont nous avons parlé plus haut.

M. le curé de Saint-Sulpice célébra la messe. Puis, en présence de l'immense assemblée, il prononça une allocution qui fut écoutée avec une religieuse émotion, et fit verser plus d'une larme. En effet, ce fut moins un discours étudié qu'un épanchement de son cœur de pasteur et de prêtre.

Il prit pour texte les paroles que Dieu adresse, dans le psaume 109, à son fils le prêtre éternel : *Tu es sacerdos in æternum : Vous êtes prêtre pour l'éternité.*

Partant de ces paroles : « Il y a, s'écria-t-il, aujourd'hui cinquante ans qu'à genoux sur les marches mêmes de cet autel, je reçus dans mon âme, par l'imposition des mains de Mgr de Quélen, le caractère ineffaçable du sacerdoce, et que mon ange gardien, saluant en moi cette dignité auguste, put me dire : *Vous êtes prêtre à jamais : tu es sacerdos in æternum.*

« Cinquante ans de sacerdoce ! Quelle parole, mes frères, et que de choses tout à la fois sublimes et terribles y sont renfermées !

« Cinquante ans de sacerdoce ! Dois-je dire à Dieu : *Merci*, ou dois-je lui dire : *Pardon* ? Merci pour ses bienfaits, pardon pour mes fautes ? Mes frères, ma conscience me crie que je dois lui dire l'un et l'autre. J'ai un immense merci à lui adresser et un immense pardon à lui demander, et ce double devoir pèse sur moi comme une montagne ; il m'accable.

« Soyez bénis, mes frères, d'être venus en si grand nombre aider ma faiblesse à le remplir. Soyez-en bénis surtout, vous, mes vénérés confrères dans le sacerdoce, qui avez daigné vous dérober à vos travaux pour me prêter le concours de vos prières, et m'accorder l'honneur de votre présence... »

Après ce début, profitant de la circonstance pour adresser à ses paroissiens quelques paroles utiles, il leur montra que la cérémonie qui les réunissait leur rappelait un double devoir : celui de la reconnaissance d'abord, pour le bienfait du sacerdoce, source de tous les biens que Dieu nous accorde dans l'ordre de la grâce ; puis celui de la prière, que les fidèles doivent adresser à Dieu pour leurs prêtres, afin qu'ils s'acquittent dignement de leur difficile emploi.

Ne pouvant tout citer, nous nous bornerons à reproduire le beau mouvement d'éloquence dans lequel, après avoir remercié Dieu de l'avoir appelé à gouverner la paroisse de Saint-Sulpice, il exprime en termes émus l'amour qu'il porte à son troupeau :

« O chère paroisse, comme je t'aime avec tes grands

souvenirs des Olier, des Bretonvilliers, des La Chétardie, des Languet, de tant d'autres, dont je suis honteux de m'appeler le successeur !

« Comme je t'aime avec ton autel où je fus consacré prêtre, avec ta chapelle de la Vierge où, sous l'œil de Marie, Jésus au saint-sacrement reçoit une continuelle adoration ; avec ta grande église si souvent trop étroite pour contenir la foule qui s'y presse ; avec ta table sainte tous les jours si fréquentée ; avec tes beaux chants et tes beaux offices que rehausse si splendidement la présence du séminaire !

« Comme je t'aime avec tes confréries et tes associations pieuses pour l'enfance, pour la jeunesse et l'âge mûr, pour l'un et l'autre sexe, pour la classe élevée et la classe inférieure !

« Comme je t'aime avec tes fabriciens, si honorables, si chrétiens, si exemplaires, tes Sœurs de charité si dévouées, tes Petites-Sœurs des pauvres, donnant à trois cents vieillards le bien-être en ce monde et le ciel dans l'autre ; avec tes Frères des écoles chrétiennes, tes instituteurs et tes institutrices ; tes dames de charité, si zélées pour soulager tout ce qui souffre, instruire tout ce qui est ignorant, ramener à la religion tout ce qui en est éloigné !

« Comme je t'aime me rattachant, après vingt-cinq ans d'absence, au diocèse de Paris, à un archevêque qui aime tous ses prêtres autant qu'il en est aimé, aux dépositaires de son autorité, non moins bienveillants que le chef qui les délègue ; à mes frères dans le saint ministère avec lesquels, depuis dix-neuf ans, j'ai toujours eu des rapports si doux, si fraternels, parce que le clergé de Paris a, plus que tout autre peut-être, le sens de la dignité dans la conduite et l'intelligence du respect dans les procédés !

« O chère paroisse, mon cœur s'ouvre et se dilate pour t'embrasser tout entière, et il y a large place pour tous : *Os nostrum patet ad vos, cor nostrum dilatatum est, non angustiamini in nobis* (1). Dilate-toi aussi et embrasse tous tes prêtres dans ton affection : *Dilatamini et vos* (2). *Capite vos* (3) ! »

Pour couronner la fête, un prêtre de la communauté lut à M. le curé, en présence d'une nombreuse assistance ecclésiastique et de MM. les membres du conseil de fabrique, une pièce de vers par lui composée. On y trouve résumée dans un beau et noble langage toute la vie sacerdotale de M. Hamon, ses vertus, sa piété, les fruits de son ministère, le désintéressement qu'il fit paraître en refusant l'épiscopat, ses œuvres charitables, ses écrits, son éloquence.

Ce morceau de poésie, qui fait autant d'honneur au poète qu'au digne prêtre qui en est le héros, fut jugée digne de l'impression.

---

(1) II Cor. vi. 11-12.
(2) *Ibid.*, 13.
(3) *Ibid.*, vii. 2.

CHAPITRE XII

Siège et Commune.

On n'attend pas de nous que nous racontions en détail les douloureux événements dont la France et Paris furent le théâtre dans le cours des années 1870 et 1871. Le souvenir en est encore vivant, et d'ailleurs ils ne se rattachent que d'une manière indirecte à l'histoire que nous écrivons.

A la suite de désastres militaires presque inouïs dans nos annales, et peu de jours après la révolution qui, le 4 septembre, avait substitué à l'Empire le gouvernement de la Défense nationale, Paris fut investi par l'armée allemande, et soumis pendant plus de cinq mois à un rigoureux blocus.

A la première nouvelle de la défaite des armées françaises, M. Hamon, pressentant ce qui allait arriver, avait rappelé ceux de ses prêtres qui prenaient leurs vacances. Il crut que, dans de telles circonstances, tout le monde devait être à son poste. En effet, lorsque, dans le cours de septembre, le siége de Paris commença, pas un des membres de la communauté n'était absent ; ils voulurent tous, à la suite du bon curé, partager les épreuves des fidèles confiés à leur sollicitude.

Il fut, tant que dura le siége, admirable de patience, de calme et de résignation. Durant ces tristes jours, la douleur et l'angoisse remplissaient toutes les âmes; le présent était plein d'amertume; l'avenir n'offrait que des perspectives lugubres. Plus que personne, M. Hamon ressentit ces pénibles émotions ; mais loin de se laisser abattre, il trouva dans son énergie, et surtout dans sa foi, de quoi relever le courage des autres.

Il n'y avait aucun fonds à faire sur les ressources humaines, dont l'inanité et l'impuissance éclataient de toutes parts. D'ailleurs, nos désastres portaient si manifestement le caractère de la vengeance céleste, qu'il eût fallu fermer les yeux pour ne pas le reconnaître. Dans un pareil état de choses, le besoin de recourir à Dieu se faisait plus que jamais sentir. Le pieux pasteur exhorta donc, avec de vives instances, ses paroissiens à le faire; à sa voix, les prières et les exercices de piété se multiplièrent, et, de toutes parts, les âmes fidèles s'associèrent pour apaiser par leurs supplications la colère divine.

L'investissement de Paris n'avait pas permis au séminaire de Saint-Sulpice d'opérer sa rentrée. Néanmoins un petit groupe de séminaristes de la ville se réunissait chaque jour aux directeurs présents dans la maison. On fit la retraite ordinaire; on organisa quelques cours, et le règlement fut observé, autant qu'il était possible en pareilles conjonctures, et que le permettait le service de l'ambulance établie au séminaire.

Vint la fête de la Présentation de la sainte Vierge (21 novembre). Elle se célèbre avec une grande pompe au séminaire de Saint-Sulpice, et, conformément à une pieuse tradition introduite par M. Olier, on y fait solennellement, et ordinairement en présence de plusieurs évêques, la rénovation des promesses cléricales.

Mais les cœurs alors étaient loin d'être à la joie, et le déploiement accoutumé aurait paru trop en désaccord avec la tristesse commune. On ne crut pas néanmoins devoir omettre la cérémonie de la rénovation, à laquelle les circonstances présentes devaient donner, ce semble, un intérêt nouveau et inaccoutumé.

M. Hamon fut invité à chanter la grand'messe, après laquelle il prononça l'allocution suivante :

« Messieurs et mes frères, la cérémonie de ce jour est bien différente de celles des années précédentes. Elle n'en a ni la solennité, ni l'entrain ; nous n'y retrouvons ni ces chants magnifiques, ni cet imposant concours de pontifes, de prêtres et de lévites qui en rehaussaient l'éclat. Mais elle a un autre charme : celui de l'humilité qui plaît tant à Dieu, et celui de la simplicité si favorable au recueillement, à l'esprit de prière, aux doux épanchements du cœur. Ce n'est plus la grande famille que les événements ont si tristement dispersée ; mais c'est cette petite portion qui intéresse le cœur de Dieu par sa petitesse même ; c'est le petit troupeau auquel il a dit : *Nolite timere, pusillus grex* (1). Et nul doute que nos vœux, partant du fond de notre petitesse, ne soient favorablement reçus devant son trône, agréés par sa bonté infinie. Ils le seront d'autant mieux que nous nous efforcerons de suppléer au nombre par la ferveur, à la splendeur de la fête par la perfection du dévoûment. »

Il montra ensuite en Marie présentée au Temple le modèle de la consécration à Dieu que les clercs doivent

---

(1) « Ne craignez pas, petit troupeau. » (Luc, LXII. 32.)

pratiquer ; il exhorta les séminaristes à l'imiter, en se séparant comme elle de toutes choses, et se livrant sans réserve à l'amour du souverain bien ; puis il s'écria :

« La colombe du déluge rentra dans l'arche, parce que, sur le sol bouleversé par les eaux, elle ne trouvait pas où poser le pied. Et nous, sur ce sol mouvant tourmenté par les mauvaises passions, où notre cœur pourrait-il reposer son regard sans tristesse et sans honte, sans ressentir les afflictions du présent, les inquiétudes de l'avenir? Vraiment, le cœur voudrait-il s'attacher à quoi que ce soit en cette triste vie, il semble qu'il ne le pourrait pas.... Soyez béni, mon Dieu ! vous nous faites une nécessité d'être tout à vous.... Je ne veux point du monde ; il m'est à dégoût. Je ne veux point de ses faux biens ; ils me sont insipides. Dieu seul me suffit.... »

Ce discours, écouté avec un religieux respect par les séminaristes, fut pour eux un précieux encouragement en présence des douloureuses épreuves qu'ils avaient en perspective. Ils firent avec une ferveur inaccoutumée la rénovation de leurs saintes promesses, et la pieuse cérémonie, accomplie au milieu de tant d'angoisses, laissa dans les âmes une impression profonde.

Au point de vue matériel, il y eut peu à souffrir durant les premières semaines du blocus. Mais bientôt, quelque soin qu'on eût mis à approvisionner la ville, les subsistances devinrent rares, et les habitants furent condamnés à des privations pénibles.

Le zèle actif et intelligent de l'économe de la communauté put bien les adoucir un peu pour M. Hamon, auquel, à raison de son grand âge, elles devaient être tout particulièrement dures et fâcheuses; mais il ne put, malgré tous ses efforts, l'y soustraire entièrement.

Le vénérable curé eut donc assez notablement à souffrir. Il fallut restreindre l'ordinaire, et, malgré le froid qui fut très-vif cette année, se passer de feu, le chauffage faisant presque entièrement défaut. La patience avec laquelle il supporta toutes ces rigueurs fut admirable. Jamais une plainte ne sortit de sa bouche, et sa gaîté ne l'abandonna jamais. S'oubliant lui-même, et plus préoccupé des souffrances des autres que des siennes propres, il s'appliqua avec plus de dévoûment encore que par le passé à pratiquer à l'égard de tous cette charité compatissante dont sa vie tout entière avait été un exercice continuel. Nous en avons recueilli un trait peu considérable en apparence, mais que nous rapporterons, parce qu'il révèle l'exquise délicatesse du cœur de M. Hamon.

Un directeur du séminaire, autrefois son confrère de Solitude, et auquel l'unissait une étroite amitié, souffrait plus que les autres, à raison de ses infirmités et de sa vieillesse, du régime que le siége imposait aux malheureux habitants de Paris. La viande de cheval surtout, qui dans ces jours de détresse avait dû se substituer, sur presque toutes les tables, à la viande de bœuf, lui inspirait une répugnance qu'aucun effort ne put vaincre. Il en vint bientôt à ne pouvoir la supporter, et l'abstinence forcée qui en fut la conséquence exerçait sur la santé du vénérable vieillard une influence funeste. Un jour, quelqu'un frappe à sa porte. C'était M. Hamon qui, instruit de son état, avait réussi à se procurer un morceau de bœuf frais, avec lequel il lui avait fait préparer un excellent bouillon. Il venait tout joyeux le lui apporter lui-même.

Inutile d'ajouter que les besoins des pauvres devenant plus nombreux et plus pressants dans ces temps malheureux, lui fournirent une occasion nouvelle de se multiplier, pour leur venir en aide : créant des ressources, intéressant en leur faveur les personnes charitables, s'enquérant avec sollicitude de leur situation, les visitant ou les faisant visiter, se montrant véritablement à l'égard de tous le bon pasteur.

Mais la guerre entraîna pour Paris bien d'autres calamités que celle de la disette. Les engagements fréquents qui se livraient aux environs y amenaient, presque chaque jour, de nouveaux blessés, que l'on recueillait dans des ambulances improvisées. M. Hamon comprit qu'il y avait là pour lui et pour ses prêtres un grave devoir à remplir. Il partagea sa paroisse en différents quartiers, et envoya en chacun d'eux quelques membres de sa communauté, chargés de subvenir aux besoins spirituels des ambulances. D'autres allaient sur les champs de bataille et, bravant tous les dangers, offraient le secours de leur ministère aux mourants, et recueillaient les blessés. Il est juste d'ajouter que ce dévoûment ne fut pas le privilége exclusif des prêtres de Saint-Sulpice ; le clergé de Paris tout entier, aussi bien que celui des autres pays envahis par la guerre, y eut part, montrant ainsi sur tous les points de la France que le prêtre sait, comme le soldat, faire le sacrifice de sa vie quand le devoir l'exige.

L'âge avancé de M. le curé ne lui permit pas de s'exposer à de telles fatigues et à de tels dangers. Toutefois, en plus d'une occasion, il témoigna qu'il savait, lui aussi, braver la mort. Plusieurs fois, pendant le siége, Paris eut à subir le fléau meurtrier et destructeur du bombardement, et les habitants durent prendre des précautions pour se mettre hors de la portée des projectiles. On pressa M. le curé de Saint-Sulpice d'imiter cet exemple, et comme l'appartement qu'il occupait au presbytère semblait plus particulièrement menacé que les autres, on lui fit de vives instances pour qu'il le quittât. Le bon curé ne put y consentir : « C'est, dit-il, par une disposition providentielle que je suis dans cette chambre ; mon devoir est d'y rester. Je me confie en Dieu ; il m'adviendra ce qu'il lui plaira de permettre. »

Sa confiance ne fut pas trompée. Tant que dura le siége, il demeura dans sa chambre, et, grâce à la protection des bons anges, il ne lui arriva aucun mal.

Laissons M. Hamon décrire lui-même sa situation durant ces tristes jours. Il écrivait le 5 février 1871 à l'une de ses pénitentes retirée en province :

« Vous êtes, chère Madame, la première dont j'aie reçu une lettre depuis notre investissement. J'ai été bien touché de cet empressement.

« Je vous dirai que mes prêtres et moi nous avons entendu jour et nuit les bombes siffler à nos oreilles, et passer à nos côtés ou au-dessus de nos têtes sans nous atteindre ; que nos estomacs ont tenu bon contre la viande de cheval, d'âne, de mulet, de chien, etc., et qu'aujourd'hui va apparaître pour la première fois sur notre table un morceau de bœuf frais.

« Ma privation la plus pénible a été le manque de

charbon, qui ne nous a pas permis de chauffer notre église. Il en est résulté pour moi un catarrhe des plus tenaces, qui me fait tousser jour et nuit, mais dont j'espère bientôt voir la fin.

« Ma santé, à cela près, a été très-bonne. Je vais prêcher deux fois ce matin : une pour les soldats qui vont venir à la messe de huit heures, et l'autre pour le prône, à dix heures. J'espère que les efforts de voix que je vais faire vont guérir mon catarrhe.

« Pendant tous ces événements, nous avons exercé en paix notre ministère. Seulement, pendant dix jours, il nous a fallu déserter l'église visitée par les bombes, et faire nos offices dans les souterrains, comme aux premiers siècles, dans les catacombes. On s'occupe maintenant de réparer les dégâts. La voûte a été percée en deux endroits ; les poutres et les chaînes de la toiture ont été gravement endommagées ; à l'intérieur, il ne paraît que peu de chose.

« Ma chère maison des Petites-Sœurs des pauvres a été bien plus maltraitée. Les bombes y pleuvaient jour et nuit. Un pauvre vieillard a été tué, et les autres ont été obligés de déguerpir. Ils sont maintenant rentrés, et les ouvriers de toute espèce travaillent aux réparations.

« Vous dirai-je que je crains encore plus l'avenir que le passé ? Qu'allons-nous devenir au milieu de toutes les passions politiques en conflit ? Prions ; c'est notre seule ressource. »

Il y avait pour les assiégés une épreuve plus douloureuse encore et plus dure que les privations et les dangers : c'était la séquestration forcée à laquelle ils se voyaient condamnés, et l'impossibilité presque complète où ils étaient de correspondre avec le reste de la France. Les angoisses et les inquiétudes qui en résultaient pour eux étaient partagées plus péniblement encore par leurs familles, réduites, en l'absence de toutes nouvelles, aux plus tristes conjectures.

Cette situation fut en particulier très-vivement sentie par M. Germain Hamon, le dernier survivant de la famille de M. le curé de Saint-Sulpice. Il avait toujours eu pour son saint frère l'affection la plus tendre, et le temps, en faisant peu à peu le vide autour des deux frères, avait fortifié et rendu plus intime leur attachement mutuel. Ils avaient dû, dès le commencement du siége, renoncer à la correspondance assidue qui les rendait, malgré la distance, présents l'un à l'autre. Douloureux pour tous les deux, ce sacrifice coûta la vie à M. Germain. Ne pouvant avoir aucun renseignement sur son frère assiégé dans Paris, il se représenta avec les couleurs les plus sombres l'état où il était réduit. La pensée surtout de son bien-aimé frère souffrant les horreurs de la faim lui était insupportable ; elle le poursuivait partout et ne lui laissait de repos ni le jour ni la nuit. La tristesse profonde qu'il en ressentit porta à sa santé une atteinte funeste. Il tomba malade et succomba sans avoir pu recevoir avant de mourir les derniers embrassements de son saint frère. Celui-ci, averti trop tard, ne trouva en arrivant, malgré la diligence qu'il put faire, que le corps inanimé de son cher Germain, qu'il eut du moins la triste consolation de conduire à sa dernière demeure.

Ce fut là une des plus grandes tristesses de sa vie. Son cœur, si affectueux et si bon, souffrit cruellement de se voir séparé d'un frère qu'il avait toujours tendrement aimé, qui n'avait jamais cessé d'être le confident de toutes ses pensées, le dépositaire de toutes ses peines, sur lequel enfin, après la mort de tous les siens, il avait reporté toutes ses affections de famille. Et combien son chagrin ne fut-il pas encore augmenté lorsqu'il apprit — ce qu'on ne put lui dissimuler — qu'il avait été lui-même l'occasion involontaire de cette mort! Mais elle avait été sainte aux yeux des hommes comme la vie qui l'avait précédée, et tout faisait présumer qu'elle avait été précieuse devant Dieu. Mieux que personne, M. Hamon savait tout ce qu'il y avait de sentiments chrétiens dans l'âme du défunt, et son sort éternel ne pouvait lui causer l'ombre d'une inquiétude. Les séparations de la mort, quand elles sont accompagnées d'une telle assurance, perdent une grande partie de leur amertume, et la tristesse qu'elles causent n'est jamais sans consolation.

Fortifié par ces pensées, le saint prêtre, après avoir rendu les derniers devoirs à son frère, consolé sa belle-sœur et ses nièces, et réglé quelques affaires de famille, se disposa à revenir à Paris. Il était sur le point de se mettre en route lorsqu'on lui remit une lettre. Quelle ne fut pas son émotion lorsqu'il reconnut l'écriture de son frère! Arrêtée pendant le siége dans un bureau de poste, cette lettre, après divers circuits, lui revenait, par une coïncidence étrange, au lieu d'où elle était partie, et au moment même où se terminaient les funérailles de celui qui l'avait écrite. M. Hamon ne put qu'arroser de ses larmes ce dernier témoignage d'affection d'un frère qu'il ne devait plus revoir sur la terre.

De nouvelles épreuves l'attendaient à Paris. La guerre avec l'étranger était finie, et, quelque lourdes que fussent les conditions de la paix, le pays l'avait acceptée avec bonheur, espérant y trouver la fin de ses misères. La Providence en avait disposé autrement. Une insurrection, jugée d'abord sans importance, venait d'éclater dans la capitale. Bientôt elle devint menaçante, et, au bout de quelques jours, elle contraignit les troupes fidèles à évacuer Paris, dont elle se rendit maîtresse. Cette malheureuse ville, à peine remise des désastres du premier siége, eut alors à en subir un second plus fâcheux encore. Pendant trois mois, le gouvernement révolutionnaire, improvisé sous le nom de Commune, lui fit éprouver toutes les horreurs de la guerre civile, qu'il couronna enfin par l'assassinat des otages et par l'incendie médité et préparé de l'Hôtel-de-Ville, des Tuileries et d'un grand nombre d'autres édifices publics et particuliers.

Rentré à Paris avant l'établissement de la Commune, M. Hamon assista à toutes les phases de ce drame atroce, fut témoin des actes de violence commis par les scélérats sous le joug desquels tout pliait dans Paris, et n'échappa lui-même que par une sorte de miracle à des dangers sans cesse renaissants.

Irritée des mesures formidables que prenait contre elle le gouvernement de Versailles, la Commune fit arrêter à titre d'otages un certain nombre de personnes, parmi lesquelles figuraient : Mgr l'archevêque, plusieurs curés de Paris, bon nombre d'ecclésiastiques et de religieux, entre lesquels trois directeurs du séminaire de Saint-Sulpice. Il fut aisé, dès le début, de pressentir que c'étaient autant de victimes vouées à la mort.

Comme le choix des insurgés tombait de préférence sur les membres du clergé qui jouissaient d'une certaine considération, on ne doutait pas, dans la paroisse de Saint-Sulpice, que M. le curé ne dût être compris dans le nombre des otages. Le bruit en circulait déjà ; il s'y attendait lui-même, et l'arrestation de ses confrères du séminaire dut lui faire comprendre que son tour ne tarderait pas à venir.

En présence de ce danger, ses amis le pressèrent de quitter le presbytère et de chercher, au moins pour la nuit, un asile dans quelque maison sûre de la paroisse. Il s'y refusa constamment. Un jour, néanmoins, que le péril était plus menaçant, on lui fit de telles instances qu'il crut enfin devoir céder. S'étant donc muni des objets nécessaires, il sortit à l'entrée de la nuit, et alla frapper à la porte d'une maison où souvent on lui avait en vain offert un lit. Par un hasard singulier, le lit se trouva occupé par un autre prêtre, obligé aussi de se cacher. Le concierge, auquel M. Hamon s'était adressé, lui ayant fait connaître cette circonstance inattendue : « Décidément, dit le saint prêtre, la Providence ne veut pas que je quitte mon presbytère. » Là-dessus, il revint chez lui, remettant à Dieu le soin de sa conservation.

Cette confiance ne le trompa pas. Le presbytère de Saint-Sulpice fut constamment respecté ; M. Hamon et ses prêtres exercèrent leur ministère comme à l'ordinaire, allant du presbytère à l'église et de l'église au presbytère, faisant ostensiblement la visite de leurs malades, sans que jamais aucune violence leur ait été faite.

Il est remarquable même que le presbytère n'a été l'objet d'aucune insulte, ni d'aucune perquisition hostile. Les fédérés s'abstinrent constamment de s'y présenter en armes, soit par bandes, soit individuellement; il semblait que les anges de Dieu veillaient autour de cette demeure.

On ne se dissimulait pas toutefois la grandeur du péril, et on s'attendait à tout. Quelqu'un vint un soir avertir M. le curé que la Commune avait décidé son arrestation, et que, le lendemain matin, le décret serait mis à exécution. Il reçut cette annonce sans émotion, fit avant de se coucher un paquet des objets dont il pourrait avoir besoin dans la prison; puis, ayant offert à Dieu le sacrifice de sa liberté et de sa vie, il se coucha et dormit tranquillement toute la nuit. Le lendemain, tandis qu'il s'habillait, quelqu'un frappe précipitamment à sa porte. Tout préoccupé de la pensée de son arrestation, M. Hamon ne doute pas que ce ne soient les agents de la Commune : « Je suis à vous, dit-il; attendez-moi seulement quelques instants. » Là-dessus, il achève de s'habiller, prend sous son bras le paquet préparé la veille et ouvre sa porte pour se livrer aux satellites. Heureusement, c'était une panique. Au lieu de gens armés qu'il s'attendait à rencontrer, il ne trouva devant lui qu'un de ses vicaires qui, ayant à lui faire une communication de quelque importance, était venu dès le matin frapper à sa porte.

Au milieu de si pénibles angoisses, la divine Providence ménagea au digne curé de douces consolations. Les bons paroissiens de Saint-Sulpice se montrèrent, dans ces jours malheureux, plus empressés encore que par le passé à prodiguer à leur saint pasteur et à ses zélés collaborateurs les témoignages les moins équivoques de leur affection et de leur docilité. Ils les saluaient respectueusement dans les rues et fréquentaient en plus grand nombre l'église, non seulement le dimanche, mais les jours ouvriers. On peut même supposer, avec assez de vraisemblance, que le redoublement de sympathie pour M. Hamon, qui se produisit alors dans la paroisse, fut la véritable cause qui détourna les insurgés de le mettre au nombre des otages.

Le mois de Marie, qui s'ouvrit sur ces entrefaites, fournit aux pieux fidèles une nouvelle occasion de manifester leur foi, et de protester contre les excès impies, dont le hideux spectacle s'étalait dans Paris depuis plus d'un mois. L'exercice fut annoncé, comme les années précédentes, pour huit heures du soir, et, dès le premier jour, il y eut un tel concours que l'église, malgré ses vastes proportions, put à peine contenir la foule compacte et recueillie qui s'y trouvait réunie. L'assistance ne fut pas moindre les jours suivants. Bien avant que l'exercice commençât, l'église se remplissait, et jamais la paroisse Saint-Sulpice n'avait montré un tel élan pour honorer et invoquer la divine mère de Dieu pendant le mois que la piété lui a consacré.

Un si beau spectacle transportait de joie le cœur de l'excellent curé, et lui faisait oublier toutes ses tristesses : « Nous sommes toujours, écrivait-il le 5 mai, parfaitement tranquilles au milieu de l'émotion générale. Notre mois de Marie est incomparablement beau. Tous les soirs, à huit heures, notre église est encombrée dans toute sa nef, dans le transept et dans les bas côtés. Jamais, même le jour de Pâques, je n'y ai vu tant de monde. On chante de tout son cœur, et on prie la sainte Vierge de toute son âme, et moi je prêche chaque soir de toutes mes forces, sans en ressentir aucune fatigue... »

Trois jours après, le 8 mai, il écrivait à la même personne :

« Nos nouvelles paroissiales sont moins bonnes ces jours-ci. Nos Frères sont chassés de leurs écoles et consignés dans leurs maisons. On veut les habiller en gardes nationaux et les faire marcher contre Versailles.

« Le séminaire a eu beaucoup à souffrir ; les gardes nationaux s'y conduisent en vrais brigands. Ils ont volé jusqu'aux chemises des domestiques et 140 fr. qu'ils ont trouvés dans leur chambre. Ils ont défoncé dans la cave une cachette où était de vieux vin pour les directeurs malades..... Ils ont consigné les directeurs et les domestiques, avec des gardes à la porte qui ne laissent pas même aller à la chapelle pour dire la messe.

« Saint-Roch, Saint-Eustache et d'autres églises ont eu un club hier en place du mois de Marie.

« Nous autres, nous sommes toujours les privilégiés de la Providence. Mois de Marie magnifique, affluence aussi grande que l'église peut contenir de monde, chants incomparables et belle illumination. Nos offices n'ont point été dérangés, ni notre église troublée. »

Mais l'exception faite en faveur de Saint-Sulpice ne pouvait durer longtemps. Le 13 mai, M. Hamon écrivait :

« Nous sommes tristes ces jours-ci. Hier et avant-hier,

un club dans notre église, à la place et à l'heure de notre magnifique mois de Marie. Nos Sœurs de la charité et nos Frères renvoyés, sans qu'on leur laisse rien emporter, et jetés ainsi dans la rue. Nos pauvres enfants livrés à des maîtres et à des maîtresses qui leur enseignent qu'il n'y a plus de Dieu et leur font chanter la *Marseillaise*. Que de douleurs ! Notre église a été fermée une matinée ; il nous a fallu aller dire la messe ailleurs. Maintenant, nous en jouissons le matin, et le club s'y installe le soir, pour y chanter la *Marseillaise*. »

Telle était la situation qu'il avait fallu accepter, et encore dut-on s'estimer heureux de n'avoir pas à subir des conditions plus dures de la part de gens qui ne respectaient ni le sacré, ni le profane, et se croyaient le droit de tout oser. Voici ce qui s'était passé.

On avait appris au presbytère, par une voie sûre, que le comité siégeant à la mairie du sixième arrondissement avait décidé d'enlever au culte l'église de Saint-Sulpice et de s'en emparer. Il n'était pas aisé de faire révoquer un pareil ordre ; peut-être même n'était-il pas bien sûr de l'entreprendre. L'un des vicaires de la paroisse se hasarda pourtant à faire cette démarche, et, accompagné d'un de ses confrères, se rendit à la mairie. Sans se déconcerter de la grossièreté avec laquelle il fut accueilli, il plaida de son mieux la cause de l'église, alléguant l'esprit religieux de la population du quartier, et montrant qu'il n'était pas digne d'un gouvernement démocratique de priver le peuple de l'usage d'un édifice auquel il avait droit, et qu'il réclamait. Les fédérés de la Commune n'étaient pas d'habiles dialecticiens. Ils n'opposèrent aux motifs qu'on leur présentait que la raison du plus fort; mais elle était péremptoire dans la circonstance, et les deux prêtres durent se retirer sans avoir rien pu obtenir.

Le jour même, le projet qu'ils s'étaient en vain efforcé de faire abandonner eut son exécution. Les fidèles étaient réunis, comme à l'ordinaire, pour l'exercice du mois de Marie, lorsqu'au moment où le chant des cantiques commençait à se faire entendre, l'église est envahie par une troupe désordonnée de femmes et d'ouvriers, qui se précipite en tumulte, poussant des cris sauvages et proférant d'horribles blasphèmes. Les fidèles, en plus grand nombre que les émeutiers, et déjà en possession de l'église, n'étaient pas d'humeur à céder devant cette invasion brutale. Ils répondirent aux cris et aux blasphèmes des communeux par d'énergiques protestations. De là un indescriptible tumulte, qui se termina enfin par la victoire des paroissiens. Ceux-ci, en effet, réussirent à chasser de l'église les perturbateurs, et l'exercice interrompu put être repris et continué.

C'était un triomphe, mais un triomphe plein de périls. Il fallait s'attendre à de nouvelles tentatives et à des luttes dont les conséquences pouvaient être désastreuses.

En effet, le lendemain, on vit se renouveler les mêmes scènes. Les insurgés en armes envahirent l'église déjà occupée par les fidèles, les sommant avec menaces de la leur abandonner. Il y avait lieu de craindre que ces furieux, exaspérés par la résistance, ne se portassent aux derniers excès, et que le lieu saint ne devînt le théâtre d'une lutte sanglante. On crut donc qu'il valait mieux céder à la force. L'exercice du mois de Marie fut interrompu, et l'assistance se retira en chantant des cantiques.

M. le curé et ses prêtres se décidèrent alors, pour empêcher le retour de pareils désordres, à placer l'exercice à quatre heures. Ainsi l'église se trouva libre le soir, et le club put s'y réunir pour entendre les déclamations de ses orateurs.

Cet état de choses se prolongea jusqu'au jour de la délivrance par l'armée régulière. A sept heures du soir, on enlevait le saint-sacrement, et à huit heures le club commençait et se prolongeait jusqu'à onze heures ou minuit. A six heures du matin, le clergé reprenait possession de l'église, et les offices s'y célébraient, sur la semaine et le dimanche, comme dans les temps ordinaires.

Par une providence particulière, aucun dégât ne fut commis. La statue de la sainte Vierge, pour laquelle on était particulièrement inquiet, et que l'on avait couverte d'un voile, fut respectée.

Une conversation que M. Hamon eut vers ce temps-là avec un des chefs du gouvernement révolutionnaire montre bien jusqu'à quel point ces malheureux portaient la haine de la religion et des prêtres. Le cynisme avec lequel leur pensée intime s'y dévoile a de quoi faire réfléchir :

« Pourquoi donc nous en voulez-vous tant? quel mal vous avons-nous fait?

« — Nous vous haïssons, parce que vous donnez beaucoup aux pauvres. Par là vous acquérez sur le peuple une action qui vous l'attache, et nous empêche de faire de lui ce que nous voudrions.

« — Et c'est pour ce motif que vous voudriez nous dépouiller de tout ce que nous possédons ?

« — Ce ne serait pas encore assez, parce que, quand même vous n'auriez rien, vous seriez encore plus puissants que nous, par l'autorité de votre parole, qui l'emporte de beaucoup sur la notre.

« — Votre dessein est donc....

« — De vous dépouiller d'abord et de vous tuer ensuite. »

Ce communeux avait au moins le mérite de la franchise.

On frémit à la pensée des horreurs qu'avec de tels projets les misérables qui régnaient en tyrans dans Paris auraient pu commettre, si la Providence n'eût, par son action cachée, limité jusqu'à leurs excès. Toutes nos révolutions ont vu se reproduire cette sorte de miracle. Même quand ils sont tout-puissants, les méchants ne font pas tout ce qu'ils voudraient faire.

Cependant on touchait à la fin de ce drame sanglant. L'insurrection ne pouvait plus tenir contre les troupes régulières, et le 20 mai, celles-ci, après s'être emparées des forts, entraient à Paris. Une lutte désespérée s'engagea alors dans les rues, et l'armée de l'ordre dut conquérir le terrain pied à pied, refoulant devant elle les insurgés qui résistaient toujours. Cette lutte dura jusqu'au 28 mai. Durant cet intervalle s'accomplirent à la Roquette, avenue d'Italie et rue Haxo, les horribles exécutions qui plongèrent la France dans la stupeur, et marqueront à jamais la Commune d'un stigmate d'ignominie.

Une barricade avait été élevée à l'angle des rues Bonaparte et de Vaugirard, presque à la porte du presbytère de

Saint-Sulpice, dès le lundi 22. Un combat opiniâtre, qui dura jusqu'au mercredi 24, s'y engagea. Mais depuis plusieurs jours le succès ne pouvait être douteux ; la Commune, repoussée de toutes parts, sentait qu'elle allait succomber. Réduite aux abois, elle essaya de mettre à exécution l'atroce projet de brûler Paris. Dans la nuit du 23 au 24, on vit éclater sur plusieurs points des foyers d'incendie, qui prirent rapidement des proportions effrayantes, et à la vue de cet affreux spectacle on put croire un instant que la ville entière allait devenir la proie des flammes. Mais, ici encore, les insurgés ne purent accomplir que très-imparfaitement leurs sinistres desseins. Par un hasard providentiel, plusieurs édifices, voués à la destruction, furent préservés. La poudrière du Luxembourg, à laquelle on avait mis le feu, et qui devait, en sautant, causer la ruine de tout le quartier, ne fit explosion qu'en partie. L'église de Saint-Sulpice, le presbytère et le séminaire échappèrent ainsi au désastre qui les menaçait, et dont infailliblement M. Hamon et sa communauté auraient été victimes.

On conçoit aisément dans quelles angoisses se passa cette horrible nuit pour les habitants du presbytère. Le lendemain, tous les prêtres dirent la messe dans l'oratoire privé de la maison, l'accès de l'église étant absolument impossible. On se battait autour d'eux depuis la veille, et de tous côtés les balles sifflaient et tombaient. Enfin, vers midi et demi, les troupes françaises enlevèrent la barricade, et demeurèrent ainsi maîtresses du quartier.

Un drapeau rouge, que les soldats de la Commune avaient arboré à la porte du presbytère, détermina les

Français vainqueurs à y pénétrer. M. Hamon, dont le calme et la présence d'esprit ne se démentirent pas durant ces lugubres événements, se présenta lui-même pour les recevoir. Ils s'imaginaient y trouver un repaire de communards ; grande fut leur surprise de n'y rencontrer que des prêtres, qui les accueillirent avec des transports de joie, comme des libérateurs.

Le jour même où la délivrance eut lieu, l'Église faisait la fête de Notre-Dame Auxiliatrice. Cette coïncidence n'échappa point au pieux curé ; il y vit un nouveau signe de la protection de la très-sainte Vierge sur sa paroisse, sur ses prêtres et sur lui, et, en témoignage de sa reconnaissance, il fit placer dans la chapelle une plaque commémorative portant l'inscription suivante :

IN FESTO B. M. V. TITULO
AUXILIUM CHRISTIANORUM

———

MARIA ERAT SPES NOSTRA AD QUAM
CONFUGIMUS IN AUXILIUM UT LIBERARET NOS
ET VENIT IN ADJUTORIUM NOBIS (Ant. Festi)

———

DIE MAII XXIV ANNI MDCCCLXXI (1).

Le jour même, le mois de Marie, un instant interrompu, fut repris à la paroisse et continué jusqu'à la fin, avec un entrain tout nouveau.

---

(1) « Dans la fête de la B. V. Marie, sous le titre de *secours de chrétiens*, — Marie était notre espérance. Nous nous sommes réfugiés près d'elle pour qu'elle nous secourût et nous délivrât, et elle est venue à notre aide (Ant. de la fête). — Le 24 mai de l'année 1871. »

Nous ne pouvons mieux terminer ce chapitre qu'en reproduisant une lettre que M. Hamon, quelques jours après la chute de la Commune, écrivit à un prêtre de Bordeaux :

« Pour nous, prêtres de la paroisse, Dieu nous a merveilleusement protégés. Vivant tous les jours au milieu d'une légion de démons, qui nous lançaient des regards de colère et des menaces de mort, nous n'avons pas été touchés. Pas le moindre dégât dans notre église, pas une seule maison de la paroisse incendiée, lorsque, autour, tout était en feu. Aussi, nous sommes allés, au nombre de sept cents, en remercier Notre-Dame de Chartres par un pèlerinage solennel.

« Les obus sifflaient à nos oreilles ; les balles tombaient dans nos chambres, et aucun de mes dix-huit prêtres n'a exprimé le désir de s'enfuir. Nous avons toujours été gais, et notre ministère s'est accompli comme dans les temps ordinaires...

« En ce moment, nous sommes mieux portants que jamais. Je fais imprimer mes *Méditations pour tous les jours de l'année ;* et, le mois prochain, je vais prêcher des retraites pastorales pour me délasser.

« Adieu, mes bons amis ; priez pour moi, que Dieu n'a pas jugé digne de la grâce du martyre, dont tant de prêtres de Paris ont été favorisés. Je vous embrasse et vous aime tous en Notre-Seigneur. »

CHAPITRE XIII

Écrits publiés par M. Hamon dans le cours de sa vie pastorale.

On conçoit difficilement que M. Hamon, placé à la tête d'une paroisse populeuse à laquelle il donnait tous ses soins ; obligé de passer chaque jour un temps considérable au confessionnal, de faire face à une correspondance active, de recevoir de nombreuses visites, de prêcher souvent, de présider une multitude de réunions pieuses ou charitables ; ayant sur les bras d'innombrables affaires, ait pu encore trouver le temps de composer des livres.

Il nous donne lui-même la solution de ce problème dans la préface de la *Vie de saint François de Sales* : « Ce travail, dit-il, commencé à une époque où nous avions quelques loisirs à nous, abandonné à notre entrée dans un ministère immense qui semblait nous en rendre l'exécution impossible, repris, par obéissance à de vénérables sollicitations, a pu enfin, contre notre attente, être achevé d'une manière quelconque, *grâce à l'économie des minutes*, qui a triomphé de nos incessantes occupations. »

Cette économie des minutes fut entre les mains de M. Hamon une ressource qu'il sut admirablement exploiter, et à laquelle il fit produire de merveilleux résultats. Dès l'instant de sa nomination à Saint-Sulpice, il vit bien que le travail de cabinet, prolongé pendant de longues heures, lui serait désormais interdit ; il résolut donc de mettre à profit pour l'étude les rares et courts moments qu'il pourrait dérober à ses accablantes occupations. Il fut fidèle à cette résolution. Point de vide dans ses journées. Rentrait-il dans sa chambre, après une course en ville ou une séance à l'église, sur le champ il s'asseyait à son bureau, prenait une plume ou un livre, et travaillait. Le signal de l'examen particulier allait être donné dans un quart-d'heure, dans cinq minutes peut-être. N'importe ; il employait ce quart-d'heure, ces cinq minutes, aussi scrupuleusement et avec autant d'application que s'il eût eu devant lui un long temps d'étude.

Obligé par sa position à assister à certaines réunions où il n'avait d'autre rôle à remplir que d'être présent, il ne manquait pas, lorsque les convenances le lui permettaient, d'utiliser pour ses travaux le temps qu'il devait y passer. Le fait suivant, que nous tenons de la bouche d'un témoin, en est la preuve.

Il dut en 1857, à la suite de l'exposition universelle, prendre part à la séance solennelle dans laquelle, au milieu d'un brillant concours, l'Empereur fit aux exposants la distribution des médailles. Or, tandis que tout le monde, entraîné par le mouvement d'une curiosité bien légitime, ne songeait qu'à voir et qu'à entendre, M. le curé de Saint-Sulpice, aussi peu distrait par tout cet appareil que s'il eût été dans son cabinet, corrigeait les épreuves d'un de ses ouvrages.

Il n'était pas rare de le rencontrer dans les rues un papier ou un livre à la main, lisant ou prenant des notes.

C'est par l'application constante de cette méthode que, sans rien retrancher du temps réclamé par son ministère, il est parvenu à composer et à publier, dans le cours de sa vie pastorale, plusieurs écrits importants.

Le premier, dans l'ordre des temps, fut la *Vie de saint François de Sales*.

Nous avons raconté comment il fut amené à entreprendre ce travail. Lorsqu'il quitta Bordeaux pour venir à Saint-Sulpice, il avait mis au net le premier volume, qui s'arrête à la fondation de l'ordre de la Visitation; il ne lui restait donc plus que le second, dont il avait coordonné tous les matériaux, dont même la rédaction était déjà assez avancée. Libre de tout autre soin, M. Hamon aurait pu en quelques mois conduire son œuvre à bonne fin. Il lui fallut à Saint-Sulpice, malgré l'extrême facilité de composition dont il était doué, trois ans pour l'achever.

Attendue du public avec une légitime impatience, la *Vie de saint François de Sales* parut au mois de juin 1854. Tout le monde s'empressa de la lire, et cette lecture, en augmentant dans les âmes la dévotion au saint évêque de Genève, donna une idée de plus en plus haute du talent et du mérite littéraire de son biographe. Quatre éditions qui se succédèrent rapidement jusqu'en 1862, et les traductions qui en furent faites en allemand, en anglais, en espagnol, en italien et en polonais, prouvent, mieux que tout ce que nous en pourrions dire, la valeur de cet ouvrage.

Peu d'hommes, même parmi les saints, ont eu, autant que saint François de Sales, le privilège d'exciter la sympathie. En lisant sa vie, non seulement on l'admire, mais on s'attache à lui, on l'aime comme on aime un ami. La douceur de son caractère, les grâces de son esprit, la bonté de son cœur, le charme de son langage, tout en lui plaît, captive et séduit. Il fut par excellence le saint aimable et bon. En lui la sainteté se dépouille de l'austérité qui rebute, pour ne laisser paraître que l'aménité qui attire. Il pratique en toutes choses la perfection la plus éminente ; il porte jusqu'à l'héroïsme l'esprit d'abnégation et de sacrifice ; toutes les vertus du chrétien, du prêtre, de l'évêque, brillent en lui du plus vif éclat. Mais tout cela, en saint François de Sales, est si naturel et si simple, si éloigné de la contrainte et de l'effort, accompagné de tant de sérénité et de calme, que le spectacle de cette vie toute céleste, loin de décourager et d'effrayer, soutient et ranime la confiance.

C'est cette grande et douce figure que M. Hamon entreprit de retracer. Le but était digne de ses efforts, et tous ceux qui ont lu son œuvre ont reconnu qu'il l'avait admirablement atteint.

La *Vie de saint François de Sales*, moins parfaite peut-être au point de vue littéraire que celle du cardinal de Cheverus, n'en est pas moins l'ouvrage le plus important qui soit sorti de sa plume ; elle suffirait pour lui donner place parmi les écrivains éminents de notre époque.

Historien consciencieux et exact, il s'est inspiré aux meilleures sources, et n'a rien négligé pour donner à son récit toute l'authenticité désirable. Aussi ne croyons-nous pas que, sous ce rapport, la critique puisse rien trouver à y reprendre. Il se peut que de nouvelles recherches y fassent découvrir quelques omissions et quelques lacunes, toujours inévitables dans une œuvre de ce genre ; mais on peut affirmer que rien de substantiel ne sera changé au récit de M. Hamon. La vie de saint François de Sales, depuis sa naissance jusqu'à sa mort, est là tout entière, non seulement dans les grandes lignes, mais dans les détails les plus intimes, dans les nuances les plus fines et les plus délicates ; et le portrait qui nous y est tracé de l'esprit et du cœur de cet incomparable saint est bien l'expression fidèle de cet idéal que ses écrits, les mémoires et les récits contemporains, la tradition des âmes pieuses nous avaient aidé à concevoir. On le reconnaît sans peine, sous la plume de son historien, à chaque mot qu'il prononce, et, pour ainsi dire, à chaque mouvement qu'il fait.

Un mérite de cet ouvrage qu'il est juste, aujourd'hui surtout, de relever, c'est que, fidèle à son titre, il est toujours, dans la plus stricte expression du mot, une vie de saint. M. Hamon s'est bien gardé d'imiter ces hagiographes qui, après avoir annoncé l'histoire d'un saint, conduisent leurs lecteurs à travers un dédale de considérations et de digressions, du milieu desquelles la figure qu'ils ont entrepris de dessiner se dégage à peine. C'est bien la vie de saint François de Sales que M. Hamon a faite, et ce n'est que cela. Saint François de Sales est toujours le centre lumineux vers lequel tout converge ; il se montre dans tous les récits, et tous les récits contribuent à le faire connaître.

Et ce qui ressort surtout aux yeux du lecteur dans cette physionomie radieuse, c'est la sainteté, c'est la vie surnaturelle dans sa plus haute et sa plus belle expression. On y découvre bien aussi les dons de la nature : l'élévation de l'intelligence, l'étendue de la science, l'éminence du tact et du bon sens, la perfection du jugement, la finesse de l'esprit, la bonté et la douceur du caractère, la tendresse du cœur, la grandeur du courage ; mais tout cela apparaît en saint François de Sales illuminé, transformé, surnaturalisé par la grâce. Jamais l'homme ne paraît seul ; c'est toujours le saint qui resplendit.

A la richesse et à la beauté du fond, l'auteur de la *Vie du saint évêque de Genève* a su joindre la perfection de la forme. Ce livre, comme tous ceux qu'il a composés, est écrit dans un style à la fois noble et simple, où l'absence de toute recherche ne nuit point à l'élégance, et où une correction sévère s'unit à l'abandon et au naturel. M. Hamon, dans les citations qu'il fait du bienheureux, n'a pas cru devoir conserver les formes vieillies de la langue du XVIe siècle. Il a eu le talent toutefois, en les rajeunissant, de ne leur rien ôter de leur physionomie naïve, et de ce charme inexprimable dont rien n'approche, et qui est comme le cachet des écrits du bienheureux évêque de Genève.

A peine la *Vie de saint François de Sales* avait paru, que M. Hamon donna ses soins à une autre publication beaucoup plus vaste ; nous voulons parler de l'ouvrage intitulé : *Notre-Dame de France* ou *Histoire du culte de la sainte Vierge en France, depuis l'origine du Christianisme jusqu'à nos jours.*

On était en 1856. Une idée grandiose et vraiment digne de la piété traditionnelle de l'Église de France envers la mère de Dieu venait de se produire et excitait la sympathie universelle. Il s'agissait d'élever au sommet du mont Corneille, qui domine la ville du Puy-en-Velay, une statue colossale de la très-sainte Vierge, sous le vocable de *Notre-Dame de France*. Tandis qu'on s'occupait de réunir les ressources qu'exigeait la réalisation de ce gigantesque projet, M. Hamon en conçut un autre qui devait en être le pendant, et pour ainsi dire le complément : ce fut d'élever à la sainte Vierge un monument littéraire, dans lequel seraient racontés les origines, les développements et les phases diverses de tous les sanctuaires, de tous les pèlerinages, de toutes les fondations pieuses établis dans les divers diocèses de France en l'honneur de la divine Marie.

Le pieux curé expose lui-même, dans l'introduction placée en tête du premier volume, le but de l'œuvre et les moyens employés pour la réaliser :

« Il est en France, depuis trente ans environ, un fait religieux singulièrement remarquable : c'est un élan inaccoutumé des âmes vers le culte et l'amour de la sainte Vierge. Les enfants de la foi aiment à se revêtir de ses livrées, à porter ses médailles, à décorer ses autels, à lui élever des statues, à visiter en pieux pèlerins ses sanctuaires, à célébrer ses fêtes avec pompe, et à faire de tout le mois de mai en particulier comme une série de solennités en son honneur. L'Orient a vu le drapeau de Marie flotter sur nos navires dans l'expédition de Crimée ; et au retour de cette guerre, si glorieuse pour nos armes, la France, avec le concours de son argent et les canons pris à Sébastopol, a érigé à la mère de Dieu une statue colossale sur l'un des points les plus élevés de l'empire, sur le rocher Corneille, près de la cathédrale du Puy-en-Velay.

« Ce culte et cet amour de la sainte Vierge sont-ils une nouveauté dans la religion ? Non certainement ; c'est au contraire un retour aux traditions de nos pères ; c'est le sentiment français qui se réveille, après avoir été quelque temps mis au silence et comme assoupi par la grande voix de la tempête irréligieuse de 93...

« Pour constater cette assertion, on a désiré une histoire qui n'a point encore été faite, et qui cependant offre un immense intérêt : c'est l'*Histoire du culte de la sainte Vierge en France, depuis l'origine du Christianisme jusqu'à nos jours*. On a même pensé qu'il ne pouvait être, pour ce travail, de moment plus opportun que celui où un monument colossal vient de porter jusqu'aux nues le témoignage de l'amour de la France envers Marie, et qu'à côté de ce monument il convenait de dresser, à la gloire de la mère de Dieu, un monument littéraire qui révèle à tous combien la France a toujours aimé la sainte Vierge.

« Dans ce but, un comité s'est formé à Paris sous le titre de *Comité historique de Notre-Dame de France*. Et, voulant rendre cette histoire aussi complète que possible, il s'est adressé non seulement à divers archéologues, à l'École des chartes et à ses correspondants dans les départements, mais encore à tous les évêques de France, réclamant leur concours pour une œuvre si grande, et tout à la fois si belle. »

Cet appel fut entendu. Le comité constitué par M. Hamon reçut de beaucoup de diocèses des rapports consciencieux et pleins d'intérêt. L'infatigable prêtre se mit résolument à l'œuvre, pour fondre ensemble ces travaux, combler les lacunes, écarter les inutilités et les redites, en un mot faire un livre.

L'ouvrage, selon le plan primitif, devait renfermer dix volumes in-8°; mais il n'en contient en réalité que sept, qui parurent successivement de 1861 à 1866. On y parcourt, selon l'ordre des provinces ecclésiastiques, les diocèses de France, en faisant connaître tout ce qui, en chacun d'eux, concerne le culte de la très-sainte Vierge.

Par malheur, les innombrables occupations de M. Hamon ne lui permirent pas de réaliser aussi parfaitement qu'il l'eût désiré l'idée qu'il avait conçue. *Notre-Dame de France* renferme assurément un trésor précieux de faits et de documents de toute sorte ; on y trouve des détails pleins d'intérêt, des récits merveilleusement propres à développer dans les âmes la confiance envers la sainte Vierge. Mais l'élaboration manque. Les éléments ne sont pas assez fondus ; on désirerait plus de proportion dans les récits; certains détails pourraient être supprimés ; il y a quelques parties faibles ; les derniers volumes surtout portent des traces assez nombreuses de précipitation.

Quant aux lacunes que l'ouvrage présente, il serait injuste de les imputer à M. Hamon. Tout le monde ne répondit pas d'une manière également satisfaisante à ses sollicitations ; de plusieurs côtés, il ne reçut que des notes incomplètes, parfois même absolument insignifiantes ; il se vit ainsi dans l'impossibilité de donner à son travail la perfection qu'il avait rêvée. Plus d'une fois, le bon curé laissa échapper quelques plaintes à ce sujet.

Tel qu'il est néanmoins, le livre de *Notre-Dame de France* est bien, comme le voulait l'auteur, un monument grandiose élevé à la gloire de la mère de Dieu ; mais surtout il est un témoignage précieux de la piété du saint prêtre pour la divine reine du clergé, et ce témoignage, nous devions le recueillir et le relater dans sa *Vie* avec un religieux respect.

Les *Méditations à l'usage du clergé et des fidèles pour tous les jours de l'année* furent le dernier ouvrage de M. Hamon. Il nous indique lui-même dans la préface le but qu'il s'y proposa.

« Aider les âmes chrétiennes à mieux connaître Dieu avec ses perfections infinies et ses mystères adorables, pour mieux l'aimer et le servir ; à mieux se connaître elles-mêmes avec leurs défauts et leurs devoirs, pour mieux se réformer et faire progrès dans les vertus, tel est le but que nous nous sommes proposé dans la composition de cet ouvrage.

« Dans ce siècle futile et léger, où chacun ne se préoccupe guère que des événements extérieurs, il est bien peu d'âmes qui réfléchissent sérieusement sur ces grandes et saintes choses, bien peu qui méditent soigneusement chaque matin combien Dieu mérite d'être aimé et servi, comment on le servira dans la journée présente, et ce qu'on fera pour sa gloire, pour son propre salut ou sa sanctification personnelle.

« Comme remède à ce mal, nous avons cru utile de faciliter aux âmes de bonne volonté l'exercice si important de l'oraison, en leur mettant entre les mains, non une œuvre littéraire qui s'adresse à l'esprit, mais un cours de méditations qui s'adresse à leur cœur, pour être lu posément, attentivement, avec une âme réfléchie, en vue de rentrer en soi-même et de se convertir à une vie meilleure... »

Ce programme se trouve fidèlement réalisé dans les *Méditations*. Dans une suite de sujets d'oraison pour tous les jours de l'année, l'auteur a su condenser, sous une forme à la fois onctueuse et pratique, toute la doctrine spirituelle. Les fins dernières, les vertus chrétiennes, les mystères de Notre-Seigneur et de la très-sainte Vierge, les exemples des saints, y sont tour à tour mis sous les yeux du lecteur.

Œuvre de sa vieillesse, ce livre est inférieur aux autres écrits de M. Hamon sous le rapport de l'élocution. Solide et substantiel quant à la doctrine, il n'offre pas toujours dans la conception des plans toute la perfection désirable. Enfin on pourrait reprocher à l'auteur d'avoir parfois trop subdivisé les sujets qu'il traite, ce qui l'expose à des redites. Nonobstant ces critiques, nous n'hésitons pas à dire que ce livre est, pour le fond des choses, une œuvre d'une grande valeur. Fruit des entretiens du pieux écrivain avec Dieu beaucoup plus que de ses études, il nous initie aux trésors de piété et de vie intérieure dont la grâce avait enrichi son âme. Les saints, quand ils parlent de Dieu et des choses de Dieu, ont un accent qui ne se peut feindre, et par lequel, sans qu'ils s'en doutent, leur sainteté se révèle. Cet accent se reconnaît à chaque ligne des *Méditations* de M. Hamon. L'auteur y parle de l'abondance du cœur; ce qu'il dit, il le sent, il en a la conviction, il en a fait l'expérience. En le lisant, on est en communication avec son âme. Ce n'est pas une parole froide et morte qu'il fait entendre, mais une parole pleine d'onction, de chaleur et de vie, merveilleusement efficace pour faire passer dans le cœur de ceux qui le lisent les sentiments du sien. Quiconque sera fidèle à méditer chaque jour les sujets proposés par M. Hamon ne peut manquer de faire de rapides progrès dans la science des saints et dans la pratique de la vie parfaite.

C'est ce qui explique l'empressement avec lequel le public chrétien a accueilli cet écrit. Les paroissiens de Saint-Sulpice y ont retrouvé avec bonheur la substance des exhortations que leur adressait leur saint pasteur ; mais surtout les âmes dirigées par lui ont cru entendre, en le lisant, cette voix bénie qui si souvent leur apporta au saint tribunal la paix, la joie, la confiance et le courage.

Publié en 1872, l'ouvrage, dès l'année suivante, était parvenu à sa troisième édition et avait eu l'honneur d'une traduction en langue allemande.

Dans l'énumération des écrits composés par M. Hamon dans le cours de sa vie pastorale, nous ne parlons point d'un assez grand nombre de discours prononcés par lui en diverses circonstances, et qui, reproduits par la presse, attirèrent l'attention publique.

Au moment où il fut atteint de la maladie qui mit fin à ses jours, l'infatigable écrivain songeait à un nouvel ouvrage de polémique religieuse, que la mort ne lui permit pas de composer.

CHAPITRE XIV

Dernières années.

La tempête soulevée par la Commune était dissipée, et Paris, rentré dans l'ordre, reprenait peu à peu sa physionomie ordinaire. Dieu, en permettant l'écrasement des hordes insurgées, réduites momentanément à l'impuissance par la valeur et la discipline de l'armée régulière, avait épargné à la France d'incalculables désastres, suite inévitable du triomphe définitif de la révolte. Néanmoins, les esprits n'étaient rien moins que rassurés. Des ferments de trouble et de désordre qui se révélaient de toutes parts, les divisions des partis, l'impossibilité, devenue de jour en jour plus manifeste, de rien fonder de stable, rendaient l'avenir sombre et incertain.

Le sentiment de cette situation remplissait de tristesse l'âme de M. Hamon. Nous en trouvons l'expression dans une lettre écrite par lui quelques mois après les événements dont nous avons parlé :

« Je vous remercie de vos bons souhaits, dit-il j'accepte de nouvelles années de vie, si Dieu veut me les donner et les rendre utiles à sa gloire et au bien des âmes. Mais, en présence des calamités qui nous environnent, de l'impiété qui exerce partout ses ravages, de la société qui se dissout, des ténèbres au milieu desquelles nous marchons, sans apercevoir aucune issue, je ne les souhaite pas. Je ne désire ni de vivre ni de mourir. Mon unique vœu, c'est que le bon Dieu fasse de moi ce qu'il lui plaira, mais surtout qu'il convertisse les pécheurs, et qu'il ramène sur la terre son règne, qui semble vouloir disparaître : *Adveniat regnum tuum*.

« Je tremble que Dieu n'enlève le chandelier, et ne le porte à des nations qui en profiteront mieux : *Movebo candelabrum tuum de loco suo*. Travaillez toujours à conjurer ce malheur par la diffusion des bons livres. Je souhaite à votre œuvre toute sorte de prospérité. »

Ces sombres pensées, toutefois, n'affaiblirent point l'activité et le zèle du pasteur. Dès que le calme fut rétabli, il reprit avec une ardeur toute nouvelle ses œuvres interrompues ; et, jusqu'au moment où la maladie le contraignit de s'arrêter, il se livra sans ménagement au rude labeur qu'il s'était imposé, et qui allait en augmentant d'année en année.

Au mois d'août qui suivit la double guerre, il se rendit à Clermont, où il était appelé par le vénérable évêque, pour prêcher la retraite pastorale. Il y avait vingt-quatre ans qu'il avait quitté le diocèse ; mais ce long intervalle ne l'y avait pas fait oublier : son souvenir était toujours vivant en ce pays, et il y comptait beaucoup d'amis. Aussi la joie fut universelle dans le clergé lorsqu'on apprit qu'il avait accepté l'invitation de Mgr l'évêque. Ses anciens élèves surtout se firent une fête de revoir leur supérieur d'autrefois, et d'entendre encore cette parole qu'ils avaient écoutée avec tant de bonheur pendant leur séminaire, et qui avait laissé dans leur âme une trace si profonde. L'affluence des prêtres au grand séminaire fut donc considérable ; l'empressement que l'affection inspire, non moins que la grande réputation du prédicateur, les y attirèrent en grand nombre. L'attente ne fut pas trompée. M. Hamon se montra digne de son passé, et, malgré l'affaiblissement que l'âge amène, il sut, durant toute la retraite, captiver son auditoire, qui ne cessa de lui prêter l'attention la plus soutenue et la plus sympathique.

La *Semaine religieuse* de Clermont fit de cette retraite un compte-rendu d'où nous extrayons les lignes suivantes :

« Le prédicateur de la retraite pastorale, M. Hamon, avait été Supérieur du grand séminaire de Montferrand quelques années avant de devenir curé de Saint-Sulpice. Il avait passé quatre ans parmi nous. Vingt-quatre ans s'étaient écoulés depuis son départ. Son souvenir nous restait cher, et depuis longtemps nous désirions le revoir et l'entendre.

« Le voici enfin. Son visage a pâli, ses cheveux ont blanchi, son front s'est dépouillé. On dirait le saint curé d'Ars. Parle-t-il, nous retrouvons tout entier l'orateur de nos retraites du séminaire. Mêmes élans de cœur, même abondance de doctrine, même sûreté de mémoire, mêmes accents d'apôtre.

« Un respect profond de la parole sainte est la première loi de M. Hamon. Détails et ensemble, tout est préparé avec soin. L'inépuisable richesse du fond est distribuée dans un ordre parfait. La forme réunit la grandeur et la grâce, la simplicité et l'énergie, la correction et le goût. On sent l'écrivain dans ses discours, comme l'orateur dans ses écrits. Nul mélange profane. Chaque trait respire la sainteté de la source où il fut puisé. C'est la substance et la moelle des écrivains sacrés, des docteurs de l'Église, des grands théologiens, des auteurs ascétiques.

« La force et l'onction le caractérisent. A quelle hauteur il nous emporte, et quel horizon il déploie autour de nous dans ses considérations sur le divin sacrifice, sur le saint office, sur le zèle pour le salut des âmes! A quelles douces effusions il s'abandonne, dès qu'il s'agit de ses amis préférés, les pécheurs, les malades, les pauvres, les petits enfants! Quels sanglots dans sa voix, quand, avec les paroles mêmes de Jérémie, il nous montre la patrie abaissée et souffrante, et nous appelle à travailler, selon nos forces, à briser les chaînes que lui forgea l'impiété!...

« A la suite de chaque entretien, on éprouvait le regret de ne pouvoir graver en sa mémoire, ou plutôt en son cœur, jusqu'aux moindres paroles de ce qu'on venait d'entendre. Plusieurs disaient : Avec quel bonheur on lirait et on relirait ces excellentes choses présentées sous une forme aussi saisissante! Les discours et les conférences de M. Hamon formeraient un code complet des devoirs du sacerdoce. »

Parmi les prêtres présents à cette retraite, ceux qui avaient été, pendant leur séminaire, sous la direction de l'éloquent et pieux prédicateur, crurent devoir profiter de la circonstance pour lui donner un témoignage spécial de la vénération et de la reconnaissance filiale qu'ils lui avaient conservées. Ils se réunirent donc autour de lui pendant une récréation ; et l'un d'eux, M. l'abbé Chardon, élevé par la confiance de son évêque à la dignité de vicaire général, lui exprima en ces termes, au nom de tous, les sentiments dont ils étaient pénétrés pour leur supérieur d'autrefois :

« Monsieur le curé,

« Vos anciens séminaristes tiennent à vous exprimer le bonheur qu'ils éprouvent en vous revoyant au milieu d'eux.

« L'empressement avec lequel vous avez accueilli, malgré vos innombrables occupations et votre grand âge, l'invitation de notre vénérable évêque à venir prêcher la retraite nous a vivement touchés. Nous y avons vu la preuve que non seulement vous avez gardé de nous quelque souvenir, mais que vous n'avez point cessé de nous aimer.

« Votre position, durant les tristes événements de la capitale, nous a fait éprouver bien des anxiétés. Il y a eu un moment, et ce moment s'est cruellement prolongé, où nous ne pouvions ouvrir une feuille de journal sans y chercher votre nom, tremblant de l'y rencontrer.

« Le but des forcenés, qui se choisissaient des otages pour les vouer à la mort, étant de blesser au cœur les hommes religieux et les honnêtes gens, vous sembliez naturellement désigné un des premiers à leur fureur.

« La protection dont la Providence vous a couvert, ainsi que votre chère communauté, votre paroisse et toute la compagnie de Saint-Sulpice, ne saurait être, pour nous, plus manifeste.

« En nous rappelant ces périls, auxquels vous avez

miraculeusement échappé, en vous revoyant plein de vie et de force, et en entendant, après un quart de siècle, cette voix connue dont les accents renouvellent nos pieuses joies du séminaire, nous nous sommes sentis émus, et nos yeux se sont mouillés de larmes.

« Nos consolations présentes sont en proportion de nos inquiétudes passées, et jamais notre confiance ne fut plus douce et plus ferme qu'aujourd'hui.

« Dieu ne vous aura refusé la palme du martyre que pour vous accorder en échange la faveur d'être longtemps encore utile à ceux qui vous vénèrent et qui vous aiment, et de continuer la série d'œuvres saintes qui font vos délices.

« Qu'il en soit béni et qu'il en reçoive nos actions de grâce. »

M. Hamon répondit à ce discours avec effusion, remercia ses anciens élèves, les félicita du bon souvenir qu'ils gardaient de leur séminaire ; puis, les ayant tous embrassés, il leur donna, sur la demande expresse que lui en fit Mgr l'évêque, présent à cette scène, sa bénédiction.

Le 6 juin de l'année suivante, la communauté de Saint-Sulpice perdait, par la mort de M. de la Foulhouse, un de ses membres les plus dévoués et les plus utiles. Cette mort fut un sujet de deuil pour toute la paroisse. M. de la Foulhouse était à peine âgé de quarante ans, et il en avait passé quinze dans la communauté. Dès son début dans le ministère paroissial, il se sentit porté, comme par un attrait irrésistible, à s'occuper des jeunes gens dont la situation si pleine de périls, surtout à Paris, l'intéressait vivement. Ce fut principalement sous son inspiration que fut fondée l'*Œuvre de Notre-Dame des étudiants*, dont il a été parlé plus haut. M. de la Foulhouse en fit son œuvre de prédilection, s'y livra tout entier, et ne négligea rien pour en assurer le succès. Ses efforts ne furent pas vains. Dieu lui avait donné pour ce genre de ministère une aptitude très-remarquable ; il y trouva les plus précieuses consolations. Plein de devoûment et de tendresse pour les étudiants qu'il réunissait en grand nombre, il sut se les attacher à un degré extraordinaire, et il obtenait d'eux tout ce qu'il voulait. Les parents, témoins de l'ascendant qu'il avait su prendre sur leurs enfants et du bien qu'il leur faisait, l'avaient en grande estime, et sa mort fut pour eux un sujet de vifs regrets.

Plus que personne, M. le curé ressentit cette perte.

« Vraiment, écrivait-il le 5 juillet, la mort de M. de la Foulhouse a été pour nous, pour la religion, pour la jeunesse une perte indicible. Dieu l'avait destiné à être l'apôtre de la jeunesse, et il remplissait admirablement cette mission. On ne saurait dire le nombre de jeunes gens et d'hommes faits qu'il maintenait dans la pratique du bien. Dieu a trouvé qu'il en avait assez fait. Que son saint nom soit béni ! »

Hâtons-nous de dire toutefois que l'œuvre de ce digne prêtre n'a pas péri avec lui. Grâce à l'intelligence et au zèle des prêtres de la communauté, elle continue de produire les fruits les plus consolants.

Peu de temps après la mort de M. de la Foulhouse, M. le curé de Saint-Sulpice réalisa une autre œuvre qui ne devait pas être moins féconde en précieux résultats.

Depuis longtemps déjà on songeait à fonder un cercle catholique exclusivement réservé à la classe si nombreuse à Paris des employés qu'occupe le commerce et l'industrie. Il s'agissait d'abord de trouver un local, puis de les y réunir, et de leur procurer les moyens de passer leurs soirées sans dommage pour leur vertu, et pourtant d'une manière agréable. Après plusieurs essais qui n'avaient qu'imparfaitement réussi, on s'adressa à M. Hamon qui, comprenant l'importance d'un tel établissement, promit d'y donner son concours.

Il trouva rue Madame, 31, une maison attenante à un grand jardin, qui lui parut convenable et, sans s'arrêter à l'élévation du prix, 200,000 fr., somme à laquelle il faudrait ajouter 60,000 fr. pour frais de vente et d'appropriation, il se fit acquéreur de cet immeuble.

Le 1er novembre suivant, il bénit le nouveau cercle, et s'adressant aux membres déjà nombreux qui le composaient, il leur montra, dans un langage élevé, comment l'institution qu'il venait de consacrer à Dieu leur procurait un triple avantage dont ils avaient tous besoin : *un lieu de délassements honnêtes, une bonne société et l'instruction.*

L'œuvre devint bientôt prospère : « Ils sont déjà cent, écrivait-il le 5 juillet, et dans peu ils seront trois ou quatre cents. Ils se réunissent là tous les soirs. Nous les prêchons, nous leur faisons faire des retraites; nous tâchons d'en faire des chrétiens. Tous les dimanches, messe et sermon. »

En achetant la maison destinée au cercle des employés du commerce, M. Hamon avait un autre but bien digne aussi de sa charité, et, à ses yeux, d'une bien plus haute importance. Il voulait y fonder, pour la jeunesse des écoles publiques, et surtout pour les élèves en médecine, des répétitions destinées à contrebalancer l'enseignement matérialiste et athée, qui trop souvent leur est donné. Ce devait être le prélude et comme le premier essai des universités libres, si longtemps réclamées par les catholiques, et que nous avons aujourd'hui la consolation de voir se fonder sur plusieurs points de la France. Si M. Hamon n'a pas vu la réalisation de cette grande œuvre, il a eu du moins la gloire d'en avoir eu l'initiative.

Loin de diminuer avec les années, son activité semblait prendre chaque jour un nouvel essor. Aucune fatigue ne l'arrêtait; la vie et le mouvement étaient devenus son élément.

« Tout en lui, lisons-nous dans une note communiquée par un de ses anciens élèves, avait gardé sa jeunesse. Après un demi-siècle et plus d'une vie extrêmement remplie, c'était la même activité, la même facilité de composition et de travail, le même charme de conversation, la même fraîcheur de sentiment. Aux vacances dernières encore, et lorsque son mal le retenait au lit, j'ai passé avec lui les moments les plus délicieux. Esprit, cœur, imagination, tout s'éveillait et s'épanouissait à la fois.

« Jusque dans les jours qui précédèrent sa mort, et alors que l'intelligence était affaiblie, il gardait encore son charme…. La mémoire faisait défaut et s'embarrassait de toute sorte d'imaginations; mais la piété, l'humilité, la charité, la tendresse de cœur, et même un tour vif et piquant de l'esprit, se retrouvaient comme aux beaux jours. »

Ouvrier infatigable, le travail à l'intérieur de sa paroisse ne suffisait pas à l'ardeur de son zèle.

Le mardi 20 mai 1873, nous le trouvons à Chartres, où il conduisait en pèlerinage un grand nombre de paroissiens de Saint-Sulpice. Le vendredi suivant, il se rendait à Saint-Denis-de-Gâtines, séjour de sa belle-sœur, pour y prêcher la retraite de première communion à laquelle une de ses petites-nièces, sa filleule, devait prendre part. Malgré ses soixante-dix-huit ans, il partit de Paris le soir, arriva le lendemain matin à sept heures, et, après avoir dit la sainte messe, parla deux fois aux enfants dans la matinée, sans rien prendre jusqu'à midi. Le jour de la première communion, il parla cinq fois, dit la grand'messe et communia trois cents personnes, sans paraître ressentir aucune fatigue.

Mgr l'évêque de Laval arriva le soir, pour donner le lendemain la confirmation. Il ne connaissait qu'imparfaitement M. Hamon dont il avait, il est vrai, beaucoup entendu parler, mais qu'il n'avait vu qu'une seule fois. Heureux de l'occasion qui s'offrait à lui d'entretenir cet homme éminent, il lui adressa pendant le repas diverses questions qui amenèrent le digne curé à parler de sa paroisse, de ses œuvres, de son clergé. Il captiva tout le monde par le charme de sa parole, par l'intérêt de ses récits, et surtout par l'accent apostolique avec lequel il parlait de toutes choses. Le vénérable évêque, ravi de ce qu'il entendait, ne s'apercevait pas que les heures fuyaient, et il fallut l'avertir que le moment fixé par lui pour la retraite était dépassé. « Quel homme que M. Hamon ! disait-il ensuite. Si nous avions beaucoup de prêtres comme lui, la France serait bientôt renouvelée et régénérée. »

Son ministère terminé à Saint-Denis, il fit une courte apparition au Pas, et se hâta de rentrer à Paris, d'où il devait partir quelques jours après pour aller en pèlerinage à Paray-le-Monial. Il y célébra, le 20 juin, entouré d'un grand nombre de ses paroissiens, la fête du Sacré-Cœur. Un immense concours de pèlerins venus de tous les points de la France s'y trouvait réuni; la solennité dépassa par sa splendeur toutes les espérances, et ce triomphe décerné au divin cœur de Jésus remplit de joie l'âme du saint prêtre.

Quand tout fut terminé, M. le supérieur du grand séminaire d'Autun eut l'heureuse inspiration de le conduire au milieu de ses élèves, qui se trouvaient alors assemblés sous les cloîtres du presbytère, et le pria instamment de leur adresser quelques paroles. Il opposa d'abord un peu de résistance ; mais, tandis qu'il s'excusait, il se vit entouré d'une foule compacte de séminaristes, de prêtres et même de laïques qui debout, en silence, l'œil fixé sur lui, lui adressait par son attitude la même demande. Pressé par cette religieuse attention, il se rendit enfin.

Après quelques mots sur la grande manifestation qui venait d'avoir lieu, il s'appesantit sur la confiance que le cœur de Jésus doit inspirer à tous, mais surtout aux prêtres chargés du salut des âmes, que ce cœur adorable a tant aimées.

« Les temps, dit-il, sont mauvais. Le mal est partout;

il est profond ; et, pour les forces humaines, il est sans remède. Nous devons néanmoins le combattre sans hésitation et sans faiblesse ; car nous avons dans les mains une force supérieure à tout, la force même de Dieu, mise en action par le divin cœur. Il ne s'agit donc que de devenir les instruments de l'infinie miséricorde. Sachons prier, agir et souffrir, et nous triompherons de tout. Si le vide se fait autour de nous, si les pécheurs se dérobent à nos poursuites sacerdotales, il nous reste encore le soin des enfants. Par l'enfant, le prêtre aborde facilement la famille ; il ne peut trouver de plus aimable et de plus puissant introducteur. »

Il confirma ces considérations en exposant le bien qui se fait à Paris dans des conditions bien difficiles, et malgré des obstacles sans nombre. Il parla timidement de lui-même, de Saint-Sulpice, de ce grand peuple dont il avait la charge, et il assura qu'il n'avait pas eu deux fois la douleur de voir son ministère repoussé par les pécheurs mourants.

« Tout cela, lisons-nous dans le récit d'un témoin, était dit très-simplement. C'était sa belle âme qui s'ouvrait pour répandre le plus suave parfum de la charité. L'impression fut profonde ; elle a été durable. Nous n'oublierons jamais cette douce figure du vénérable curé de Saint-Sulpice parlant à de jeunes séminaristes du bon Dieu, de son amour, de sa miséricorde, des richesses de sa grâce. Les vieux cloîtres bénédictins de Paray virent rarement une scène plus touchante et plus digne du Sacré-Cœur de Jésus. On pensait à saint Jean répétant dans sa vieillesse le grand précepte du Seigneur. »

CHAP. XIV. — DERNIÈRES ANNÉES.

En se rendant à Paray-le-Monial, M. Hamon, supposant sans doute qu'il serait amené par les circonstances à prendre la parole devant les pèlerins assemblés, avait préparé un autre discours que nous trouvons dans ses notes. Les ratures et les renvois dont il est chargé montrent avec quel soin, jusque dans les derniers temps de sa vie, le digne curé se préparait à parler en public. Quoique ce discours n'ait pas été prononcé, il ne sera pas hors de propos d'en donner ici un aperçu.

Après avoir exalté le bonheur et la gloire de la petite ville de Paray, d'avoir été choisie par Notre-Seigneur pour être le berceau de la dévotion à son divin cœur, comparable en ce point à la ville de Bethléem, où il voulut naître, s'adressant aux pèlerins qui l'avaient suivi, il les exhorte à profiter de leur séjour dans un lieu si saint. Ils ont pour cela deux choses à faire : amende honorable au cœur de Jésus pour réparer le passé, conversion et prière pour préparer l'avenir.

L'orateur développe ces deux pensées, puis, ayant exhorté son auditoire à prier pour la France, il s'écrie :

« La France! Qui ne l'aimerait, cette chère France? C'est notre patrie, c'est notre mère ; c'est à elle que nous devons tout : et la vie, et le bien-être, et l'éducation, et la fortune, et nos parents, et nos maîtres. C'est notre présent et notre avenir ; c'est tout pour nous sur la terre. La France, c'est la grandeur dans l'abaissement, la majesté dans l'infortune, la puissance tutélaire de la religion, de l'Église, du Saint-Siège, de tout ce qui est bien. Que de titres, mes frères, à faire valoir auprès du cœur de Jésus! N'oublions pas surtout de lui dire tout ce que la France a fait pour lui. Après avoir été la première confidente du dessein qu'avait formé son amour de se faire connaître au monde, elle lui a fourni, pour l'exécuter, ses premiers apôtres. De la France, la dévotion au Sacré-Cœur s'est répandue sur tous les points du globe.

« O cœur adorable, que pourriez-vous refuser à qui a tant fait pour vous ? Laisserez-vous périr notre patrie, où, parmi tant de mal, il y a tant de bien ; où, parmi tant de méchants, il y a tant de bonnes âmes qui vous aiment, qui vous prient, qui sont venues ici, et qui y viendront encore supplier vos miséricordes ? Laisserez-vous périr Paris dont nous sommes les représentants et les envoyés ; Paris, le cœur de la France et du monde ; Paris, qui vous apporte ses bannières, et se prépare à vous élever sur le point culminant du mont des Martyrs une église monumentale, visible de tous les points de la cité, et d'où vous dominerez sur elle comme son seigneur et son maître ?

« Vous qui avez pleuré sur Jérusalem, écoutez nos prières et voyez nos larmes. Sauvez Paris, sauvez la France. Donnez à nos législateurs la lumière pour voir ce qu'il faut faire ; aux magistrats, la sagesse et la force pour l'exécuter ; aux peuples, l'esprit d'obéissance et de soumission ; à tous l'esprit chrétien, sans lequel se perdent les gouvernements et les peuples...

« Nous n'attendons rien de notre propre justice ; nous n'attendons rien même ni de notre vaillance, ni de notre habileté. Nos soldats ont combattu, et ils ont été vaincus. L'élite de la nation s'est rassemblée ; elle a cherché le remède à nos maux et n'a pu encore le trouver. Notre unique ressource est donc de lever les yeux vers vous : *Hoc solum habemus residui, ut oculos nostros dirigamus ad te.....*

« Il ne s'agit pas seulement ici, Seigneur, de notre cause ; il s'agit de la cause même de la religion, qui s'identifie avec celle de la France. Notre triomphe sera le triomphe de l'Église qui, humainement, ne peut être sauvée que par nous.

« Pie IX l'a dit, l'univers le répète, l'expérience le confirme : tant que la France fut grande, l'ombre de son drapeau protégea l'Église par toute la terre. Depuis qu'elle est tombée, toutes les missions en ont ressenti le terrible contre-coup. Que de missionnaires ont été chassés au cri sinistre : *La France n'est plus !* A nos portes mêmes, qu'avons-nous vu ? Les évêques exilés, les prêtres persécutés, la religion outragée, parce que la France, protectrice des intérêts catholiques, n'était plus là pour les défendre. O cœur adorable, sauvez la France pour sauver l'Église !..... »

Quelques semaines après le pèlerinage de Paray-le-Monial, M. Hamon se rendit de nouveau à Chartres, où Mgr l'évêque l'avait appelé pour prêcher la retraite pastorale. Son attrait pour ce genre de ministère n'avait point diminué, et il s'y prêtait toujours volontiers. La tendre dévotion dont il n'avait jamais cessé de faire profession, fidèle en cela aux traditions de Saint-Sulpice, pour Notre-Dame de Chartres, lui fit accepter avec bonheur la tâche, lourde cependant pour un vieillard de soixante-dix-huit ans, qui lui était proposée. Cette retraite ecclésiastique est la dernière qu'il ait prêchée. L'infatigable prédicateur terminait ainsi, aux pieds mêmes de la très-sainte Vierge, le cours de ses travaux apostoliques, dont il ne devait pas tarder à recevoir dans le ciel la récompense. Au reste, il obtint à Chartres un succès complet, le plus complet même peut-être qu'il eût encore obtenu. Le prestige de l'âge, l'éclat d'une vie sacerdotale si bien remplie, le souvenir encore récent des dernières épreuves, contribuèrent à donner à sa parole une force et une puissance inaccoutumées. La retraite fut excellente, et le pieux évêque en adressa avec effusion à l'orateur ses remercîments et ses félicitations.

Cependant, quelque forte que fût la constitution de M. Hamon, tant de travaux et d'émotions, joints au poids des années, avaient fini par l'ébranler. Jusque-là, sauf des douleurs rhumatismales, pour lesquelles, à trois reprises différentes, il fut contraint de quitter sa paroisse pour prendre les eaux, et quelques atteintes de catarrhe qui ne l'arrêtaient pas, et dont il prétendait se guérir en prêchant, sa santé avait été parfaite. Malgré des travaux incessants et presque incroyables, un déploiement d'activité qui ne connaissait ni repos ni relâche, ses forces n'avaient pas diminué. Le bon curé était tout fier de se sentir, à soixante-dix-huit ans, aussi alerte et aussi vigoureux qu'il l'était à quarante, et il se glorifiait volontiers d'être le plus valide de sa communauté.

L'affaiblissement, premier prélude de la mort qui ne devait pas tarder à venir, commença à se faire sentir au commmencement de l'année 1873. L'appétit devint moins vif, la respiration plus courte, la marche plus lente. Les digestions étaient pénibles, et accompagnées de douleurs qui duraient des heures entières après les repas, et semblaient se localiser dans les entrailles.

M. Hamon, homme de la règle et du devoir jusqu'au bout, n'en continua pas moins à se lever avant cinq heures, à assister à l'oraison commune, à dire tous les jours la messe de paroisse à huit heures, à présider les réunions des œuvres charitables, à aller au confessionnal, à visiter même les malades, autant que ses forces le lui permettaient.

Les médecins consultés prescrivirent divers remèdes; mais tout fut inutile, et loin de diminuer, le mal qui minait sourdement sa vie semblait faire chaque jour des progrès nouveaux. On crut qu'un repos de quelques semaines au pays natal serait salutaire, et on lui conseilla de prendre ce soulagement. Le malade y consentit, et au mois de juin 1874, il quitta Paris pour aller prendre, dans sa famille, les plus longues vacances qu'il se fût encore accordées depuis qu'il était curé.

Il se rendit d'abord au Pas, lieu de sa naissance. La maison qui avait été autrefois le foyer domestique de la famille, et où M. Hamon avait passé son enfance, était alors occupée par Mlle Dubourg, sa parente. Cette pieuse femme professait pour M. Hamon un véritable culte; elle fut donc au comble du bonheur de le recevoir chez elle, et lui prodigua, de concert avec son excellent frère, accouru de Mayenne à la nouvelle de l'arrivée du saint prêtre, tout ce que l'affection et le respect peuvent inspirer d'attentions délicates et de soins empressés.

M. Hamon avait le cœur trop tendre pour n'être pas touché et reconnaissant de tout ce qu'on faisait pour lui;

nous en trouvons dans ces lettres de précieux témoignages. Toutefois, ce dernier voyage dans son pays natal ne lui causa qu'une joie bien mélangée. Aux douleurs cruelles d'un mal qui le conduisait lentement au tombeau, vinrent s'ajouter des souvenirs pleins de tristesse, qui attendrissaient son cœur et faisaient couler ses larmes. Tout jusqu'aux moindres objets contribuait à les réveiller en lui. Voyant un jour la table autour de laquelle se prenait autrefois le repas de famille : « La vue de cette table me fait mal, dit-il d'une voix émue ; hélas ! tous ceux avec lesquels je m'y suis si souvent assis ont disparu. Aujourd'hui la maison est vide ; je suis resté tout seul. Tout est mort. »

Sa famille de Saint-Denis-de-Gâtines voulait aussi le posséder. Il s'y rendit, après une semaine environ de séjour au Pas, et y reçut un accueil non moins affectueux de la part de la veuve de son frère et de ses enfants.

Huit ou dix jours après son arrivée, un grand pèlerinage organisé par ses soins se rendait de Saint-Sulpice à Notre-Dame de Lourdes. Il avait vivement désiré en faire partie ; mais les médecins s'y opposèrent absolument. Il dut se contenter d'y faire porter par les pèlerins une statuette d'argent qui le représente tenant entre ses mains l'église de Saint-Sulpice qu'il offre à la très-sainte Vierge, avec cette inscription : « André Hamon, douzième successeur de M. Olier, en la paroisse de Saint-Sulpice à Paris, consacre sa paroisse à Notre-Dame de Lourdes. — 16 juin 1874. »

Il se dédommagea d'une autre manière encore de la privation qu'il fut contraint de s'imposer en cette circonstance, en prenant part au pèlerinage que la paroisse de Saint-Denis, M. le curé en tête, fit à Pontmain le 17 juin. Une nouvelle statue destinée à remplacer l'ancienne sur le lieu de l'apparition devait y être bénite. Bien que très-souffrant, et quoique la distance à parcourir fût de vingt-deux kilomètres, il voulut être du voyage; et, pour la consolation des pieux fidèles, présents au nombre de deux mille, il célébra la messe dans un oratoire dressé en plein air sur une estrade élevée. La piété qu'il fit paraître, jointe à son état de faiblesse, édifia tout le monde, et bien des personnes, en le voyant à l'autel, ne purent retenir leurs larmes.

La messe terminée, il se trouva si fatigué, qu'il fallut le conduire dans un appartement, où il se reposa jusqu'à trois heures. A ce moment on sonna les vêpres. Il y assista, puis retrouva assez de force pour bénir la statue, et pour adresser à la nombreuse assistance quelques paroles qui furent parfaitement entendues.

Cette journée de fatigue parut un instant avoir produit sur M. Hamon une révolution favorable. De retour à Saint-Denis, il se trouva mieux : « Je suis guéri, dit-il le lendemain; je n'ai pas ressenti la moindre douleur cette nuit; je l'ai passée tout entière dans mon lit. » Hélas! c'était une illusion. Les douleurs ne tardèrent pas à revenir, et le malade, voyant que le repos et les soins de la famille ne ne le soulageaient pas plus que les remèdes, se décida à quitter Saint-Denis.

Il rentra avec bonheur dans sa communauté pour la fête de saint Pierre, un des patrons de la paroisse Saint-Sulpice. Le nonce apostolique, assisté de plusieurs évêques, devait officier ce jour-là. M. Hamon lui fit, comme s'il eût été en pleine santé, les honneurs de son église et de sa table, et se montra, plus encore qu'à l'ordinaire, aimable et bon.

Néanmoins, son état devenait de plus en plus grave. Le repos sur lequel on avait compté n'avait produit aucune amélioration, et le mal faisait de jour en jour de nouveaux progrès. Les paroissiens et les nombreux amis de M. Hamon constataient, avec une vive douleur, l'affaiblissement lent, mais continu, de ses forces, et ne pouvaient se dissimuler qu'une catastrophe était imminente. Rien ne fut épargné pour l'arrêter, et c'était à qui trouverait quelque moyen de soulager le vénérable malade. Une excellente dame, sa pénitente, craignit qu'un régime de communauté ne convînt pas à son estomac fatigué ; elle lui demanda en grâce la permission de lui faire apprêter elle-même ses repas. M. Hamon, par dessus tout homme de communauté et de règle, refusa.

Jusqu'au mois de juillet, la cause du mal, qui se révélait par de si alarmants symptômes, était demeurée inconnue. Un habile spécialiste de Paris (1) crut d'abord à une dyspepsie, et employa en vain, pour la combattre, toutes les ressources de l'art. Un examen plus attentif lui révéla enfin le terrible secret. Il déclara, dans une consultation écrite, qu'il n'avait pu, à la vérité, reconnaître par le tact aucune tumeur, mais que l'existence d'un cancer à l'estomac était pour lui absolument certaine. Ce diagnostic, qui ne laissait aucun espoir de guérison, ne le trompait point ; c'était bien en effet un

---

(1) M. le docteur Hardy.

cancer dont les développements progressifs occasionnaient depuis plus d'un an à M. Hamon de si atroces douleurs.

Sans dire au malade le mot fatal, on lui fit comprendre la gravité de sa situation. Il reçut cette annonce sans émotion, rédigea d'une manière définitive son testament, régla toutes ses affaires, et donna à ceux qui l'entouraient les instructions nécessaires pour les traiter quand il ne serait plus. « Je n'ai plus rien dans ma bourse que l'argent des pauvres, dit-il ; ce m'est une grande consolation de mourir pauvre. »

A partir de cette époque, les douleurs devinrent extrêmes. Le malade ne sortait guère que pour dire sa messe, et, rentré chez lui, il demeurait tout le jour plutôt affaissé qu'assis sur son fauteuil. Il retrouva pourtant son énergie et ses forces pour accomplir un grand acte de charité pastorale, qui fut comme le dernier effort de son zèle.

Il était depuis longtemps lié d'amitié avec un médecin distingué de sa paroisse, homme recommandable par sa science, par son honorabilité, surtout par sa charité pour les pauvres, mais auquel, malheureusement, la pratique religieuse faisait défaut. On vint lui dire que le docteur, atteint d'une maladie grave, touchait à la fin de sa vie. A cette nouvelle, il n'hésite pas, et, oubliant ses propres souffrances, il se rend à la maison du malade. Il ne put être reçu, et revint au presbytère tout triste de l'inutilité de sa démarche. Cette visite ne devait pas néanmoins être infructueuse. Le docteur connaissait l'état de souffrance de son saint curé ; apprenant le témoignage d'intérêt qu'il venait de lui donner, il en fut profondément ému et demanda avec instance à le voir. On s'empressa d'en porter la nouvelle au bon curé qui, plein de joie, retourna chez son paroissien, avec lequel il passa environ vingt minutes, revint à l'église prendre le saint-sacrement et les saintes huiles, administra le malade et le prépara à bien mourir. Pénétré de reconnaissance pour son digne pasteur, et tout heureux des consolations chrétiennes qu'il avait reçues de lui, le docteur laissa comme souvenir à M. le curé une belle toile représentant Notre-Seigneur portant sa croix.

Nous avons dit que, malgré ses souffrances, M. Hamon continuait de dire la sainte messe ; mais il n'y parvenait qu'au moyen des plus pénibles efforts. Souvent le matin, quand il descendait de sa chambre, on l'entendait dire avec une simplicité douce et résignée : « Je croyais bien que c'était ma dernière nuit. En ce moment même, je vais monter au saint autel, sans être bien sûr d'avoir la force de finir la sainte messe. » Il faisait alors avec beaucoup de fatigue le trajet du presbytère à l'église, où il arrivait exténué. Il s'habillait lentement, se reposait sur un siège à la sacristie, et là, les mains jointes et recueilli en Dieu, il attendait que l'heure sonnât.

Bien que réduit à un tel état de faiblesse, il ne voulait pas permettre qu'on le soutînt quand il allait à l'église, ou qu'il en revenait, ni même qu'on l'accompagnât. Un jour, qu'il paraissait plus accablé, un domestique lui offrit le bras pour le conduire : « Mon ami, lui dit-il en le remerciant, Notre-Seigneur ne s'est appuyé sur le bras de personne pour aller au calvaire. » Dans les derniers jours seulement, il fut contraint d'accepter ce soulagement.

CHAP. XIV. — DERNIÈRES ANNÉES.

On lui proposa de dire la messe non à l'église, mais dans l'oratoire privé de la communauté ; et certes, une exception si légitime à la règle n'eût scandalisé personne et n'eût pu tirer à conséquence. Mais, quoi qu'on pût lui dire, il fut impossible de le déterminer à déroger en cela à la pratique du presbytère : « Lorsque, répondait-il, je ne pourrai plus aller dire la messe à l'église, je n'aurai plus la force de la dire à la communauté. »

A certains jours, il se sentait si fatigué qu'il disait en rentrant à ses confrères : « Mes chers amis, je ne croyais pas qu'on pût tant souffrir. » Parfois, la douleur était d'une violence telle qu'il croyait toucher à sa fin. Dans une de ces affreuses crises, il dit à l'un de ses prêtres, avec lequel il vivait dans une grande intimité : « Je crains que vous ne me laissiez mourir sans que j'aie reçu l'extrême-onction. »

Ainsi peu à peu le mal s'aggravait, les accès devenaient plus fréquents et plus douloureux, et l'on sentait que l'heure de la suprême immolation n'était pas éloignée.

Le 27 octobre, M. le curé put à peine achever le saint sacrifice. De retour à la communauté, il demanda à se mettre au lit, et, bientôt après, s'adressant à ceux qui l'entouraient : « Je ne sortirai plus d'ici, dit-il ; je sens que je suis au bout de la vie. »

CHAPITRE XV

Mort et obsèques.

En effet, le lendemain 28 octobre, le malade se trouva dans un tel état de faiblesse qu'il dut renoncer à dire la messe et même à se lever. C'était la première fois que, depuis sa maladie, il se voyait privé de la consolation de monter au saint autel; et désormais, cette faveur, si précieuse pour le bon prêtre, ne devait plus lui être accordée. Il en fit à Dieu le sacrifice comme de tout le reste; mais ce fut pour lui le sujet d'une grande tristesse. Se croyant proche de sa fin, il demanda lui-même l'extrême-onction; on ne crut pas devoir s'opposer à ce désir, et il fut réglé que le jour suivant, 29 octobre, ce sacrement lui serait administré.

Ce fut M. le directeur de la communauté qui lui rendit ce douloureux devoir. Étaient présents : M. Caval, supérieur général de Saint-Sulpice, tous les membres de la communauté, les directeurs du séminaire, les prêtres de la paroisse et MM. les fabriciens.

Lorsque les prières de l'Église furent terminées, M. le curé, recueillant ce qui lui restait de forces, voulut adresser quelques paroles aux assistants qui fondaient en larmes.

Après les avoir remerciés avec cette effusion de cœur qui lui était naturelle, il rendit grâce à Dieu de ce qu'il l'avait appelé à entrer dans la compagnie de Saint-Sulpice, dans laquelle il s'estimait heureux de mourir. Il pria pour elle et conjura Notre-Seigneur de la bénir. Il pria aussi pour sa chère paroisse de Saint-Sulpice, et demanda à Dieu, avec une humilité touchante, un successeur qui réparât ses fautes et suppléât à ce qu'il n'avait pu faire. Il pria ensuite ceux qu'il aurait pu contrister de lui pardonner, ajoutant que, pour lui, il n'avait à leur égard d'autre peine que celle de les quitter.

Puis, comme si désormais la terre lui eût été étrangère, il se mit à parler du ciel dans un langage tout angélique, exprimant le désir et l'espoir d'y aller bientôt, et donnant rendez-vous, dans ce bienheureux séjour, aux personnes qui entouraient son lit.

Les prêtres présents à cette scène attendrissante s'approchèrent alors l'un après l'autre du pieux malade. Chacun d'eux reçut de lui une parole, un signe particulier de fraternelle affection, et tous se retirèrent émus, mais en même temps profondément consolés et édifiés de ce qu'ils venaient de voir et d'entendre.

Quelques fabriciens qui n'avaient pu être présents à ces touchants adieux du pasteur, qu'ils vénéraient comme un saint et qu'ils aimaient comme un père, vinrent le lendemain lui demander sa bénédiction.

Cependant la mort n'était pas aussi prochaine qu'on l'avait cru d'abord. Les souffrances de M. Hamon devaient se prolonger encore plus de six semaines, durant lesquelles la victime se consuma peu à peu dans une longue agonie, donnant à tous le plus touchant spectacle de piété, de patience et de charité.

Le bruit du danger où se trouvait M. le curé de Saint-

Sulpice ne tarda pas à se répandre, et bientôt, non seulement de la paroisse, mais de tous les quartiers de Paris, les visiteurs affluèrent au presbytère pour se faire inscrire, et pour avoir des nouvelles du vénérable malade. Toutes les classes rivalisèrent à cet égard d'empressement, et l'on vit alors de quelle immense popularité jouissait M. Hamon dans toute la capitale.

Plusieurs fois, le cardinal archevêque de Paris, qui l'avait en singulière estime, le visita sur son lit de douleur. Le cardinal de Bonnechose, archevêque de Rouen, des archevêques et des évêques présents à Paris, vinrent également le voir; et souvent, dans le cours de sa maladie, S. Exc. le nonce apostolique envoya demander de ses nouvelles.

On avait sollicité et obtenu pour lui la bénédiction du Saint-Père. Il la reçut avec le sentiment profond de filiale gratitude qu'on devait attendre de sa tendre vénération pour l'auguste chef de l'Église.

Pendant quelques jours encore, il put continuer à dire son bréviaire, intégralement ou en partie, selon que ses forces le lui permettaient, et il n'omit l'accomplissement de ce devoir sacré que lorsqu'il lui fut devenu absolument impossible. Le bréviaire est pour le bon prêtre un compagnon et un ami dont il ne se sépare qu'avec un véritable déchirement de cœur. M. Hamon sentit vivement ce déchirement. Comme il en exprimait sa peine à l'un de ses prêtres, celui-ci lui conseilla de suppléer à ce qu'il ne pouvait plus faire vocalement, par de fréquentes aspirations mentales vers Dieu : « Oh ! oui, répondit-il, je parle à Dieu; je le fais tout le jour. »

Afin de s'unir plus parfaitement d'esprit et de cœur à la prière publique de l'Église, il voulait que chaque jour on lui fît connaître le saint dont on récitait l'office. Ce souvenir le consolait et faisait naître dans son âme mille sentiments pieux : « Ah! disait-il un jour, qu'il m'est doux de penser que tous ces saints, dont nous célébrons chaque jour la fête, que la très-sainte Vierge, que le bon Dieu lui-même, je vais bientôt les voir en paradis! »

La pensée du ciel était une de celles dont l'expression se retrouvait le plus souvent sur ses lèvres.

« Pauvre chère paroisse de Saint-Sulpice, dit-il un jour, comme je la recommanderai au bon Dieu, quand je serai devant lui! »

On le vit un jour étendre les mains, comme s'il eût demandé quelque chose : « Que désirez-vous, monsieur le curé? lui dit le prêtre qui l'assistait. — Ce que je désire? Ah! plus rien que le ciel! Le ciel, le ciel! Oh! qu'il s'ouvre donc devant moi! »

Comme on lui disait que peut-être, avant d'aller au ciel, il lui faudrait passer par l'expiation du purgatoire : « Comme il plaira à Dieu, répondit-il, aussi longtemps qu'il le voudra. »

Lorsque sa pensée revenait sur la terre, c'était pour s'occuper de ce qu'il avait uniquement aimé. Son bonheur était de s'entretenir avec ses prêtres de ce qui se faisait à l'église, et des œuvres de charité auxquelles il s'était dévoué avec tant de zèle. Il priait et offrait à Dieu ses souffrances pour ses paroissiens, pour les malades, pour les pécheurs, pour sa communauté.

Le cardinal achevêque permit que chaque dimanche la

messe fût dite dans la chambre du malade, qui y communiait. Les autres jours de la semaine, un de ses prêtres lui apportait régulièrement la sainte Eucharistie. C'était sa plus douce consolation, et le bonheur de recevoir son Dieu lui faisait oublier ses souffrances pour des heures entières. Les tressaillements d'amour qu'il ressentait alors se traduisaient par la joie toute céleste qui rayonnait sur son visage, et par les paroles enflammées que son cœur laissait échapper.

Il ne manquait jamais, après avoir communié, au devoir de l'action de grâces. D'ordinaire, un petit nombre de personnes amies étaient admises à assister à la messe qui se disait dans sa chambre ; M. Hamon ne les laissait pas sortir sans leur dire quelques paroles qu'elles recueillaient avec bonheur ; mais il ne le faisait qu'après avoir achevé son action de grâces.

Une fois pourtant la charité le porta à déroger à cette règle. Dans une de ses dernières communions, après avoir reçu Notre-Seigneur, il se recueillit comme à son ordinaire, et les yeux fermés pria quelque temps en silence ; mais bientôt, ouvrant les yeux, il aperçut à quelque distance de son lit des personnes qui attendaient, pour lui parler, qu'il eût terminé : « Approchez, leur dit-il ; il est bien vrai que l'action de grâces pour une communion devrait durer toute la vie ; mais nous la continuerons au ciel. »

Le 21 novembre, fête de la Présentation de la sainte Vierge, jour où l'on fait au séminaire la rénovation des promesses cléricales, M. Hamon, uni de cœur à la pieuse cérémonie, communia avec une ferveur tout extraordinaire.

Le prêtre qui lui avait donné Notre-Seigneur lui présenta le saint ciboire, en disant : « *Dominus, pars hæreditatis meæ et calicis mei :* le Seigneur est la portion de mon héritage et de mon calice. — *Tu es qui restitues hæreditatem meam mihi :* c'est vous, Seigneur, qui me rendrez mon héritage, » ajouta avec transport le saint malade.

Un jour, dans l'abandon d'un épanchement intime, quelqu'un lui demanda s'il n'éprouvait pas un peu de crainte à la pensée de la mort. « Pourquoi, répondit-il, craindrais-je la mort ? Jésus-Christ qui me jugera, a toujours été mon meilleur ami. »

Dans une autre circonstance, il reçut la visite d'un ami qu'il affectionnait beaucoup. Heureux de le revoir, il s'entretint longtemps avec lui, au point que celui-ci crut devoir, en se retirant, s'excuser de la fatigue qu'il avait pu lui occasionner : « Oh ! non, dit-il, rassurez-vous ; les choses du cœur ne me fatiguent jamais. »

Au milieu des souffrances qu'il endurait, une douce consolation lui fut ménagée. Il avait au couvent des Dominicains de Toulouse un parent dont il s'était constamment montré le père. Apprenant que le 30 novembre, fête de saint André, ce jeune homme allait être ordonné prêtre, il témoigna le désir de le voir avant de mourir. Les supérieurs s'empressèrent d'accéder au vœu du saint malade, et, quelques jours après son ordination, le nouveau prêtre était au presbytère de Saint-Sulpice. M. Hamon voulut recevoir de sa main la sainte communion, et, dans les entretiens qu'il eut avec lui, il se livra aux épanchements de l'affection la plus tendre. On eût dit que cette visite apaisait ses souffrances. Cependant, le moment fixé pour le retour arriva. Un départ, dans de telles circonstances, devait être douloureux pour l'un et pour l'autre ; on proposa donc au malade de télégraphier pour obtenir que la permission fût prolongée de quelques jours. Mais, dans son amour pour l'ordre et pour l'obéissance, il refusa d'y consentir, et voulut offrir à Dieu ce dernier sacrifice. C'était quatre jours seulement avant sa mort.

Dieu a souvent permis que ses saints, aux approches de la dernière heure, fussent tourmentés de peines et d'angoisses cruelles. M. Hamon n'échappa pas à cette épreuve.

Durant les premières semaines qui suivirent la cérémonie des derniers sacrements, les douleurs qu'il souffrit dans son corps furent poignantes ; mais le calme et une douce sérénité régnaient dans son âme : Dieu lui faisait sentir la joie de sa présence. Tout à coup cet état de paix intérieure disparut, pour faire place à une violente tempête, qui se prolongea longtemps, et qui causa à l'âme du pauvre malade une torture cruelle. Les nuits surtout se passaient dans des agitations étranges qu'on avait beaucoup de peine à calmer. Dans ces douloureux moments, son esprit, d'ordinaire si net et si limpide, était obscurci et comme plongé dans les ténèbres.

« Alors, dit le témoin oculaire qui nous a fourni ces détails, le moyen que sa foi lui suggérait pour ne pas succomber au découragement, c'était l'obéissance.

« Tenez, nous dit-il un jour, je le sens, ma tête s'en va. Mais j'ai confiance en vous. Je vous en prie, dites-moi bien ce que je dois faire, et je m'y conformerai.

« Il le fit en effet.

« Dans les dernières semaines de novembre, les épreuves devinrent plus pénibles. Un jour, vers quatre heures du matin, il nous fit appeler, en nous conjurant d'avoir pitié de lui. Et comme nous nous excusions des conseils que nous avions à lui donner, pour ramener la paix dans son cœur :

« Ah! répondit-il, dites-moi toujours la vérité jusqu'à la fin. J'en ai si grand besoin (1)! »

A ces peines intérieures succéda une sorte de délire qui, durant les quinze derniers jours, ne le quitta presque plus. Mais, jusque dans les divagations d'un esprit que la violence du mal privait de la pleine possession de lui-même, on retrouvait encore le saint prêtre. « Mon amour est le poids qui m'entraîne, » a dit saint Augustin : *Pondus meum, amor meus*. M. Hamon n'avait jamais aimé que Dieu, Notre-Seigneur, la sainte Vierge, l'Église, les âmes. Ces objets avaient absorbé sa vie tout entière ; c'était sur eux aussi que sa pensée retombait sans cesse comme de son propre poids.

Quelquefois il demandait ses vêtements pour s'habiller. Il voulait aller dans son église, au confessionnal, en chaire, se livrer aux exercices ordinaires de son zèle pastoral : « Mes confrères travaillent, dit-il, et moi je ne fais rien. Je veux travailler aussi. »

Ou bien il priait qu'on lui remît son bréviaire. Quand il l'avait entre les mains, il le serrait amoureusement sur son cœur, et, pendant qu'il le tenait, ses lèvres murmuraient silencieusement des prières.

---

(1) *Les derniers jours de M. Hamon*, par un prêtre de la communauté de Saint-Sulpice, p. 25-26.

Cependant le moment approchait où le sacrifice allait se consommer. La victime, sanctifiée par de si longues souffrances, était prête à recevoir le dernier coup; la vie s'éteignait peu à peu, et, d'un instant à l'autre, le dénoûment, désormais inévitable, pouvait se produire.

La dernière semaine, le malade ne prenait plus que quelques cuillerées de liquide. Sa parole était moins distincte. Le sang se décomposait, et l'infiltration séreuse, qui se faisait depuis plus de trois mois, devenait tellement abondante que son corps en était tout enflé. L'eau remplissait la poitrine, et l'asphyxie était imminente. M. le curé reconnaissait pourtant encore ceux qui l'entouraient; il comprenait même ce qu'on lui disait, et il témoignait sa joie lorsque les personnes qui l'assistaient récitaient les actes de foi, d'espérance et de charité, prononçaient les saints noms de Jésus, Marie, Joseph, lui rappelaient un mot de la sainte Écriture, lui suggéraient une invocation pieuse. Son esprit était toujours ouvert à ces lumières de la parole sainte, son cœur toujours accessible aux sentiments de la piété. On lui disait de temps en temps : *Sursum corda*, et ses yeux élevés vers le ciel répétaient avec une expression touchante cette aspiration. Quelques minutes avant sa mort, il s'unissait encore par des signes aux actes qu'on s'efforçait de lui faire produire.

Enfin cinq ou six aspirations très-prolongées annoncèrent le dernier effort de la vie, et, aussitôt après, M. Hamon expira doucement, sans convulsion, et comme s'il se fût endormi, le mercredi 16 décembre 1874, à quatre heures et demie du soir. Il était âgé de soixante-dix-neuf ans et sept mois. Une heure après, la grosse cloche de Saint-Sulpice annonçait à la paroisse qu'elle venait de perdre son saint pasteur, et, quoique attendue, cette nouvelle émut douloureusement les pieux paroissiens ; on se la répétait tristement les uns aux autres. « Notre bon curé est mort, » se disait-on en s'abordant, et il semblait, à l'accent qui accompagnait ces paroles, que chaque paroissien eût perdu un de ses proches.

Le lendemain, lorsqu'on embauma le corps, on fit d'abord l'autopsie pour extraire le cœur. On ouvrit même l'estomac, et l'on constata que toute la partie dorsale de cet organe était couverte à l'intérieur de taches cancéreuses. Le diagnostic du docteur se trouva ainsi pleinement justifié, et la cause des longues et cruelles souffrances du défunt devint manifeste.

Après l'embaumement, le corps revêtu, selon les prescriptions du rituel, des habits sacerdotaux de la messe, fut exposé dans le grand parloir, transformé en chapelle ardente, sur un lit d'une très-grande simplicité. Les quatre murs étaient tendus de noir. Quelques cierges brûlaient autour du modeste catafalque, et l'estrade était garnie de couronnes que la piété des fidèles y avait déposées.

Le vénéré pasteur resta ainsi exposé le vendredi, le samedi et le dimanche. Il fut visité durant ce temps, le dernier jour surtout, par des milliers de personnes de tout rang, entre lesquelles les ouvriers et les pauvres n'étaient pas les moins nombreux. Des prêtres, des religieux se joignirent à la foule pour venir prier aux pieds du lit funèbre.

« Quelle vie bien remplie ! Quelle sainte vie ! Nous

pensons plus encore à le prier qu'à prier pour lui. »
Telles étaient les paroles que l'on entendait sortir de toutes
les bouches.

Les prêtres de la communauté se partagèrent les heures
de la nuit pour veiller auprès du corps. Les élèves du
séminaire de Saint-Sulpice, qui les remplaçaient pendant
le jour, étaient sans cesse occupés à faire toucher aux
restes du bien-aimé pasteur les médailles, les croix, les
chapelets que les pieux fidèles leur présentaient.

Le 21, à huit heures du matin, le corps fut mis dans
un cercueil de plomb par l'embaumeur lui-même,
M. Gannal, aidé des prêtres de la communauté. On
récita ensuite le *De profundis*, et le couvercle fut placé et
soudé.

Deux heures après, le convoi quittait le presbytère.
Conformément au désir exprimé par les paroissiens, il
parcourut les rues de Vaugirard, de Tournon, de Saint-
Sulpice et fit le tour de la place. Les deux neveux de
M. Hamon, les prêtres de la communauté, du séminaire
et de la paroisse, MM. les membres du conseil de
fabrique, conduisaient le deuil. Partout, sur le passage
du cortége, la foule s'arrêtait silencieuse, et les hommes
se découvraient respectueusement. Sauf les chants de
l'église, la croix et les ornements sacrés, qu'on dut supprimer, pour obéir aux réglements de la police, ce fut une
véritable procession religieuse.

Son Eminence M\ :sup:`gr` le cardinal archevêque de Paris
daigna assister aux obsèques. Autour de lui, dans le
sanctuaire, prirent place plusieurs évêques, les vicaires
généraux de Paris et le secrétaire du nonce. Le chœur

était occupé par MM. les chanoines de la métropole, MM. les curés de Paris, un grand nombre de prêtres et de religieux et les élèves du séminaire. La municipalité du sixième arrondissement avait fait avertir, dès qu'elle eut appris la mort de M. le curé, qu'elle assisterait au service : des places lui furent assignées dans la nef. Les prêtres de la communauté, du séminaire et de la paroisse priaient autour du catafalque.

M. l'abbé Lagarde, vicaire général et archidiacre de Sainte-Geneviève, célébra la messe pendant laquelle on fit lecture de la lettre adressée par Mgr l'archevêque à son clergé, à l'occasion de la mort de M. Hamon.

Son Éminence s'était réservé de faire l'absoute.

Le corps fut ensuite porté processionnellement à la chapelle de la Sainte-Vierge, où on donna l'eau bénite ; puis on le descendit dans les cryptes de l'église où, jusqu'à trois heures, les fidèles purent encore le visiter.

Aujourd'hui, il repose dans le cimetière privé des prêtres de Saint-Sulpice, à Issy, à l'ombre de la pieuse chapelle de Notre-Dame-de-Lorette, au milieu de ses frères et de ses anciens maîtres. Les nombreuses couronnes qui recouvrent sa modeste tombe, et la font reconnaître entre toutes les autres, témoignent assez que les paroissiens de Saint-Sulpice n'ont point oublié le pasteur qui les aima si tendrement, l'apôtre qui se dévoua avec tant de générosité au salut de leurs âmes, le bon prêtre qui, durant tout le cours de son long ministère, fut pour eux un modèle accompli de toute vertu et de toute sainteté.

Nous croyons être agréable à nos lecteurs en reproduisant ici les deux lettres écrites à l'occasion de la mort de M. Hamon par Leurs Éminences le cardinal Guibert, archevêque de Paris, et le cardinal Mathieu, archevêque de Besançon. C'est le plus beau couronnement que puisse recevoir la vie de ce saint curé.

LETTRE DE SON ÉMINENCE LE CARDINAL-ARCHEVÊQUE DE PARIS A SON CLERGÉ, A L'OCCASION DE LA MORT DE M. ANDRÉ HAMON, CURÉ DE SAINT-SULPICE.

« Paris, le 17 décembre 1874.

« Monsieur le curé,

« Un malheur, que nous redoutions depuis plusieurs semaines, vient d'ajouter un nouveau deuil à ceux qui ont si tristement marqué le cours de cette année. Après avoir perdu successivement des membres distingués de notre clergé, les chefs vénérés de plusieurs instituts réguliers, et quand la tombe d'un religieux éminent de la Compagnie de Jésus est à peine fermée, nous voyons disparaître du milieu de nous un prêtre vraiment accompli, M. Hamon. J'en éprouve une affliction profonde, et c'est un besoin pour mon cœur de rendre au vénérable curé de Saint-Sulpice un public hommage de mon estime et de mon affection. En exprimant mes sentiments, je suis bien assuré d'exprimer les vôtres.

« Comment retracer en quelques lignes une carrière si belle et si dignement remplie? Doué de qualités éminentes, qu'il s'efforçait de cacher sous le manteau de l'humilité, M. Hamon fut plus admirable encore par l'usage qu'il sut faire des dons qu'il tenait du ciel. Entré encore jeune dans la compagnie de Saint-Sulpice, il consuma sa longue vie dans les travaux les plus divers, et partout il mérita d'être cité comme un modèle. Professeur, il se montra dès le début théologien distingué; supérieur de séminaire, il gagna la confiance et l'amour de ses élèves et de tout le clergé; prédicateur, il continua dans ses discours et consigna dans ses écrits didactiques les meilleures traditions de la chaire; biographe, il traça de main de maître, dans la vie de saint François de Sales et dans celle du cardinal de Cheverus, deux portraits d'une vérité frappante, et ouvrit pour les âmes fidèles une source nouvelle d'édification; enfin appelé, il y a vingt-trois ans, à diriger la paroisse de Saint-Sulpice, il déploya dans ce vaste champ un zèle qui assure à sa mémoire une place à côté du vénérable M. Olier.

« Il n'est pas une vertu du prêtre et du pasteur qui n'ait brillé dans la vie de M. Hamon du plus vif éclat. Aimé des pauvres, qu'il recevait chaque jour, il se dépouillait de tout pour les secourir. Il avait dit à son peuple du haut de la chaire, le jour de son installation : « Je prends ici l'enga-
« gement solennel de tout donner aux pauvres; je veux
« vivre pauvre, mourir pauvre, en sorte que je n'aie point
« de testament à faire quand il plaira à Dieu de m'appeler
« à lui. » Il a fidèlement tenu sa parole.

« La générosité des paroissiens et l'abnégation du curé avaient formé comme un fonds inépuisable, à l'aide duquel M. Hamon put entreprendre les œuvres les plus importantes. Mais, tout en poursuivant avec ardeur et prudence les desseins que lui inspirait son grand cœur, il ne négligeait point l'administration de sa paroisse. Non seulement il était partout présent pour prévoir, présider, diriger, mais il ne s'épargnait pas pour accomplir le travail ordinaire et incessant du saint ministère; on le voyait dans la chaire, au confessionnal, au chevet des mourants, soutenant par son exemple et encourageant tous ceux qui partageaient avec lui la charge des âmes.

« Les journées, quoiqu'il sût si bien les remplir, ne suffisaient pas à la piété et au zèle de ce bon serviteur de Dieu; il prenait sur le repos de ses nuits des heures qu'il consacrait à la prière prolongée au pied de son crucifix ou devant le très-saint sacrement; car cette âme, si douce aux hommes, était surtout affectueuse et tendre envers Dieu. C'est dans ces heures de solitude qu'il a trouvé le temps de réunir en corps d'ouvrage les fruits de son expérience dans la pratique de l'oraison.

« Les plus hautes dignités ecclésiastiques furent offertes plus d'une fois et avec beaucoup d'insistance à M. Hamon: comment, avec un si rare mérite et autant de vertus, aurait-il pu échapper à des sollicitations de ce genre? Mais son humilité, plus grande encore que ses talents, opposa à des offres pressantes des refus persévérants. Son obstination sur ce point n'était pas seulement inspirée par le respect des règles de la pieuse et savante société à laquelle il appartenait, mais elle venait surtout de la redoutable responsabilité qui s'attache aux premières charges de l'Église: salutaire et généreux exemple qui, joint à tant d'autres, montre que l'esprit de modestie évangélique est toujours vivant parmi nous!

« Un dernier trait de cette belle vie de prêtre fut l'amour de l'Église et de son chef visible. Cet amour éclatait dans toutes les paroles, dans tous les actes du digne curé. Nul n'a plus travaillé que M. Hamon à seconder le mouvement de foi et de piété qui ramène les âmes chrétiennes vers l'autorité du Souverain-Pontife et les pénètre du plus généreux dévoûment pour sa personne sacrée.

« Une telle vie n'a été qu'une longue préparation à une sainte mort. M. Hamon a vu venir de loin la fin de son exil, mais il entrait dans les desseins de Dieu de marquer cette fin du signe des élus. Une maladie cruelle fit des derniers mois de son existence un véritable martyre ; au milieu de ses souffrances, cet homme de Dieu ne voulut rien relâcher de ses travaux : tant qu'il put marcher, il alla visiter les malades; tant qu'il put se tenir debout, il continua à célébrer le saint sacrifice ; il ne s'arrêta que lorsque le mal l'eut terrassé. Son héroïque constance devant la douleur ne fut égalée que par sa douceur et sa reconnaissance envers ceux qui l'entouraient de leurs soins. Purifié comme l'or dans le creuset de cette suprême épreuve, il a rendu à Dieu sa belle âme dans des dispositions si saintes, que l'on serait porté plutôt à l'invoquer qu'à prier pour lui.

« Toutefois, Monsieur le curé, nous ne manquerons pas à ce devoir de la charité envers un prêtre que nous aimions tous avec une vraie tendresse, et je ne dois pas finir cette lettre sans vous rappeler ce devoir sacré. Mais, en même temps que nous demanderons à Dieu de hâter, s'il en est besoin, la délivrance de cette sainte âme, nous chercherons dans une vie si éminemment évangélique le modèle de la nôtre. Le souvenir de M. Hamon vivra dans le cœur du clergé de Paris comme une perpétuelle exhortation à la pratique des vertus sacerdotales ; il vivra dans le cœur des paroissiens de Saint-Sulpice, qui avaient pour lui un respect et un attachement si profonds, et qui, en ce moment, entourent ses restes mortels de tant de prières et de tant de regrets.

« Recevez, Monsieur le curé, l'assurance de mon affectueux attachement.

« J. HIPP., *cardinal-archevêque de Paris.* »

LETTRE DE SON ÉMINENCE LE CARDINAL MATHIEU, ARCHEVÊQUE DE BESANÇON, A MADAME HAMON, BELLE-SŒUR DE M. LE CURÉ DE SAINT-SULPICE.

« Besançon, le 20 décembre 1874.

« Madame,

« Dans la triste circonstance de la mort du si digne M. Hamon, curé de Saint-Sulpice, je ne puis me dispenser de vous ouvrir mon cœur, ainsi qu'à sa famille, et de vous dire mes sentiments à son égard.

« Lorsque je vins, en 1820, du séminaire d'Issy à celui de Paris, j'y trouvai M. Hamon, tout jeune encore, directeur et professeur de dogme. C'était un ange de piété, un grand cœur et un grand esprit. Doué d'une facilité merveilleuse, il travaillait avec la même ardeur que s'il avait eu besoin d'en compenser le défaut par des efforts assidus ;

aussi tout ce qu'il faisait était marqué au coin de la science, et aussi du bon goût, car il était fort lettré.

« M. Hamon n'était pas seulement un professeur distingué, dont les thèses, que j'ai prises sous sa dictée et que je garde avec soin, étaient comme autant de chefs-d'œuvre; il était aussi orateur, car outre un penchant naturel pour l'eloquence, il ne négligeait rien et préparait avec soin ses discours et ses sujets d'oraison. Mais ce qui le rendait surtout remarquable, c'était son grand amour pour Dieu, qui s'échappait souvent en flammes, quand il se croyait seul, ou quand l'occasion l'y portait. Ce qu'il a été au premier jour de sa position au séminaire comme directeur, il l'a été toute sa vie comme supérieur de tant de maisons considérables, et enfin comme curé de Saint-Sulpice, où il s'est consumé dans le plus laborieux de tous les ministères, prêchant à outrance, et toujours sans fatigue pour ses auditeurs, confessant, administrant, et se trouvant toujours le premier aux exercices de sa communauté, exactitude qu'il a poussée jusqu'aux dernières limites, malgré l'âge et la maladie.

« Il était bon et accueillant pour tous; il savait se dominer dans les ennuis et les importunités, quoiqu'il fût d'une vivacité extrême. Avec un esprit des plus élevés, des plus ornés et des plus charmants, il était simple comme un enfant : l'humilité faisait ses délices, et ce fut sans regret qu'il vit s'éloigner de sa tête une mitre qu'il aurait parfaitement portée. Il avait eu beaucoup de bontés pour moi pendant le temps de mon séminaire, et elles ne se sont jamais démenties; aussi je lui rendais avec usure son affection, et sa mort m'affecte comme celle d'un parent bien-aimé. Quoique j'aie la confiance que ses mérites accumulés lui ont valu une part exquise devant Dieu, je ne l'oublierai point dans mes prières et conserverai le souvenir de lui tant que je vivrai, et à ma messe, et à mes invocations du soir où je réunis tous ceux qui me furent chers et qui se sont endormis dans le baiser du Seigneur.

« Laissez-moi, Madame, déposer cette page sur sa tombe, et confiez-la à sa famille ; c'est le tribut que je paie à un des plus dignes ecclésiastiques de ces derniers temps.

« Je vous prie donc, Madame, d'être mon interprète auprès de tous les vôtres et de recevoir l'assurance de mes sentiments respectueux.

« † CÉSAIRE, *cardinal-archevêque de Besançon.* »

TABLE DES CHAPITRES

                                                          Pages.

Aux paroissiens de Saint-Sulpice V
PRÉFACE. IX

PREMIÈRE PARTIE.

DEPUIS LA NAISSANCE DE M. HAMON JUSQU'A SA NOMINATION A LA CURE DE SAINT-SULPICE (1795-1851).

CHAPITRE PREMIER. — Les familles Hamon et Lehuen-Dubourg... 1
CHAP. II. — Naissance d'André-Jean-Marie. — Ses premières années.. 9
CHAP. III. — Le Collége et le Petit Séminaire............ 21
CHAP. IV. — La pension Liautard........................ 28
CHAP. V. — M. Hamon se consacre à Dieu dans l'état ecclésiastique 37
CHAP. VI. — Le Séminaire de Saint-Sulpice............. 48
CHAP. VII. — La Solitude................................ 57
CHAP. VIII. — M. Hamon professeur à Paris............ 78
CHAP. IX. — Première mission à Bordeaux.............. 89
CHAP. X. — Longue maladie de M. Hamon............. 100
CHAP. XI. — Voyage d'Italie............................. 111
CHAP. XII. — Séjour à Issy.............................. 127
CHAP. XIII. — Seconde mission à Bordeaux............ 140
CHAP. XIV. — Le Séminaire de Montferrand........... 152
CHAP. XV. — Troisième mission à Bordeaux........... 185

DEUXIÈME PARTIE.

DEPUIS LA NOMINATION DE M. HAMON A LA CURE DE SAINT-SULPICE JUSQU'A SA MORT (1851-1874).

	Pages.
CHAPITRE PREMIER. — Nomination et installation	197
CHAP. II. — Vie exemplaire de M. Hamon dans la cure de Saint-Sulpice	205
CHAP. III. — Charité de M. Hamon envers les pauvres	213
CHAP. IV. — Zèle pastoral de M. Hamon	226
CHAP. V. — Création des écoles. — Chapelle des Œuvres	258
CHAP. VI. — Établissement des Petites-Sœurs des pauvres	267
CHAP. VII. — Œuvres diverses	278
CHAP. VIII. — M. Hamon et le gouvernement impérial	295
CHAP. IX. — M. Hamon dans ses rapports avec le clergé de Paris	303
CHAP. X. — Dévoûment filial de M. Hamon pour le Saint-Siége	314
CHAP. XI. — Noces d'or de M. Hamon	332
CHAP. XII. — Siége et Commune	337
CHAP. XIII. — Écrits publiés par M. Hamon dans le cours de sa vie pastorale	359
CHAP. XIV. — Dernières années	471
CHAP. XV. — Mort et obsèques	394

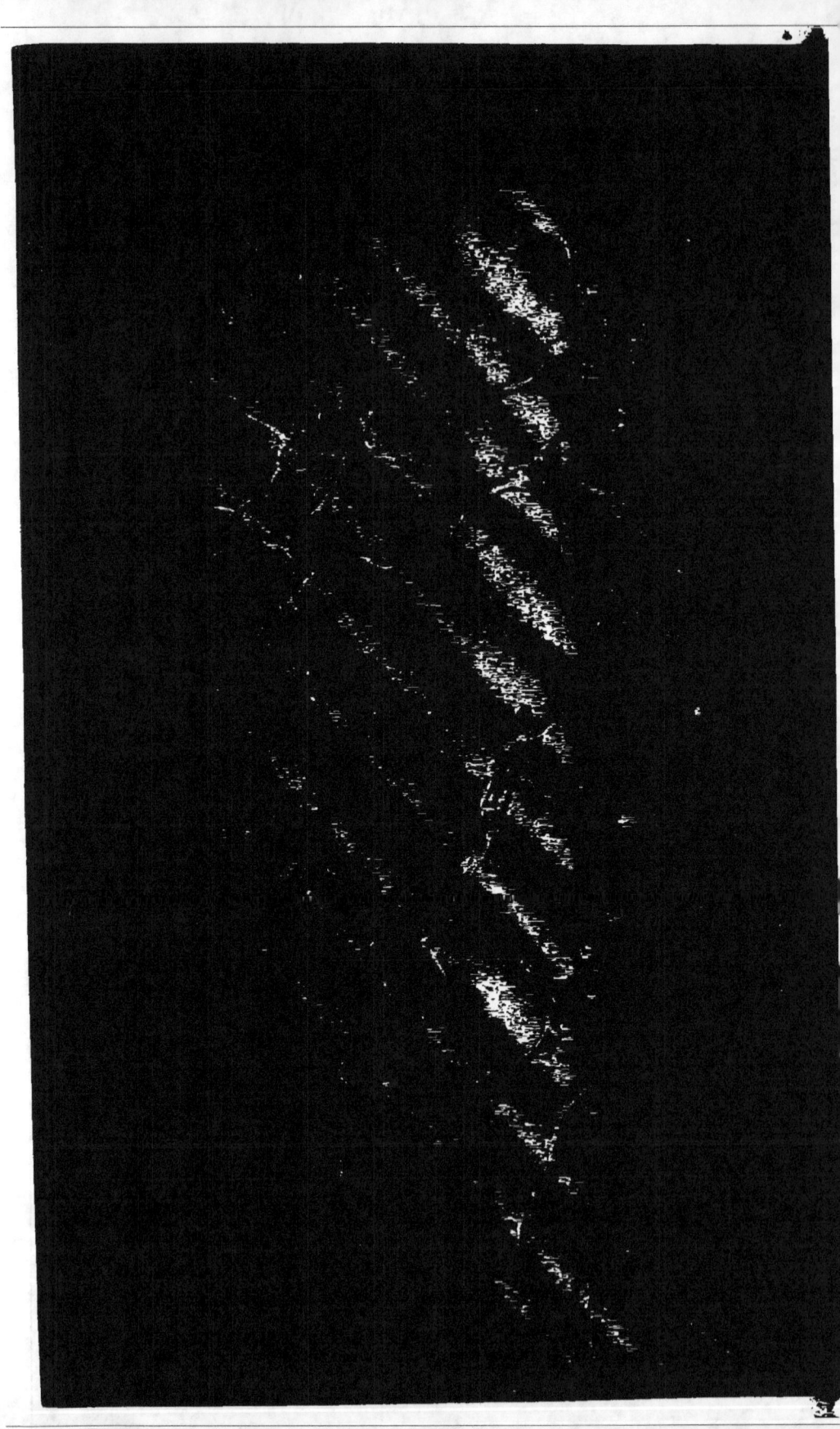

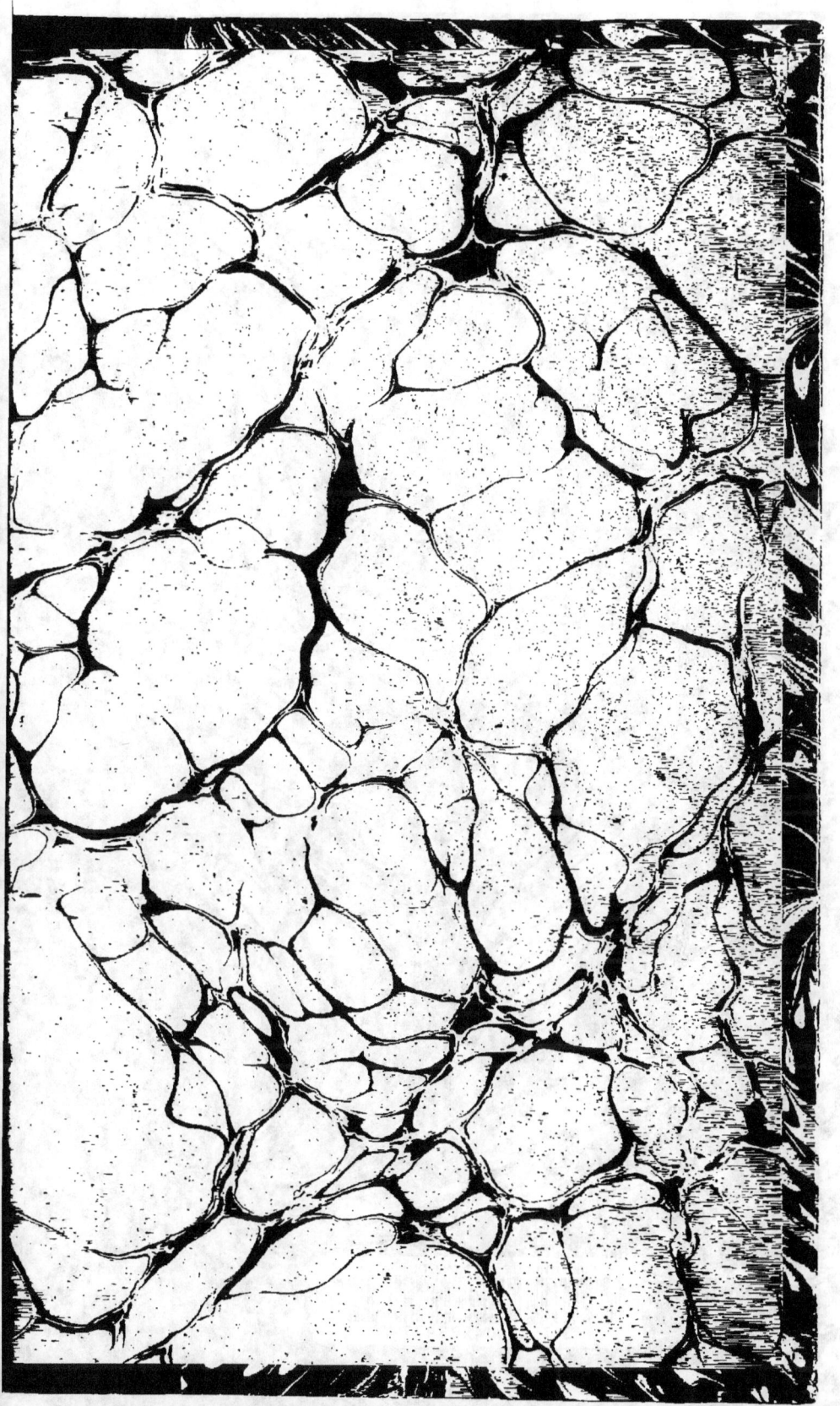

www.ingramcontent.com/pod-product-compliance
Lightning Source LLC
Chambersburg PA
CBHW060935230426
43665CB00015B/1957